노무현은 왜 검찰은 왜?

박연차 게이트와 법조 출입기자의 188일

노무현은 왜 검찰은 왜 - 박연차 게이트와 법조 출입기자의 188일

© 박희준·이우승·김태훈·정재영·김정필, 2010

1판 1쇄 인쇄 ‖ 2010년 04월 10일
1판 1쇄 발행 ‖ 2010년 04월 20일

지은이 ‖ 박희준 이우승 김태훈 정재영 김정필
펴낸이 ‖ 홍정표
편집이사 ‖ 양정섭
책임편집 ‖ 주재명
디자인 ‖ 김미미
기획·마케팅 ‖ 김현아 노경민
경영지원 ‖ 조기호

펴낸곳 ‖ 글로벌콘텐츠
등 록 ‖ 제25100-2008-24호
공급처 ‖ (주)글로벌콘텐츠출판그룹
주 소 ‖ 서울특별시 강동구 길동 349-6 정일빌딩 401호
전 화 ‖ 02-488-3280
팩 스 ‖ 02-488-3281
블로그 ‖ http://globalcontents.tistory.com
이메일 ‖ edit@gcbook.co.kr

인 쇄 ‖ 삼덕정판

값 13,800원
ISBN 978-89-93908-11-4 03300

박연차 게이트와 법조 출입기자의 188일

노무현은 왜

검찰은 왜

글로벌콘텐츠

2009년 5월 23일 오전의 상황은 아직도 기억에 생생하다. 충격과 놀라움, 슬픔…….

노무현 전 대통령은 새벽녘 고향집 뒷산 부엉이바위에서 몸을 던졌다. 죽음으로써 결백하다는 진실을 알리고자 했을까, 아니면 모든 사람의 책임을 떠안고 갔을까. 어느 누구도 지혜로운 답을 내놓지 못한다. 정치적, 이념적 입장이 담긴 해석이 있을 뿐이다. 결국 황혼녘에 날아올라 지혜를 준다는 미네르바_{지혜의 신}의 부엉이는 아직껏 날아오르지 못했나 보다.

전직 대통령의 죽음은 우리 사회에 무거운 숙제를 던져줬다. 정치인과 공인, 그 가족의 사회적 책임, 검찰 수사의 정당성과 한계, 언론보도의 윤리, 책임있는 정치적 의사소통 부재 등등……. 남은 사람들이 풀어가야 할 몫이다.

전직 대통령 서거 책임론은 진행형이다.

이념적 스펙트럼에 따라 시각이 극명하게 엇갈린다.

검찰과 언론에 극단적인 말을 하는 이도 있고, 전직 대통령으로서 무책임하게 정면승부를 피했다고 지적하는 이도 있다. 정치보복성 수사의 희생양이라는 시각도 있고, 검찰 수사에 성역이 있을 수 없다는 시각도 있다.

합리적인 시각과 주장도 있으나 진실을 가리는 억측과 과장도 적지 않다. 어떤 것이 사실인지, 어떤 것이 '카더라 통신'인지 혼란스럽기만 하다. 확인되지 않은 사실이 확대 재생산되는 악순환도 이어졌다.

사실 지금은 상처를 건드렸다간 쉬 덧날 상황이다. 그만큼 사회에 던져진 아픔과 충격은 컸다. 조사 대상자는 세상을 떠났고, 검찰 관계자들은 입을 닫아버렸다. 여기저기 터져 나오는 단편적인 언급들에는 이념의 색깔만이 짙게 배어 있을 뿐이다.

이 사건이 점점 시간에 밀려 과거의 일이 될수록 정치적 입장과 이념성향에 따라 조망된, 또는 오해와 선입견이 개입된 시각과 기록을 역사의 진실인 것처럼 믿게 될 가능성은 커진다.

기자들이 다 그렇지만 법조기자들이 가외시간을 내기란 쉽지 않다. 언제 대형사건이 터질지 모르는 긴장감 속에 생활하다보니 마음의 여유도 없다. 대형사건의 수사가 시작되면 휴일도 고스란히 반납한다. 대표적인 '3D' 출입처로 분류되는 곳이 법조다.

그렇게 수사가 진행되는 동안 하루하루 정신없이 지내다보면 어느새 검찰의 수사결과 발표와 맞닥뜨리게 된다. 한바탕의 소용돌이가 잠잠해지면 이제 기자들의 마음 한 구석에 공허함과 허전함만이 남는다. '과연 수주, 수개월간 신문 지면을 장식한 기사는 어느 정도 진실에 부합하는 것일까?', '사회정의를 위해 우리는 얼마나 기여한 것일까?'하는 의문이 밀려온다.

매일 쉴 새 없이 쏟아낸 기사가 곧 '유효기간 하루'짜리 기사였음이 드러난 경우도 비일비재하다. 오늘 진실하다고 믿고 보도한 기사 내용이 내일 오보로 판명 나기 일쑤다.

박연차 전 태광실업 회장의 정관계 로비 의혹 사건은 2009년 6월 12일 검찰 수사결과 발표로 일단락 지어졌다. 그러나 가깝게는 2009년 3월 19일 이정욱 전 한국해양수산개발원장의 구속, 멀게는 2008년 11월 19일 세종캐피탈 압수수색부터 사건을 취재한 기자들의 마음은 매듭지어지지 못했다. 사건 기사 작성은 멈췄으나 휑한 마음을 감출 수가 없다. 숲 속에 들어가 매일 나무들을 세 봤지만 정작 숲의 크기는 가늠해 보지 못한 그런 아쉬움일 게다.

물론 기자들이 작성한 188일의 기록은 고스란히 신문 지면으로 남아 있다. 하지만 어떤 것은 옹기장이의 망치에 여지없이 깨뜨려질, 잘못 빚어진 옹기의 신세처럼 유효기간 하루짜리 오보였으며, 또 어떤 것은 사건의 흐름을 파악하는데 유의미한 단서인데도 다른 단서와 연결되지 못한 채 파편처럼 존재하고 있다. 전체 흐름을 꿰고 매듭을 지어주지 못한 탓이다. 역사적 의미가 있는 사건을 정리하는 건 기자들의 임무이기도 하다.

훌륭한 기사, 빛나는 특종기사를 발굴해 낸 타사의 법조기자들이 많다. 그러나 이 책은 특정 신문 또는 특정 기자가 취재 능력과 성과를 뽐내는 특종후기特種後記가 아니다. 새로운 팩트를 취재해 소개하는 것도 집필 의도가 아니다.

전직 대통령의 서거라는 역사적 비극을 부른 사건이 어떻게 시작되었고, 검찰 수사가 어떻게 진행되고 언론은 어떻게 보도했는지를 보여주고자 할 뿐이다. 따라서 기자들이 검찰 수사를 지켜본 상황을 가감 없이, 있는 그대로를 담고자 했다. 특히 이념적·정치적으로 논란이 예상되는 민감성을 감안해 최대한 객관성을 유지하려고 했다. 취재 현장을 지킨 기자들이 검찰 수사의 착수와 경과, 그리고 노 전 대통령 서거, 그 이후 책임론을 소개하는 자체가 의미가 있다고 본다.

그동안 우리는 전직 대통령은 물론이고 그 가족이 비리 혐의로 수사를 받는 상황을 몇 차례 경험했다. 수사와 재판의 결과는 공소장과 판결문으로 남아 있다. 국가기록으로 남은 1차 사료다. 당시의 언론보도도 있다. 이를 지켜본 국민과 여론의 동향도 기록으로 존재한다.

하지만 수사와 언론, 여론 움직임을 한 곳으로 모아 기록하려는 시도는 거의 없었다. 특히 법조 외곽을 뛰면서 사건 당사자들을 만난 법조팀의 막내 기자와 수사 상황을 예리하게 분석하는 해설기사를 쓴 현장반장, 후배기자들의 기사 방향과 문체를 매끄럽게 다듬는 사건데스크까지, 사건현장 속에 있었던 기자들이 집필에 함께 참여한 사례는 보기 드물다.

현직 기자들도 사건 속으로 직접 뛰어들지 않고선 맥락과 전후 사정을 파악하기 어렵다. 어느 일방의 움직임만으로는 이해하기 어려운 행위들이 존재하기 때문이다. 여론이라는 피드백feedback 효과를 통해 행위자들이 서로 영향을 주고받으며 사건은 진화한다.

박연차 게이트 사건도 검찰 수사와 노무현 전 대통령 측의 움직임, 언론과 여론 동향을 종합해서 봐야 전체적인 그림을 그릴 수 있다. 그러나 법조팀의 취재영역이 검찰 수사를 중심으로 이루어지다보니 봉하마을과 친노 인사들, 그 반대편 입장을 종합적으로 담지 못하고 있음을 고백해야겠다. 검찰 수사도 참여자가 아니라 관찰자의 시각으로 들여다 본 것이라서 한계가 있을 수 있다. 그렇더라도 현장에서 보고 들은 것만을 기록하고자 최대한 노력했음을 거듭 강조하고 싶다. 책임론에 대한 평가는 독자들의 몫으로 남겨두려 한다. 앞으로 우리의 기록에 더 많은 사실관계와 증언이 보태지고 온전하고 종합적인 역사기록이 만들어지는 데에 일조하길 기대할 뿐이다.

사건의 흐름을 쉽게 파악할 수 있도록 1부와 2부, 3부로 구성을 나눴다. 1부에서는 노 전 대통령 서거 당일 충격에 빠진 언론과 검찰의 모습, 추모 분위기 등을, 2부에서는 검찰의 수사 착수와 진행, 노 전 대통령 측의 대응, 여론 흐름 등을 담았다. 마지막 3부에서는 서거 후폭풍과 책임론을 중심으로 내용을 전개했다. 또 박연차 게이트 수사의 단초가 된 2008년 태광실업 세무조사와 대검찰청 중앙수사부가 진행한 2008년 말 세종증권 매각비리 사건 수사, 박연차 회장의 탈세혐의 수사 과정도 1부 후반부에 담아 독자들이 검찰 수사의 전 과정을 파악하도록 했다. 또한, 검찰 수사와 법조기자의 언론보도 메커니즘도 기회가 되는대로 소개하려고 했다.

탈고脫稿하면서 우리 기록이 얼마나 실체적 진실에 접근하고 있는지, 객관적 기록이라는 이름으로 행여 선의의 피해자를 만들어 내지 않을까 하는 두려움이 앞선다. 미비한 점은 달콤한 휴일을 반납하며 집필에 매진한 필자들의 수고를 헤아려 너그럽게 이해해 줬으면 한다. 세월이 흘러 검찰 측 인사들과 사건에 등장하는 인사들을 종합적으로 취재해 입체적인 내용으로 재구성하는 기회가 있길 꿈꿔 본다.

끝으로, 우리가 알지 못하는 뒷얘기 등을 기꺼이 제공해 내용이 더욱 충실해지도록 하는 데 도움을 줬으면서도 이름 밝히기를 꺼린 K와 민감한 주제의 글을 흔쾌히 출간해 준 홍정표 대표와 두서없는 원고를 멋지게 엮어 준 주재명 편집자 등 ㈜글로벌콘텐츠 출판그룹의 가족들에게 감사의 마음을 전한다.

세계일보 법조팀 박희준, 이우승, 김태훈, 정재영, 김정필

contents

2부　박연차 게이트

contents

3부　그리고 역사 속으로⋯

1부

부엉이바위

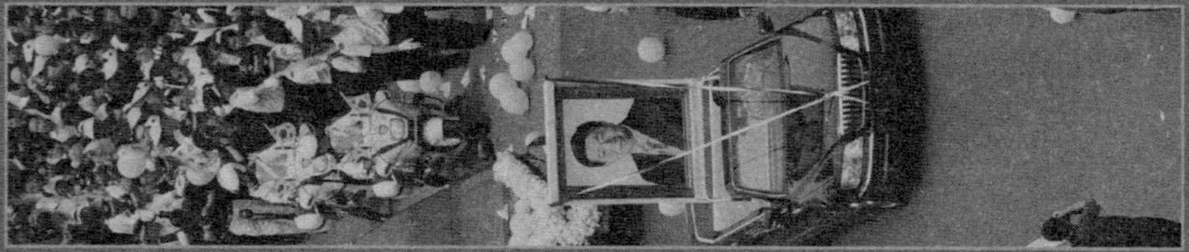

부 엉 이 바 위

1장

노무현 전 대통령 서거逝去와 호외號外

─ '잔인한 5월'의 토요일

'몇 시쯤일까. 머리가 무겁다. 어젯밤 그리 많이 마신 것도 아닌데.'

긴장의 끈이 늘어진 탓이다. 손을 뻗어 자리끼로 푸석푸석한 목을 달랬다.

"6월초 한 사람만 더 부르면 될 것 같은데. 그러면 그 주말쯤 그간 조사한 정치인들 사법처리 결과를 발표하고 6월 중순 전에 마무리가 가능하겠어."

어젯밤 홍만표 대검찰청 수사기획관이 유쾌하게 술잔을 기울이면서 내던진 말이 경계심을 무너뜨렸다. 지난 두 달간 후닥닥 달음박질쳐온 수사가 드디어 터널의 끝을 향하고 있었다.

이인규 대검찰청 중앙수사부장이 "차라리 겨울이 따뜻했다"면서 예고한 '잔인한 4월'은 두 달 넘게 이어지고 있다. 2009년 3월 19일 이정욱 전한국해양수산개발원장 구속을 신호탄으로 쉴 새 없이 내달려온 수사다.

그동안은 매일 아침 일찍 출근해 밤 12시, 1시에 퇴근하는 기나긴 행군의 연속이었다. 중요 인사가 소환될라치면 새벽까지 대기해야 했다. 유일한 휴일인 토요일마저 반납하는 날이 많았다. 법조 출입기자로 발령받으면서 각오했고 이미 몸에 밴 생활이다. 하지만 서서히 몸의 배터리가 떨어져 갔다.

어젯밤 홍 기획관의 기자실 방문은 의외였다. 더군다나 거물급 소환자와 검찰 간에 막판 힘겨루기가 한창 진행중인 상황이다. 그가 누군가. 이명박 대통령과 대학시절부터 가깝게 지냈다는 '대통령의 친구', 현 정부에서 실세 중 한 사람으로 통하는 천신일 세중나모여행 회장이다.

검찰도 천 회장 건을 요리하기가 쉽지만은 않은 모양이었다. 1주일도 안돼 벌써 세 번째 소환조사다. 5월 19일 화요일, 21일 목요일 그리고 토요일인 어제 22일.

검찰 수사는 4월 30일 전직 대통령 조사라는 고봉高峰을 넘어 이제 현 정권의 실세를 겨냥해 가고 있었다. 수사를 마무리 짓는 하산길이라곤 하지만 천 회장은 엊그제 조사 때 4시간 넘게 진술서를 꼼꼼히 검토했을 정도로 만만치 않다.

기자 예닐곱 명이 모인 술자리에서는 안줏거리 얘기만 오갔다. 홍 기획관은 언제나처럼 혐의 얘기만 나오면 웃음으로 눙쳤다. 입안에 아무리 소주를 쏟아 붓더라도 해갈할 수 없는 목마름. 누구도 부인할 수 없는 사실, 팩트fact에 대한 기자들의 목마름을 기획관은 과연 알까.

그러던 중 나온 '6월 중순 수사 끝' 발언은 터널을 빠져나온 듯 긴장을 풀게했다.

'천 회장 조사에서 성과가 있었던 모양이군. 내일은 토요일이니 중요 소환자도 없겠어.'

다른 기자들도 금요일 밤이라서 그런지 전투모드가 해제된 모양이었다. 지난달 30일 노무현 전 대통령을 소환조사한 이후 검찰의 신병결정이 지루하게 미뤄지면서 다들 지쳐가고 있음이 분명했다.

"따르~르~릉! 따르~르~릉! 따르~르~릉!"

고전풍으로 선택해 놓은 휴대전화기의 벨이 잠을 깨웠다.

'오랜만의 토요일 늦잠인데 받지 말아?'

무거운 눈꺼풀을 어렵게 들어 올렸다. 24시간 통신축상 대기의 숙명을 지닌게 기자라는 직업이니 어쩌랴. 책상 위에서 혼자 풍뎅이처럼 뱅글뱅글 돌고 있는 전화기를 집어들었다.

"노 대통령이 돌아가셨대!"

법조기자, 경찰기자 관리와 취재 지시, 기사 수정 등을 맡고 있는 사회부 사건데스크였다.

'병석에 있다더니 결국!'

이때까지만 하더라도 내게 '돌아가신 노 대통령'은 노태우 전 대통령이었다.

'연세도 많고 건강도 안 좋았잖아. 근데 왜 아침부터 전화했지?'

데스크는 바로 나의 착각을 정정해줬다. 기사를 송고하면 논리적 오류나 오자誤字, 비문非文을 여지없이 잡아내던 것처럼.

"노태우 대통령이 아냐. 노무현 대통령이야. 노무현 대통령."

"예? 설마!"

망치로 머리를 얻어맞은 느낌이었다. 온 몸의 피가 한꺼번에 얼굴로 몰려들었다.

비상 소집명령 연락을 끝낸 휴대전화기 화면에 뜬 'AM 10:30'이라는 문자가 누워있던 시간 감각을 일으켜 세웠다.

앞서 오전 9시 30분쯤 가족과 야외에 있던 사건데스크는 '토요 경계병'을 맡고 있는 경찰팀 기자에게서 전화가 걸려오자 바로 뭔가 큰 게 터졌음을 직감했다.

신문이 인터넷과 방송에 뉴스속보 전달 기능을 넘겨준 지는 오래됐다. 그래도 신문사 기자는 24시간 깨어 있어야 한다. 일주일 중 유일하게 신문을 만들지 않는 토요일에도 당번 기자를 두어서 뉴스를 확인하고 호외號外 제작 등에 대비한다.

당번 기자가 전한 소식은 예상대로 심상치 않았다.

"차장. 지금 방송에 나왔는데요, 노무현 대통령이 낭떠러지에서 떨어져 중태랍니다."

"뭐? 사고야? 사건이야? 그게 중요하니까 확인해서 상황을 실시간으로 계속 문자로 알려줘!"

한창 정점으로 치닫던 수사가 사고나 사망으로 일순간에 종결된 상황을 과거 수차례 보아온 그였다. 노 전 대통령의 추락 그 자체만으로 검찰의 '박연차 게이트' 수사는 흔들릴 수밖에 없다.

시간이 지날수록 휴대전화의 문자메시지로 전해지는 상황은 심각했다.

'봉화산 등반 중 낭떠러지서 실족', '경호원과 등반 도중 참변', '생명 위독, 사망한 듯도'.

급히 사회부장과 편집국장에게 보고가 이루어졌다. 기자들도 소집해 신문 호외판 제작에 대비해야 하는 상황이다.

"경찰기자와 법조기자, 저기 행정기자까지 나올 수 있는 기자는 모두 다 나오라고 해!"

일주일에 한 번뿐인 달콤한 휴일을 깨는 건 미안한 일이다. 기자들끼리 흔히 '서울시경'이라고 부르는 서울지방경찰청을 담당하면서 경찰기자를 현장에서 지휘하는 야전사량관인 시경캡에게 비상연락망을 가동하도록 지시했다.

'사고'事故가 '사건'事件으로 바뀌기까지의 시간은 얼마 걸리지 않았다. 사건과 사고, 별 것 아닌 차이 같지만 초년 기자시절 선배들에게 숱하게 '깨지면서' 그 차이를 익힌 용어다. 사람의 의지가 개입한 고의적인 것(사건)이냐, 아니냐는 경찰의 수사방향을 결정짓는 중요한 기준이 된다. 처음에 알려진 노 전 대통령의 '실족사고'는 곧 '자살사건'으로 바뀌었다.

이제는 편집국장, 정치부장, 사회부장 등 데스크가 회의할 때 논의할 기사안을 고민해야 한다. 몇 개 면을 제작하느냐에 따라 기사 수가 다르겠지만, 일단 많을수록 좋다.

"기자들한테 기사 아이템 생각나는 대로 데스크톱에 올리라고 해!"

기자들이 랩톱, 즉 노트북으로 작성해 송고한 기사가 저장되고, 기사 수정과 출고, 교열이 이뤄지는 기사집배신集配信시스템을 기자들은 통상 데스크톱이라고 부른다.

연락이 닿은 한 기자는 가족과 함께 강원도에 있었다. 미안함에 어찌할 줄 모르는 그에게 "괜찮아. 재밌게 놀다와!"라고는 해줬다. 하지만 그가 마음 편히 즐거운 시간을 갖기는 어려울 것임을 잘 안다. 그게 기자들의 속성인 것을.

역사적인 사건·사고의 폭풍우 속에 뛰어들지 못하면 누군가에게 소외받은, 버림받은 그런 느낌을 갖는 이들이 기자들이다. 한가롭게 야외에 나갔다가 사건·사고를 목격하면 본능적인 기자감각이 살아나 '목격자'에서 '기록자'로 변신하는 그들이다.

시경캡에게서 연락이 왔다. 소집 가능한 기자가 몇 명인지 파악됐다.

"경찰이 바로 수사할 텐데 경찰청에 기자 한 명을 보내놓고! 봉하마을에는 누굴 보낼래?"

기자에게 사건·사고 현장은 군인에게 전투 현장과 같다. 기사가 가장 많이 쏟아지는 곳이다. 기획력이 좋아서 기사 아이템을 많이 발제하는 정도로는 부족하다. 예상치 못한 일이 벌어질 현장에서 생존할 수 있어야 한다. 샌님처럼 취재해서는 아무 것도 건질 수 없는 곳이 현장이다. 임기응변 능력과 순발력이 있어야 한다. 기사도 괴발개발이 아니라 어느 정도 완성도 있게 써줘야 한다. 캡도 그걸 감안하고 기자 3명의 이름을 들었다.

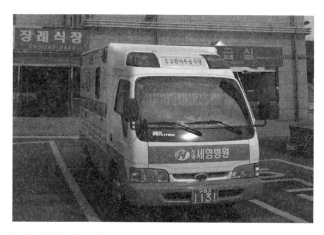

부엉이바위에서 투신한 노무현 전 대통령은 일단 경호 차량에 실려 경남 김해 진영읍 세영병원 응급실로 옮겨졌다. 사진은 노 전 대통령을 세영병원에서 양산 부산대병원까지 후송하는 데 쓰인 구급차.

"수송부 형님을 바로 수소문하고 방금 말한 그 기자들 다 내려 보내. 출장이 길어질 테니 옷들 넉넉히 챙겨가라고 하고!"

차를 몰아 회사가 있는 용산으로 가면서 머릿속은 온통 앞으로 상황이 어떻게 전개될지, 어떤 기사를 만들어내야 할지 하는 생각뿐이었다.

기자들은 수습修習 시절부터 늘 사건·사고 앞에서 냉정함을 잃지 않도록 훈련받는다. 감정에 겨워 상황 속에 뛰어들 경우 기록자의 임무는 잊혀질 수 있기 때문이다. 화염에 새까맣게 타버린 일가족을 보면서, 바로 눈앞에 백화점이 무너지는 상황을 목격하면서, 운집한 군중의 뜨거운 함성을 들으면서도 가슴 속에서 일어나려는 감정은 눌러둬야 한다. 슬픔이나 공포, 분노, 연민과 동정의 감정은 사태가 일단락 지어질 때까지 유보된다.

편집국에 기자들이 속속 도착했다. 더불어 봉하마을 소식도 속속 들어왔다. 노 전 대통령은 병원으로 옮겨졌지만, 숨진 것으로 알려졌다. 등반 도중 실족한 게 아니라 부엉이바위에서 경호원을 따돌린 채 스스로 몸을 던졌다는 사실도.

봉화산에서 스러진 대통령

너무 많은 사람들에게 신세를 졌다.

나로 말미암아 여러 사람이 받은 고통이 너무 크다.

앞으로 받을 고통도 헤아릴 수가 없다. 여생도 남에게 짐이 될 일밖에 없다.

건강이 좋지 않아서 아무것도 할 수가 없다.

책을 읽을 수도, 글을 쓸 수도 없다.

너무 슬퍼하지 마라. 삶과 죽음이 모두 자연의 한 조각 아니겠는가.

미안해하지 마라. 누구도 원망하지 마라. 운명이다.

화장해라. 그리고 집 가까운 곳에 아주 작은 비석 하나만 남겨라.

오래된 생각이다.

　노무현 전 대통령이 생애 마지막 글을 쓰기 위해 봉하마을 사저에서 컴퓨터를 켠 시각은 새벽 5시 21분. 열 네 문장의 글을 마치기까지 23분이 걸렸다. 5시 26분 1차 저장한 것으로 미뤄 잠시 상념에 잠긴 것으로 보인다. 무슨 생각을 하고 있었을까.

　봉하마을 사저에 생기가 사라진지는 오래됐다. 사저를 찾는 발걸음도 거의 끊겨 적막감마저 감돌았다. 꼭 한 달 전인 4월 22일 홈페이지 '사람사는세상'http://www.knowhow.or.kr에 '홈페이지를 닫아야 할 때가 온 것 같습니다.'라는 마지막 글을 올린 이후 세상과 소통도 끊었다.

　조선시대 유배에 처해진 선비들은 자연 속에서 풍월을 읊조렸다지만 그

편주 : 노무현 전 대통령의 글 전문은 사람사는세상 홈페이지 / 노무현 이야기 / 말과 글에서 볼 수 있다.

경남 김해 봉하마을 노무현 전 대통령 사저 주변에서 취재 경쟁을 벌이는 각 언론사의 카메라 기자들. '박연차 게이트' 수사 내내 봉하마을은 노 전 대통령 모습을 사진 또는 동영상에 담으려는 기자들로 북새통을 이뤘다.

는 집 뜰조차 마음껏 거닐 수 없었다. 수십 개의 카메라가 하루 종일 '유폐'된 전직 대통령을 감시했다. 그의 삶을 지탱해 준 책과 글, 담배의 '삼락' ≡樂 중에 둘을 놓았으니 남는 건 담배뿐이었다.

5시 44분 글쓰기를 마친 노 전 대통령은 1분 뒤 인터폰으로 경호동에 있던 이 경호과장에게 산책을 나가겠다고 알렸다. 2003년 참여정부 출범 때부터 노 전 대통령 경호를 맡아 2008년 봉하마을까지 함께 내려온 이다. 비서관들은 전날 퇴근하고 아직 출근 전이다.

노 전 대통령이 사저 현관문을 나선 시간은 5시 47분. 노 전 대통령이 거실의 개인용 컴퓨터에서 글쓰기를 마치고 정확히 3분이 지난 뒤였다. 아이보리색 재킷에 검정색 바지를 입고 끈 없는 등산화를 신고 있었다.

당시 상황은 나중에 논란이 되기도 했다. 애초 언론에는 노 전 대통령이

23일 새벽 권양숙 여사와 함께 산을 오르기로 했다가 권 여사가 옷을 준비하는 사이 현관문 앞에서 기다리던 경호과장과 함께 사저를 나섰다고 알려졌다. 노 전 대통령의 진영 대창초등학교 후배인 이재우 진영농협조합장의 증언을 인용한 내용이었다.

그러나 2009년 10월 '사람사는세상 노무현재단'이 펴낸 『내 마음 속 대통령』(한걸음더, 2009)에서는 당시 상황이 다르게 묘사돼 있다. 권 여사가 노 전 대통령의 자판 두드리는 소리에 잠을 깼고, 인터폰 소리에 산책을 나간다고 생각한 뒤 잠시 함께 갈까 고민하던 중 대통령이 이미 현관문을 나섰다고 기록돼 있다.

노 전 대통령은 골목길에서 잡초를 뽑는 등 경호과장과 걷는 동안 별다른 내색을 하지 않았다.

두 사람은 곧 사저 옆 1초소, 3초소를 지나 봉하저수지 옆 등산로에 들어섰다. 등산로 초입의 마늘밭에서 주민 박모(63)씨를 만난 노 전 대통령이 말을 건넸다.

"일찍 나오셨네. 마늘 작황은 어떻노?"

"아이고~ 올해는 가뭄이 심해서 안 좋습니다."

노 전 대통령은 15분만에 부엉이바위에 도착했다. 여기서 5분 가량 더 올라가다 걸음을 돌려 다시 부엉이바위로 내려왔다. 아래쪽에 있는 사저 경비 초소에서 의경이 바위에 노 전 대통령이 서 있음을 확인하고 경호상황실에 보고한 시각이 6시 10분이다.

"부엉이바위에 요즘도 부엉이가 사나? 담배 가진 것 있나요?"

"없습니다. 가져오라고 할까요?"

"아니 됐어요."

"등산로가 폐쇄됐을 텐데 사람이 다니는 모양이네."

"그런 것 같습니다."

노 전 대통령은 바위에서 뒤쪽으로 5m쯤 떨어진 묘지 옆 잔디밭에 앉았다.

"정토원에 선 법사가 계신지 보고 오세요."

"모셔올까요?"

"아니. 그냥 확인만 하고 오세요."

이 시각이 6시 14분쯤이었다. 이 과장이 부엉이바위에서 247m 떨어진 정토원으로 뛰어 올라가 선 법사가 있는 걸 확인하고 부엉이바위로 돌아가는 데에는 3분밖에 걸리지 않았다.

그 짧은 시간, 노 전 대통령은 어디론가 사라지고 없었다.

"심부름 다녀온 사이 대통령께서 보이지 않는다. 나와서 내려오시는지 확인 좀 해 달라."

사저 경호동의 신 경호관에게 다급히 상황을 알려온 경호과장의 목소리에 당황스런 기색이 역력했다. 취침 시간을 제외하고는 종일 근접경호를 받는 전직 국가원수다. 미친 듯 주변을 뒤지기 시작했다. 하지만 어디에서도 흔적을 찾을 수 없었다.

"등산객 한 명 못 봤습니까?"

"등산객은 못 봤는데요."

근처에서 나물을 캐던 오모(57·여)씨도 보지 못했다는 대답뿐이었다. 6

시 23분 신 경호관에게 다시 전화를 걸었다.

"찾았나? 안 보이나?"

"안 보인다!"

"저수지나 연꽃밭 쪽을 찾아봐라!"

정토원으로 다시 뛰어간 이 경호과장은 신 법사를 만났다.

"무슨 일이지, 두 번씩이나. VIP 오셨어?"

"아무 것도 아닙니다."

부엉이바위로 되돌아온 이 경호과장의 머릿속에 그제야 바위 아래가 떠올랐다. 밑에 있을지도 모른다는 끔찍한 생각이었다.

'설마!!!'

달음박질하는 순간에도 그는 예상이 빗나가기만을 바랐다. 하지만 내려가면서 살펴본 부엉이바위 아래에 흰 옷 같은 게 있었다.

6시 45분 이 경호과장은 엎드린 자세로 꿈쩍도 하지 않는 노 전 대통령을 발견했다.

"사고가 발생했으니 차를 대라!"

급히 경호동에 연락했다. 이 경호과장이 얼굴을 흔들어보고 맥박을 확인했으나 뛰지 않았다. 노 전 대통령을 어깨로 들쳐메고 66m 가량 뛰어 내려와 두 차례 인공호흡을 시도했다. 동시에 차가 도착했다. 6시 50분쯤 노 전 대통령을 안고 진영읍 세영병원으로 향했다. 거기서도 별 수 없었다. 다시 양산 부산대병원으로 옮겨진 노 전 대통령은 오전 9시 30분 사망 판정을 받았다.

■ 경남 김해 봉하마을 봉화산의 부엉이바위.
2009년 5월 23일 새벽 노무현 전 대통령이 스스로 목숨을 끊은 비극의 현장이다.

오전 11시 부산대병원에서 노 전 대통령의 '영원한 비서실장' 문재인 전 청와대 비서실장이 상기된 표정으로 기자들 앞에 섰다.

"노무현 전 대통령께서 오늘 오전 9시 30분경 운명하셨습니다. 가족들 앞으로 짧은 유서를 남기셨습니다."

노 전 대통령의 서거가 공식적으로 발표된 것이다.

노 전 대통령이 부엉이바위에서 뛰어내리는 그 짧은 순간에 대한 설명도 초기에는 혼선이 빚어졌다. 경찰은 총 3차례 수사결과를 발표했는데, 서거 당일인 23일과 이튿날에는 경호과장의 진술에 의존해 "노 전 대통령이 지나가는 사람을 보고 '누구지?'라고 물어 경호과장이 시선을 돌린 사이 뛰어내렸다."고 발표했다. 그러나 당일 행적에 의문이 연이어 제기되자 25일 경찰은 재조사에 나섰고, 27일 "노 전 대통령이 경호과장을 심부름 보낸 뒤 혼자 있다가 뛰어내렸다."고 수정 발표했다.

노 전 대통령이 투신 직전에 '담배 있어요?', '저기 사람이 지나가네' 등의 말을 남겼다는 것도 경호과장이 거짓 진술했다고 결론 내렸다. 대통령 곁을 떠나지 말아야 했다는 자책감과 불안한 심리에서 나온 진술로 보인다. 경찰 발표 번복으로 인터넷에서는 노 전 대통령 타살의혹 등 음모론이 제기되기도 했다.

호외 신문 그리고 '서거'와 '투신자살'

"원칙대로라면 투신자살이 가장 정확한 표현입니다만, 그렇다고 그렇게 쓰긴 그렇죠?"

"노 전 대통령이 스스로 뛰어내린 것인데 투신자살이 옳지 않나요?"

"일반인의 죽음도 아니고 그래도 전직 대통령인데 그렇게 할 순 없죠."

"그렇더라도 검찰 수사를 받는 와중에 목숨을 끊은 거잖습니까!"

"그러면 자살이라는 단어를 빼고 투신 정도로 가면 어떨까요?"

"그래도 일국의 대통령을 지내셨는데 서거로 갑시다."

서거逝去, 선종善終, 열반涅槃, 별세別世, 영면永眠, 작고作故, 타계他界, 사망死亡 ….
군주시대라면 승하昇遐나 붕어崩御라는 표현까지 후보로 올랐을 게다. 전직
대통령의 공과를 떠나 죽음을 애도하는 뜻에서 용어는 '서거'로 통일되었다.

막 윤전기를 빠져나온 호외 신문에서는 검정 잉크가 묻어났다. 검정색
바탕에 흰 글씨로 '노무현 前 대통령 서거'라는 큼지막한 제목이 주목도注
目度를 높였다.

2009년 5월 23일 오후 발행된 세계일보 호외. 노무현 전 대통령의 충격적인 서거 소식을 알리고 있다.

신문사를 나설 때 몇십 부를 챙겨 집 근처 버스 정류장과 지하철역에 놓아뒀다. 옛날 같았으면 아르바이트 학생이 신문지를 옆구리에 가득 끼운 채 "호외요! 호외!"를 외쳤겠지만 지금은 사람들이 많이 지나가는 목 좋은 곳에 수북이 쌓아두는 식으로 호외 배달방식이 바뀌었다.

신문이 속보 경쟁을 포기하면서 호외 제작이 한동안 없었던 탓에 발행 면수와 부수를 놓고 의논이 있었을 뿐 기사 제작은 일사천리였다. 네 쪽짜리 호외 제작이니 어려운 일도 아니다. 발생 지역이 지방인만큼 스트레이트 기사와 상보詳報는 전국부, 여론 반응과 검찰 수사에 미칠 영향 등을 분석하는 기사는 사회부, 노 전 대통령의 삶을 조명하는 기사와 정치권 반응 기사는 정치부로 역할 분담이 이뤄졌다.

세계일보와 경향신문, 국민일보, 동아일보, 서울신문, 한국일보, 매일경제, 서울경제 등 주요 신문들이 이날 호외를 발행했다. 조선일보와 한겨레, 한국경제 등은 호외 대신 일요판 정식 신문을 냈다. 호외는 신문 맨 위쪽에 있는 '제×××××호'라고 적힌 호수에서 제외되는 신문인데 비해 일요판 신문은 포함된다.

노 전 대통령과 시퍼렇게 대립각을 세워 온 조선·동아·중앙일보도 '서거'를 택했다. 하지만 '투신자살'이라는 표현을 쓴 신문도 있었다. 대부분 신문사가 용어 선택 과정에서 적잖은 고민을 했을 터이다.

'투신자살', 사실보도 원칙에 입각한다면 사건 내용을 가장 정확하게 나타내는 단어임에는 틀림없다. 하지만 가장 가치평가가 개입하지 않은 것처럼 보이는 이 단어에 가장 많은 가치평가가 들어있다. '투신자살'이라는 표현에는 전직 대통령의 죽음과 예우를 따로 떼어 별개로 본다는 뜻이 담겨 있었다.

반면 '서거'라는 표현에는 노 전 대통령에 대한 호·불호好不好, 보수냐 진보냐의 입장을 떠나 전직 대통령의 죽음으로 받아들인다는 가치평가가 전제돼 있다.

죽음 앞에서 최대한 말을 삼가는 우리 풍토에서 일부 언론에 삐져나온 '투신자살'에는 노 전 대통령의 정치 인생과 검찰 수사에 대한 평가가 응축돼 있었다. 우리 사회를 휩쓸어왔고 사안마다 첨예하게 맞서는 진보·보수 세력 간 화해할 수 없는 대립을 엿볼 수 있었다.

2장

국민장 애도 물결과 고개 숙인 검찰

2009년 5월 24일 ~ 6월 7일

침통한 기자실, 아무도 말이 없었다

일요일 출근길 발걸음이 더없이 무겁다. 텅 빈 지하철이라 어렵지 않게 자리를 잡고 앉자마자 눈꺼풀이 내려온다. 두 달 강행군 속에 일주일에 하루뿐인 토요 휴일마저 반납한 후유증이었다. 사회부나 정치부 같은 외근 부서 기자들에게 주5일제 근무는 남의 일이다. 서초동 대검찰청 정문에서 기자실로 이어지는 비탈길이 유난히 힘들게 느껴졌다.

사실 육체적인 피로도보다 어제의 충격이 가시지 않았다. 노무현 전 대통령의 죽음이 여전히 믿기지 않는다. 전대미문前代未聞 사건 앞에 서 있다는 그런 느낌도 전혀 들지 않았다.

마음 한 구석이 묵직했다.

사건기자는 사건을 두려워하지 않는다. 오히려 큰 사건을 만나면 '엔도르핀'이 솟는, 짜릿한 흥분에 전율을 느낀다. 사건기자에게는 '직업병'과도 같은 것이다. 큰 사건·사고 없이 한 동안 평온함이 지속된다면 자신도 모르게 "무슨 건 없나."라고 읊어댄다.

노 전 대통령의 투신은 사회에 미칠 후폭풍을 가늠키 어려운 대형 사건이었다. 취재의욕이 살아나고 가슴이 콩닥콩닥 뛰어야 했다. 역사의 중심에 서 있다는 흥분이 느껴져야 한다.

2002년 '이용호 게이트'와 '최규선 게이트'로 대통령의 아들들이 줄줄이 쇠고랑을 찼을 때도 나라 걱정보다 취재 생각뿐이었다. 2007년 김용철 변호사가 삼성그룹 비리를 폭로했을 때도, 경제 걱정보다 삼성과 검찰의 힘겨루기가 어떻게 펼쳐질지 기대마저 됐다.

대검찰청 기자실에는 정적만이 흐르고 있었다. 묘한 긴장감마저 느껴졌다. 먼저 출근한 기자들이 몇몇 눈에 보였다. 이상하게도 다들 말이 없었다. 엊그제만 하더라도 느껴지지 않던 무거운 공기가 깔려 있었다.

"탁, 탁, 탁, 탁……."

노트북 자판 두드리는 소리만이 귓전을 때렸다.

평소 기자실에는 역동성과 부산함이 가득하다. 40~50개의 취재진 부스 booth에 누에고치처럼 틀어박힌 기자들은 전화통을 붙들고 누군가에게 고래고래 소리를 지른다. 여기저기 어지럽게 놓인 신문과 보도자료, 취재수

첩. 쉴 새 없이 울리는 전화벨과 취재에 열을 올리는 기자들의 와자지껄한 목소리로 가득 찬 기자실은 시장바닥이자, 북새통이다.

이날 아침은 달라도 너무 달랐다. 기묘한 분위기를 깰세라 조용히 노트북을 꺼냈다. 아침보고를 한 뒤 인터넷으로 어제 상황을 확인하고 네티즌 여론을 살펴보고 있자니 이상한 정적에 어느새 동화됐다. 얼마나 지났을까. 기자실 한구석에서 낯익은 기자들의 목소리가 들려왔다.

"어떻게 될 것 같아?"

"뭐가?"

"앞으로 말야. 그러니까 검찰이나, 수사 뭐 그런 거 말야."

"어제 김경한 법무부 장관이 노 전 대통령 관련 부분은 수사 종결한다고 했잖아. 장관이나 검찰총장 거취가 관건이지."

"몇몇 신문은 이미 장관과 임채진 검찰총장의 사퇴가 불가피하다고 썼던데."

"그렇게 되겠지. 둘 다 옷을 벗어야 하지 않겠어?"

"수사는 나름대로 정당성이 있잖아, 총장이나 장관이 나가는 건 이상하지."

"돈을 전달한 사람의 진술이 나왔고, 송금했다는 증거도 확보된 이상 수사기관으로서는 그냥 덮고 갈 수는 없는 상황으로 보이는데, 그렇지 않아?"

"글쎄, 그렇게 보기만은 어렵지. 도의적 책임이라는 게 있으니."

"수사 과정에서도 저인망식 수사니, 명예훼손이니, 표적수사니 하면서 논란이 많았지."

"더군다나 임 총장은 2007년 10월에 퇴임이 얼마 안 남은 노 전 대통령이 임명했잖아."

2007년 11월 23일 노무현 대통령이 임채진 신임 검찰총장에게 임명장을 수여하고 있다. 배석한 문재인 비서실장(맨 오른쪽)의 모습도 보인다.

"우리도 문제야. 벌써 인터넷에선 난리야. 우리한테도 돌팔매질이야."

"우리가 왜? 뭘 잘못했다고?"

"그걸 몰라? 거의 다 우리 탓으로 보고 있단 말야. 그동안 검찰 수사에서 이것저것 나오니까 아무 말 못하던 여론이 이제는 언론에 호의적이질 않아."

"그래. 포털사이트 보니까 댓글이 난리가 아니더라."

한참 듣고만 있던 다른 기자가 끼어들었다.

"노 전 대통령 서거에 검찰과 언론이 공범이래."

'아! 그렇구나, 이것이었구나, 이것이었어.'

아침부터 묵직하게 가슴을 내리누르는 무엇의 정체였다.

그동안 큰 사건에서 기자는 옆에서 보고 듣고 기록했을 뿐이다. '내 일'이 아니라 '그들의 일'이었다. 하지만 노 전 대통령의 서거는 그들의 일이 아닌, 나의 일이 되어 있었다.

몇몇 기자는 포털사이트와 블로그 등에 언론보도 윤리와 책임과 관련한 글을 올렸다. 지금까지 보도 과정에 대한 자아비판적인 내용이었다. 일부 언론사는 '박연차 게이트'에 대한 자사의 보도 경향을 스스로 분석하고 반성하는 기사를 실었다.

사회에서도 수사 상황에 대한 속보와 사실fact보도의 문제, 공인의 명예 훼손과 언론보도의 적절성 등을 놓고 여러 목소리가 터져 나오고 있었다.

검찰을 엄습하는 후폭풍

검찰도 충격을 떨쳐내지 못하는 모습이었다. 임채진 검찰총장, 문성우 차장, 이인규 중수부장 등 대검찰청 간부들이 일요일 아침 일찍부터 속속 대검청사에 모습을 드러냈다. 검찰총장의 참모진인 검사장들도 모두 출근했다. 모두 굳은 얼굴로 한마디 말도 없다.

기자와 수사팀을 이어주는 홍만표 기획관의 휴대전화기는 아예 꺼져 있었다. 중수부장과 전화 연결이 되지 않는 것은 물론이었다. 일부 기자가

❖ 한국 http://news.hankooki.com/ArticleView/ArticleView.php?url=culture/200906/h2009061003122984340.htm&ver=v002
경향 http://news.khan.co.kr/kh_news/khan_art_view.html?artid=200906080329355
한겨레 http://www.hani.co.kr/arti/society/media/358779.html

휴대전화 문자 메시지로 취재를 시도했다. 답변은 없었다. 간사를 통해 중수부장에게 요청한 면담도 거부당했다.

검찰 지도부의 조문弔問 여부와 앞으로의 검찰 수사에 관심이 모아졌다. 노 전 대통령의 서거를 전직 대통령의 죽음으로 받아들인다면 장관과 총장의 조문은 당연했다. 반면 뇌물수수 혐의를 받던 피의자 신분으로만 본다면 조문하는 모습은 어색하게 보일 수 있다. 2003년 8월 검찰 수사를 받던 중 현대 계동사옥에서 스스로 몸을 던진 정몽헌 전 현대아산회장의 장례식에는 당시 김종빈 대검 차장이 검찰 대표로 조문한 바 있다.

과거, 수사를 받던 수사 대상자가 사망하면서 수사가 서둘러 끝난 전례에 비춰 이 수사도 중단될 공산이 컸다. 전날 김경한 법무부 장관이 긴급 담화를 통해 "노 전 대통령에 대한 수사는 중단될 것"이라고 발표했다. 수사 주체인 검찰의 입장이 관심일 수밖에 없다.

기자들은 검찰 간부들의 움직임과 분위기에 촉각을 곤두세웠다. 혹시라도 검찰총장이 도의적인 책임을 지고 사표를 낼지도 모르는 일이었다. 서울중앙지검 1진 기자와 나머지 팀원도 이미 검찰 분위기 파악에 전력을 쏟아 붓고 있었다.

주요 취재원을 접촉하기 어렵다면 대변인이라도 통화해야 한다. 검찰 기자들 사이에서는 대변인을 상대로 취재하려는 기자야말로 능력 없는 기자라는 말이 있다. 대변인은 말 그대로 '공식적인 검찰의 입'이다. 취재원으로서의 영양가는 그만큼 떨어진다는 얘기다. 대변인은 사적인 의견도 함부로 내비칠 수 없다. 검찰총장 재가를 받지 않은 사안을 함부로 흘릴 수도 없다. "우리끼리 말인데……"라고 꾀어봐야 건질 게 별로 없다.

'그래도 분위기나 움직임 같은 감이라도 잡을 수 있지 않겠어?'

스스로 능력 없는 기자가 아니라고 자위하면서 조은석 대검 대변인의 휴대전화 번호를 눌렀다. 그도 특수수사에 잔뼈가 굵은 베테랑 검사라 흐름을 나름대로 생각하고 있을 터다.

"법은 어렵지 않아요♪ 법은 불편하지도 않아요♩♫……."

통화 대기음인 법무부 로고송이 들려왔다.

"조은석입니다."

"접니다."

"어! 무슨 일이야."

"간부들이 도무지 만나주지도, 전화도 안 받아서요. 분위기는 어때요? 간부회의에서 무슨 말 없었나요?"

"뭐, 다를 게 있겠어. 어제하고 다를 바 없는 것 같은데."

기자들이 수시로 전화를 걸어와 전화 받느라 시간을 다 보내고 있다고 하소연했다.

"오전 내내 아무 것도 못했어. 과장이 아니고, 10분에 한 번꼴로 전화가 온다니까. 아무래도 오후에 한 번 기자실에 내려갈 생각이야. 기자실에 알려줘요."

"알겠습니다. 그럼 이따 봐요. 마감시간도 좀 생각해주시고요."

24일 오후 3시 조 대변인이 기자실로 내려왔다. 브리핑은 짧았다. 검찰 간부의 조문계획은 결정되지 않았고, 장례 일정이 확정되면 논의한다는 공식 입장만 내놓았다. 기자들의 질문에 그는 말을 최대한 아꼈다.

사실 이날 검찰 내부에서는 많은 결정이 이뤄졌다. 노 전 대통령에 대해

'공소권 없음' 결정을 하고 사건수사를 종결키로 했다. 노 전 대통령의 부인 권양숙 여사 재소환 계획도 없던 일이 됐다. 장례기간에는 박연차 전 태광실업 회장의 다른 로비 의혹 수사도 잠정 중단키로 했다. 이미 전날로 예정된 천신일 세중나모여행 회장의 구속영장 청구는 연기된 상태였다. 한 마디로 '올스톱'이었다. 시중 여론도 검찰에 불리하게 돌아가고 있었다.

검찰 안팎에서는 노 전 대통령 서거에 따른 부담을 검찰과 법무부가 고스란히 질 수밖에 없다는 분석이 지배적이었다. 수사의 정당성을 떠나 극단적인 사태에 대한 도의적인 책임론이 제기될 게 분명하다. 전직 대통령을 상대로 무리하게 수사를 펼치고 있다는 지적은 노 전 대통령 지지자들로부터 줄곧 제기되어 왔다. 다만 검찰 수사로 일련의 혐의들이 드러나면서 숨죽이고 있었을 뿐이다. 이제 그동안 검찰이 밝혀낸 혐의들은 '피의사실 공표'라는 부메랑이 되어 검찰의 발목을 잡을 것이다.

25일 오전 11시 25분 임 총장은 내부 논의를 거쳐 서울역사박물관 분향소를 직접 찾아 조문했다. 검찰 내에서는 임 총장이 조문할지, 문성우 차장이 조문할지를 놓고 많은 이견이 있었던 것으로 전해졌다. 결국 노 전 대통령 장례가 국민장으로 치러지는 만큼 총장이 직접 나서는 게 좋겠다는 쪽으로 의견이 모아졌다.

- 盧 수사진 외부와 접촉 끊어…숨죽인 檢 __ 한국일보
- 검찰 책임론·사퇴론…말없는 임채진 총장 __ 경향신문
- 검찰 책임론 논란 가열 __ 한겨레
- 檢, 자책감에 침통…임채진 총장 서울 역사박물관 조문 __ 문화일보

謹 故 노무현 前 대통령 국민장

2009년 5월 25일 임채진 검찰총장이 서울 신문로 역사박물관에 차려진 노무현 전 대통령 공식 분향소를 찾아 조문한 뒤 떠나고 있다. 임 총장은 "검찰 책임론에 대해 어떻게 생각하느냐"는 취재진 질문에 굳은 표정으로 아무 대답도 하지 않았다.

　　25일자 몇몇 일간지에 실린 기사들의 헤드라인Headline;신문기사의 표제이다. 바야흐로 검찰에 큰 파도가 몰아닥치고 있는 셈이다.

　　민주당 등 정치권과 노 전 대통령 측 친노親盧 인사들은 검찰의 박연차 전 회장의 정관계 로비수사가 노 전 대통령을 겨냥한, 청와대의 정치적 보복수사라고 몰아세웠다. 26일부터 방송과 언론, 인터넷신문들은 검찰 수사의 문제점을 짚는 데 초점을 맞추기 시작했다.

　　4월 30일 노 전 대통령이 검찰 소환조사를 받고 맨해튼 아파트 구입을 시도한 사실 등이 드러나면서 노 전 대통령 측을 비난하던 여론은 서거 이후 급변했다. 노 전 대통령 측은 검찰의 몰아붙이기식 수사와 언론의 받아쓰기식 보도가 노 전 대통령을 극단적인 상황으로 몰아갔다고 지적했다.

언론 내에서는 보수와 진보 언론으로 갈려 공방이 일면서 일대 혼란이 지속됐다. 진보언론을 자처하는 한겨레신문과 경향신문 등은 짐짓 태도를 바꿔 보수언론을 질타하고 나섰고, 조선일보와 동아일보 등 보수언론은 진보언론의 보도 태도가 서거 전과 후가 달라져 중심 없는 보도행태를 보이고 있다고 맞받아 쳤다.

봉하마을에 집결하는 친노 진영

"지금 가면 만날 수 있다니 서둘러 갔다 오겠습니다."

26일 오후 2시 30분 서울중앙지검 1진 선배기자에게 보고하고 대전행 고속버스에 몸을 실었다. 강금원 창신섬유 회장을 만나기 위해서다. 4월 9일 세금 탈루 혐의로 대전지검에 구속된 강 회장의 보석 허가여부가 이날 오후에 결정될 예정이었다. 노 전 대통령의 장례식까지 겹쳐있어 보석으로 풀려날 가능성이 컸다. 노 전 대통령의 측근들도 잇따라 구속집행정지로 풀려나는 상황이었다.

3일 전인 23일에는 노 전 대통령의 형 건평씨가 구속집행정지로 처음 풀려났다. 구속집행정지란 질병관계로 생명을 보전할 수 없거나, 직계존속 사망 등 중대한 사유가 발생했을 때 구속집행을 일시 정지하는 제도로 법원의 허가를 받아야 한다. 또 26일 오전에는 서울중앙지방법원이 정상문 전 청와대 총무비서관과 이광재 민주당 의원, 이강철 전 청와대 시민사회수석 등에게 구속집행정지를 허용했다. 친인척이 아닌데도 장례식을 이유로 구속집행정지를 받기는 매우 이례적이다. 법원도 그만큼 노 전 대통령의 서거를 엄중하게 받아들였다는 뜻이다.

강 회장도 노 전 대통령의 최측근으로 분류되는 만큼 풀려날 가능성이 컸다. 더구나 강 회장은 뇌종양을 앓고 있어 항암검사가 필요하다는 의사의 소견서까지 낸 터다.

오전에 통화한 강 회장의 변호인인 임정수 변호사도 기대감을 감추지 않았다.

"변호사님, 접니다. 오후쯤 회장님이 풀려날지가 결정될 것 같은데요……."

"나오셔야죠. 대통령 장례식에는 참석하셔야죠. 나오실 겁니다."

4시 30분 대전 고속버스 터미널에 도착했다. 강 회장이 언제 나오는지 확실히 알고 움직여야 할 것 같아서 다시 임 변호사에게 전화를 걸었다.

"출발하셨는데, 생각보다 일찍 나오셔서 옷 갈아입으시고 바로 봉하마을로 내려가셨어요."

"네? 벌써요?"

강 회장을 놓쳤다. 허탈한 기분이었다.

이른바 '박연차 게이트' 수사가 본격적으로 이뤄진 지난 두 달간 종종 통화하면서 한 번은 꼭 본인을 만나고 싶었다. 강금원 회장은 박연차 전 태광실업 회장과 더불어 노 전 대통령의 후원자이면서도, 박 전 회장과는 다른 느낌이 있었다. 검찰의 서슬 퍼런 수사 칼날이 그를 향하고 있는데도 호기로운 모습이 인상적이었다. 그도 언젠가 대폿술을 기울이면서 흉금을 털어놓자고 한 적이 있다.

봉하마을에 내려가 있는 후배기자에게 전화를 걸었다.

"잘 지내고 있니? 힘들지 않아?

"뭐. 그저, 그렇네요. 출장 한두 번 다니는 것도 아닌 걸요."

"강 회장도 이미 내려갔대. 그 쪽에서 만나볼 수 있으면 만나봐."

"예. 다른 측근들도 다 이리 오고 있어요."

"서럽다 뉘 말 하는가 / 흐르는 강물을 / 꿈이라 뉘 말 하는가 / 되살아 오는 세월을 / 가슴에 맺힌 한들이 일어나 하늘을 보네 / 빛나는 그 눈 속에 순결한 눈물 흐르네 / 가네 가네 서러운 넋들이 가네 / 가네 가네 한 많은 세월이 가네 / 마른 잎 다시 살아나 푸르른 하늘을 보네 / 마른 잎 다시 살아나 이 강산은 푸르러"

친노 인사들이 봉하마을에 집결하는 가운데 24일 새벽 봉하마을회관 분향소 앞 천막 앞 모퉁이. 건너편 건물에는 노 전 대통령의 짧은 유서가 새겨진 대형 걸개그림이 내걸려 있었다. 40대 남자의 애절한 노랫가락이 울려 퍼졌다. 1987년 6월 민주화운동 과정에서 숨진 연세대생 이한열 군을 추모하기 위해 가수 안치환이 작사·작곡한 '마른잎 다시 살아나'라는 노래가 22년을 뛰어넘어 봉하마을에서 불리고 있었다. 옆에서는 다른 남자가 하모니카 반주로 애절함을 더했다. 두 남자의 합주는 새벽 정적을 타고 봉하마을을 적셨다. 빈소 주변은 정적이 감돌았고 조문객은 너나 할 것 없이 눈을 지그시 감은 채 슬픔을 삭였다. 5월의 새벽바람도 슬픔을

노무현 전 대통령의 임시분향소가 마련된 경남 김해 봉하마을 '노사모 자원봉사 지원센터'. 봉하마을 주민들이 농기구를 보관하던 창고였는데 노사모가 자원봉사자들을 효율적으로 지원하기 위해 노 전 대통령 귀향 직후인 2008년 4월 개소했다.

아는지 이따금씩 걸개그림을 어루만졌다.

'노무현을 사랑하는 사람들', 노사모는 별도 임시분향소를 마련해 조문객을 맞았다. 노 전 대통령의 귀향 활동을 측면 지원한 노사모가 사무실로 사용해 온 건물이다. 노 전 대통령이 재임 당시 입은 옷 20여벌이 진열장 속에 공개됐고, 영정 앞에 설치된 소형 슬라이드는 노 전 대통령의 생전 모습을 쉴 새 없이 보여줬다.

전날인 23일 노 전 대통령이 병원으로 후송되면서 친노 인사들은 비상이 걸렸다. 가장 먼저 문재인 전 청와대 민정수석과 이해찬 전 국무총리에게 소식이 전해졌다. 부산에서 활동하는 문 전 수석은 곧바로 양산 부산대병원으로 직행했고, 이 전 총리는 이화영 전 의원과 함께 급히 김포공항에서 비행기를 타고 내려갔다.

봉하마을은 슬픔에 빠졌다. 오전 10시쯤 마을회관 스피커를 통해 진혼곡이 흘러 퍼졌고 주민들은 일손을 놓은 채 노 전 대통령의 사저 주변에 모여 오열했다. 오후 5시 20분쯤 노 전 대통령의 시신이 부산대병원을 출발했다는 소식을 전해 듣고 친노 인사와 조문객 2,000여명이 봉하마을로 몰렸다. 혼잡을 막기 위해 경찰과 봉하마을 청년들은 마을 외곽도로에서 차량 출입을 막았다. 전국 각지에서 달려온 조문객들은 외곽도로에서 1~2Km를 걸어 들어와서 조문을 했다.

노 전 대통령이 부엉이바위에서 경호원에게 담배를 청한 사실이 알려지면서 전국 각지에서 담배 판매량이 급증했다. 시민들은 담배 한 개비씩을 영정 앞에 바쳤다. 봉하마을에서 파는 국화꽃이 동나면서 값이 오르자 한 번 쓴 꽃을 재활용하는 일도 빚어졌다.

이날 밤 사저 옆 빌라에서 이해찬·한명숙 전 총리, 정세균 민주당 대표, 문재인 전 수석, 유시민 전 보건복지부장관, 이화영 전 의원 등이 노 전 대통령 인척들과 장례절차와 방식을 논의했다. '가족장'을 주장하는 인척들과 '국민장'으로 모시는 게 바람직하다는 친노 인사들의 의견이 갈렸다. 24일 새벽 3시까지 이어지는 마라톤 회의였다. 결국 긴 논의 끝에 노 전 대통령의 가족이 지명한 인사가 장례위원장에 위촉되면 국민장으로 하는 게 바람직하다는 결론이 내려졌다.

전국을 뒤덮은 추모 물결

5월 29일 오전 11시쯤 노무현 전 대통령의 운구행렬이 막 경복궁 홍례문 앞뜰인 영결식장에 도착했다. 광복 60주년 기념식과 2006년 최규하 전 대통령 국민장 영결식이 치러진 곳이다.

4월 30일 노 전 대통령이 검찰에 출석하러 봉하마을을 떠날 때만 하더라도 그 여정이 마지막 서울행이 될 것이라고 생각한 이는 아무도 없었다. 29일 만에 노 전 대통령이 운구에 실려 온다는 걸 생각하니 팔뚝에 소름이 돋았다.

노 전 대통령 운구 행렬은 오전 6시쯤 봉하마을을 출발했다. 중부내륙과 경부 고속도로를 거쳐 375km를 달려 서울에 도착했다. 29일 전 검찰

2009년 5월 29일 노무현 전 대통령의 국민장 영결식을 앞두고 경복궁 홍례문 앞에 행사장이 마련되고 있다.

조사를 받기 위해 달렸던 길이다. 서초동 대검찰청 청사에 들어설때의 상기된 모습이 생생하게 그려진다.

'삶과 죽음이 한순간이라더니…….'

노무현 대통령님. 얼마나 긴 고뇌의 밤을 보내셨습니까? 얼마나 힘이 드셨으면, 자전거 뒤에 태우고 봉하의 논두렁을 달리셨던, 그 어여쁜 손녀들을 두고 홀로 떠나셨습니까?

대통령님. 얼마나 외로우셨습니까? 떠안은 시대의 고역이 얼마나 고통스러웠으면, 새벽빛 선연한 그 외로운 길로 홀로 가셨습니까?

(중략)

노무현 대통령님. 님을 놓아드리는 것으로 저희들의 속죄를 대신하겠습니다. 이제 마지막 가시는 길, 이승에서의 모든 것을 잊으시고, 이제 저 높은 곳으로 훨훨 날아가십시오.

2009년 5월 29일

고 노무현 전 대통령 국민장 장의위원회 위원장 한명숙

노 전 대통령의 조사弔辭를 읽어가는 한명숙 전 국무총리의 목소리가 잠겼다. 영결식은 12시 24분쯤 마무리 됐고, 이어 서울광장 앞에서 노제路祭가 열렸다. 1시 20분부터 40분간 진행된 노제는 온통 노란색 물결이었다. 영구차가 가는 길에는 시민이 날려 보낸 노란 풍선과 노란 종이비행기가 하늘을 뒤덮었다.

영혼을 부르는 초혼 의식, 국립창극단의 '혼맞이 소리', 국립무용단의 '진혼무'……

지난 일주일이 아날로그 영화 필름처럼 지나갔다.

국민장 기간에 봉하마을을 비롯한 전국 309개 분향소를 찾은 추모객은 500만 명에 달한다. 덕수궁 대한문 앞 분향소에선 조문을 위해 평균 4시간 넘게 대기하는 진풍경이 벌어졌다.

노무현 전 대통령의 시신은 29일 오후 6시30분 경기도 수원 연화장으로 도착해 한 줌 재가 되었다. 부인 권양숙 여사는 통곡하면서 "그 곳에 가시면 정치하지 마시고 편히 쉬세요!"라고 남편을 눈물로 떠나보냈다…….

노무현 전 대통령의 노제에 참석한 시민들이 추모의 마음을 노란색 풍선에 담아 하늘로 띄워 보내고 있다.

검찰 수사는 재개됐으나······

영결식이 끝나자 검찰은 '박연차 게이트'에 대한 마무리 수사에 들어갔다. 노 전 대통령 서거라는 거대한 파도 앞에 추진 동력을 잃은 '임채진호號'는 서둘러 귀항해야 하는 처지였다. 자칫 격랑 속에 선원 전원이 휩쓸려 갈 수도 있는 형국이었다. 임채진 검찰총장이 자신을 임명해 준 전직 대통령에 대한 인간적인 번민과, 수사 실무진과 검찰을 보호하기 위해 책임을 지고 물러나는 상황은 어쩌면 필연적인 결과였다.

이미 5월 25일 조은석 대검 대변인이 기자실에 알려온 전언傳言을 통해 임 총장이 사의를 표명한 사실이 알려졌다.

> 임채진 검찰총장이 지난 23일 노 전 대통령 서거 소식을 접하고 인간적 고뇌 때문에 출근 즉시 사표를 써 법무부에 제출했으나, 25일 김경한 법무부 장관이 '사태 수습이 우선'이라며 사표를 반려했다.

사실 한참 지나 알려진 얘기지만, 청와대는 이미 검찰총장의 사의辭意를 받아들이지 않겠다는 방침을 굳힌 상태였다. 검찰총장에게 노무현 전 대통령의 서거 책임을 물을 경우 정치적 부담만 더욱 커진다고 판단한 것으로 해석된다. 김경한 법무부 장관에게 전달된 임 총장의 사표는 청와대 문턱에도 가보지 못한 채 되돌려진 셈이다.

검찰 관계자들은 곱지 않은 여론 속에서 총장까지 사의를 표명하자 곤혹스러운 표정이었다. 임 총장은 25일로 예정된 주례 확대간부회의를 취소하고, 서면보고로 대체했다. 검찰도 임 총장의 사의 표명이 검찰 수사에 잘못이 있었다는 지적을 받아들이는 것으로 비치지 않을까 크게 우려했다. 조 대변인은 짧지만 확실하게 검찰의 입장을 설명하며 분명히 선을 그었다.

"임 총장의 결정은 전직 대통령 서거에 따른 인간적 고뇌 때문이지 수사와 무관합니다."

하지만 만나는 검찰 간부들마다 이구동성으로 불안감을 감추지 못했다.

"앞으로 검찰에 몰아닥칠 후폭풍이 걱정입니다."

"그렇죠. 아무래도 사안이 사안인 만큼……."

"정치권은 정치권대로 검찰을 희생양으로 몰아 갈테고요."

"그럴수록 원칙대로 공평무사하게 처리해 나가야겠죠."

5월 31일 검찰은 천신일 세중나모여행 회장에 대해 구속영장을 청구하고 정면 돌파를 시도했으나 여의치 않았다. 법원은 6월 2일 6시간에 걸쳐 영장 실질심사를 한 후 구속영장을 기각했다. 금품 대가성에 대한 소명이 부족하고 조세포탈 혐의의 범의犯意 입증이 부족하다는 이유에서였다.

이명박 대통령의 절친한 친구에 대한 형사처벌은 물러난 정권, 살아있는 권력을 가리지 않고 불법행위를 엄단한다는 검찰의 의지를 내보이는 계기가 될 만했으나 물거품이 됐다.

박연차 게이트 수사까지 마무리 짓고 물러나려던 임 총장의 계획도 어그러졌다. 결국 그는 6월 3일 두 번째로 사의를 표명했고 하루 만에 수리가 결정되었다. 2년 임기를 6개월 앞두고 중도 퇴진함으로써 검찰총장 임기제를 지키지 못한 또 한 명의 총장으로 기록됐다.

이인규 중수부장도 6월 7일 검찰에 사표를 제출했다. 실질적인 수사 책임자로서 도의적 책임을 지기로 결심한 것이다. 그는 문화일보와의 인터뷰에서 "검사로서 소임을 다했고 조직이나 후배들을 위해서라도 이젠 비켜주는 게 맞다. 정치권의 요구에 떠밀려 사표를 낸 게 아니라 스스로 떠날 때가 됐다고 판단해서 낸 것이다."라고 말했다.

노무현은 **왜**

검찰은 **왜**

3장

'박연차 게이트' 수사의 서곡序曲

'장場'을 기다리는 사람들

진보계열로 분류되는 김대중, 노무현 대통령의 재임 10년 만에 정권을 되찾아간 보수진영의 이명박 정부가 출범한지 5개월이 지난 2008년 7월. 서울지방국세청이 노 전 대통령의 후원자로 불리는 박연차 전 회장의 태광실업 세무조사에 나설 때만 하더라도 전직 대통령 서거를 부른 게이트 수사로 번질 것이라고는 누구도 예상하지 못했다.

권력형 비리사건을 일컫는 '게이트'Gate. 지미 카터 대통령의 재임시절인

1977년 8월. 뉴욕타임스NYT의 보수 칼럼리스트인 윌리엄 사파이어가 카터 대통령의 오랜 친구이자 백악관 예산국장인 버트 랜스Bert Lance의 특혜 대출 의혹을 신랄하게 비판하는 칼럼에서 '랜스게이트'Lancegate로 부르면서 언론계에서 정치·정권 관련 스캔들을 일컫는 접미사로 널리 쓰이기 시작했다.

'워터게이트 스캔들'로 사임한 리처드 닉슨 대통령의 연설문 작성을 담당했던 사파이어는 1976년 대선에서 공화당 정권의 도덕성을 집요하게 물고 늘어져 승리한 민주당의 지미 카터 대통령도 도덕적으로 공화당과 똑같은 기준을 적용받아야 한다고 생각해 '워터게이트'에서 '게이트'를 끌어다 썼다. 1972년 6월 17일 워싱턴 포토맥 강변 '워터게이트'Watergate 호텔의 미 민주당 선거위원회 사무실에 도청꾼이 들었던 바로 그 '워터게이트 스캔들'이다. 용어의 유래가 그렇듯, '게이트'가 따라 붙은 사건은 대부분 권력 핵심부와 연결된 것이라 온 나라를 떠들썩하게 만든다.

과거 정권교체기마다 심상치 않은 움직임을 보인 검찰에서는 별 다른 낌새가 없다. 법조 출입을 하다보면 후각이랄까, 감이랄까 그런 게 생긴다. 지금은 뭔가 있는듯 하면서 드러나지 않은 그런 상황이다. 과거에도 새 정부 출범 후에는 언제나 검찰에 조용할 날이 없었다.

대검찰청 중앙수사부는 김우중 전 대우그룹 회장 수사를 마무리 짓고 숨을 고르는 상황이었다. 김 전 회장이 해외도피 5년 8개월 만에 구속을 각오하고 스스로 귀국한 것이라서 검찰 수사는 다소 맥 빠진 것이었다. '팔딱팔딱' 싱싱하게 살아있는 횟감이 제 맛을 내듯, 수사도 정치인이나 기업인의 내밀하고 깊숙한 치부를 전광석화처럼 파고들 때, 사정의 칼날을 휘두르는 검찰이나, 펜 끝을 굴리는 기자들이나 도전심이 발동한다.

검사들이나 기자들은 곧 큰 장**이 설 걸 직감적으로 알고 있다. 그 날을 기다릴 뿐이다.

"김 회장 건도 마무리됐고 이젠 좀 쉬려나?"

"무슨 소리야? 이제 전 정권을 가만두지 않겠지. 정권이 바뀐 지 벌써 반 년이잖아. 중수부중앙수사부가 이미 움직이고 있을지도 모르지."

"그래도 참여정부에서 임명된 검찰총장인데……. 설마 과거처럼 하겠어?

"임채진 총장 개인을 놓고 보면 그렇지, 하지만 검찰은 결국 조직이잖아. 조직 논리로 보면 정권의 의중을 모른 체만 할 수는 없는 것 아냐?"

"하긴. 누가 시키지 않더라도, 어느 누구의 뜻이 아니더라도 의도하지 않은 방향으로 굴러가는 게 조직이지. 검찰 조직도 정권의 검찰인 걸 부정할 수 없고."

"부장검사들도 뭔가 있을 거라는 둥, 큰 게 시작될 거라는 둥 농담반 진담반으로 말해. 그들도 '때'가 됐다고 생각하는 것 같아."

사실 '검찰총장 직할부대'인 대검 중수부가 김우중 전 회장 사건으로 만족할 리 없다. 중수부팀의 공명심이든, 검찰 조직의 생리이든 간에 사건이 될 만한 곳곳에 여러 시추공試錐孔을 뚫고 있을 게 분명했다. 범죄 첩보들을 모아 합칠 건 합치고 분리할 건 분리해 대형사건의 그림으로 완성할 수 있을지를 가늠하는 내사內査 과정을 기자들은 '시추공을 뚫고 있다'고 부른다. 시추공이 터져 대형사건으로 점화하는 건 타이밍의 문제일 뿐이다.

대검 중수부는 검사장급인 중수부장 휘하에 3개 과를 두고 있다. 중수

1·2과와 첨단범죄수사과가 있다. 각 과장은 검사 경력 20년 정도 된 지방검찰청 부장검사급이다. 수사는 1과와 2과가 담당하고 첨단범죄수사과는 계좌추적, 회계나 재무제표 분석 등을 지원한다. 멀게는 80년대 이철희·장영자씨 어음사기 사건, 90년대 세계일보가 특종보도한 수서 택지부지 비리 사건, 한보 비리 사건, 김현철씨 사건, 2000년대 대선자금 수사 등 지금까지 한국 사회를 뒤흔든 굵직한 사건이 모두 중수부를 거쳐 갔다.

중수부에는 우리나라 최고 수사기관이라는 명성이 따라 붙는다. 하지만 총장이 직접 지시하는 정치적으로 민감한 하명 사건이나 대형 권력비리를 수사하다 보니 정치적 논란에 휩싸일 때가 많다. 처음에 방향을 잘 잡은 수사도 어느 순간 삐끗해서 끝없는 추락의 길로 접어들 수 있다. 물론 김현철씨 사건 당시 안강민 중수부장, 대선자금 수사를 지휘한 안대회 중수부장처럼 일약 국민적인 관심 인물로 떠오를 수도 있다.

'큰 장'이 서면 대검 중수부 검사들 외에 파견검사와 국세청·금융감독원 등에서 파견된 인력 등 수십 명이 달라붙는다. 중수부의 힘이 바로 이것이다. 인력을 수사 크기에 따라 얼마든지 늘리고 보충할 수 있다.

권력을 잡으면 전 정권 또는 반대 세력을 억누르는 건 동서고금의 역사가 말해 주고 있다. 정권 교체기마다 중수부에 이목이 쏠리는 이유다. 중수부가 움직이면 백이면 백, 형사처벌로 이어진다. 중수부가 수사대상으로 삼은 주요 피의자가 법원에서 최종적으로 무죄판결을 받은 사례는 있어도 수사단계에서 무혐의 처분을 받는 경우는 드물다. 권력자가 정치적 판단에 검찰을 이용하고 싶은 유혹을 떨쳐내지 못한다면 중수부는 정치적 논란의 중심에 설 수밖에 없는 운명이다.

언론사마다 방송사 8~9명, 신문사 5~7명이 법조 출입기자로 활동하고 있다. 대검 중수부가 움직이면 법조팀 전원이 한 사건에 매달린다. 검찰도 수사에 전력을 기울이지만, 각 언론사 법조팀도 자존심을 건 취재 경쟁을 벌인다. 특히 수사가 정·관계 로비사건, 즉 '게이트'로 비화하면 검찰과 언론, 언론사간 경쟁은 총성 없는 전시 상태를 방불케 한다.

정중동靜中動의 대검찰청 기자실

"오늘 별거 없지?"

기자실에 출근하면 미리 온 기자들에게 타사 신문에 단독이나 특종기사가 없었는지부터 묻는다. 우리 신문사가 전혀 알지 못하는 내용을 다른 신문 기자가 보도하면 이른바 '물을 먹는' 것이 된다. 특종特種의 반대, 바로 낙종落種이다. 아침부터 '물을 먹는' 기분을 사람들은 알까. '무능한 기자가 아닌가?' 하는 자책과 '넌 뭐하고 있었냐?'는 질책으로 하루 종일 엉망이다. 기자실 밖에서 담배를 피우고 있던 기자들끼리 눈빛을 건네더니 말을 던졌다.

"아, 노무현 전 대통령 관련해서……."

"뭐? 중수부가 노 전 대통령을 수사한다는 거야? 어느 신문 단독인데? 내용은?"

다른 기자가 웃으면서 질문을 받았다.

"끝까지 들어 봐. 작은 집 거야. 대통령기록물 유출 수사와 관련해서 노전 대통령 소환조사가 임박했다는 내용이야. 큰 집 건 없어."

대검을 '큰 집'에 빗대, 서울중앙지검을 '작은 집'이라 부른다.

"그럼 그렇지. 근데 그 건 며칠 전부터 나온 얘기잖아. 서울중앙지검이 봉하마을에 재현된 e지원시스템 복제납품업체 대표와 실무 직원을 불렀으니 당연한 절차 아닌가?"

"그렇더라도 그만한 일로 전직 대통령을 직접 부르기야 하겠어?"

"부르지는 않더라도 방문조사 식으로 조사할 순 있지 않을까."

"글쎄. 그것도 쉽진 않을 걸. 안 그래도 민심이 안 좋은데 '이명박 정부가 별 거 아닌 일로 전직 대통령을 몰아붙인다'는 여론이 일 수 있잖아."

"그래도 불법이라면 누구든 조사에 응해야 하는 거 아냐?"

"에이. 우리 대검 기자가 왜 작은 집 일을 신경 쓰냐. 기록물 유출 건이 대검으로 넘어오지 않는 한, 난 신경 안 쓸란다."

각 언론사 대검 출입 기자에게는 대검찰청 별관 1층 기자실이 근무지이자 전쟁터이다. 아침에 바로 기자실로 출근해서 밤늦게 퇴근할 때까지 이곳을 중심으로 활동이 이루어진다.

각 언론사를 대표해서 나온 기자로서 타사 기자들과 선의의 경쟁을 벌여야 하는 기자들은 항상 긴장의 끈을 풀 수가 없다. 자사 부스에 누에고치처럼 틀어박혀 기사 작성에 여념이 없다. 아니면 취재원들에게 한 마디라도 듣기 위해 휴대전화기를 붙들고 있다.

'앉으면 기획(아이디어 구상), 서면 취재'라는 우스갯소리가 있듯, 기자실 주변에서는 자기만의 공간을 확보한 채 어딘가로 전화를 거는 기자들을 쉽게 찾아 볼 수 있다. 서로 잘 아는 사이일지라도 취재보안을 위해 다른 기자의 취재 공간을 침범하지 않는 게 기자들끼리 묵계처럼 되어 있다. 이런 고생을 아는지 모르는지 사건데스크는 기자를 닦달하기 일쑤다.

"요즘 기사가 없다."

"……."

"네 바이라인이 들어간 기사를 언제 써봤지?"

'매일 기사 쓰는데요.'

"'풀'만 먹고 사니? 초식동물도 아니고."

"……."

풀pool은 언론에 공개된 자료를 토대로 작성하는 기사를 말한다. 풀 기사만 써대는 기자라면 말 그대로 관官이 공급하는 기사를 '받아쓰는' 무능한 기자라는 뜻이다. 기사에 자신의 이름과 이메일 주소가 적힌 '바이라인'byline이 들어가는 만큼 기자들은 더 좋은 기사, 남들이 안 쓰는 기사를 하나라도 더 쓰기 위해 악착같이 달려든다.

이쯤 되면 차라리 큰 장이 후다닥 섰으면 좋겠다는 생각마저 든다. 장이 서면 밤늦게까지 대기하느라 육체적으로야 힘들겠지만 쫓아갈 텍스트가 있으니 기획 아이디어를 고민하지 않아도 된다. 피곤함과 중압감이 크더라도 법조 기자들로선 '흥'을 돋우는 '장'을 마다할 이유가 없다. 근질근질한 취재 본성이 살아나고 역사의 현장에 서 있다는 소명의식마저 느낄 수 있다.

지루한 여름이 지속된 2008년경 8월말 기자실 분위기에 잠시 동요가 일었다. 민주당 김모 의원의 동생이 체포되고 김 의원의 개인비리 혐의가 일부 드러났다. 외국 의료법인 허가 로비 의혹이 제기되면서 사건이 커질 가능성이 엿보였으나 진척이 더디면서 법조 기자들의 관심권에서 멀어졌다.

이어 9월 3일에는 중수부가 강원랜드를 압수수색했다. 강원랜드가 열병합발전시설 공사를 맡긴 업체들에 공사비를 부풀려 지급했다가 돌려받는 식으로 비자금을 조성해 정·관계에 뿌렸다는 첩보에 근거한 것이다. 국민의 정부 시절 영향력을 행사한 C씨와 참여정부 때 '오일 게이트'에 이름을 올린 J씨, C의원 등의 이름이 거론됐다. '비자금 조성'과 '정·관계 로비'라는 단어만으로 게이트로 비화할 가능성이 다분했다.

그러나 20일 후 검찰은 강원랜드 임직원들의 개인 비리가 일부 드러났을 뿐이라고 선을 그었다. 서울중앙지검과 각 지방검찰청 등이 대대적으로 진행하는 공기업 수사 일환이며, 10월말까지 수사를 마무리 짓겠다고 발표해 기자들의 취재의욕을 짓눌렀다.

태풍의 눈 태광실업 세무조사

그렇게 하릴없이 다람쥐 쳇바퀴 돌리듯 일상의 생활이 이어진 11월 어느 날 K형의 전화가 왔다.

"아, 오랜만이네요. 잘 지내죠. 언제더라. 펑크 낸 것 같으셔야죠! 네? 태광실업? 뭐하는 회사인데요? 박연차씨? 아, 노 전 대통령 후원자라는 사람 말이죠?"

서울지방국세청에서 일하는 고등학교 선배다. 그는 7월말 약속을 지키지 못한 이유를 설명하면서 변명처럼 몇 마디 얘기를 털어놓았다.

"원래 세무조사를 나갈 때 대상이 어디고, 뭘 위주로 봐야 하는지 미리 회의를 하고 가거든. 그런데 그 날은 무작정 호출을 받고 김해로 내려갔어."

선배의 설명은 2008년 7월말 서울지방국세청 조사4국이 노 전 대통령의 후원자인 박연차 전 회장이 운영해 온 경남 김해 소재 태광실업과 정산개발에 대한 세무조사에 나섰다는 것이다. 그렇다면 해당지역을 관할하는 부산지방국세청을 배제하고 서울에서 원정 세무조사가 이뤄진 셈이다. 정기 세무조사는 보통 2~3주가 걸린다. 그런데 태광실업 세무조사는 7월말에 시작해 10월까지 한 차례 이뤄졌다가 다시 11월까지 늘어났다. 뭔가 감이 잡혔다.

'박 전 회장의 위세가 대단했다던데 전 정권을 겨냥한다면 이만한 건도 없을 텐데……'

머릿속으로는 벌써 국세청의 고발과 검찰 수사 본격화의 그림이 그려졌다.

"형, 검찰에 수사의뢰나 고발은 됐어? 이쪽으로 자료가 넘어왔냐고."

"나 같은 아랫것이 알겠냐? 검찰에 고발했으면 발표가 됐을 텐데 아직 아닌가 봐."

금융감독원 전자공시시스템http://dart.fss.or.kr에 접속해 태광실업 관련 자료를 뒤졌다. 어떤 회사인지, 기업지배구조는 어떻게 되어 있는지를 알아두는 건 취재의 기본이다.

전자공시에 따르면 태광실업은 1970년대 초 신발 재료를 만드는 정일산업을 모태로 1980년 세워진 신발 제조 및 수출업체다. 2002년 3월에는 중국 청도태광과 베트남 태광비나 등 현지법인에서 나이키 신발을 주문자상표부착생산OEM 방식으로 생산하고 태광실업은 판매만 맡아왔다.

친분이 있는 검찰 간부들에게 전화를 돌렸지만 태광실업에 대해 아는 것은 없는 듯했다.

"글쎄, 박연차씨가 하는 회사라는 건 알지만 내부에서 들어본 적은 없는데. 중수부가 어디 수사 대상을 미리 얘기하고 하는 곳인가? 태광실업이라면 얘기는 되겠구먼."

이때까지만 해도 국세청의 태광실업 세무조사가 '박연차 게이트'로 번지고 전직 대통령의 서거로 이어질지도 모른다고 상상해 본 사람은 아무도 없었다. 국세청 세무조사 결과가 검찰에 통보되고 고발 조치된 사실이 법조 기자실에 전해진 것도 달력의 그림이 하얗게 눈 덮인 12월 풍경으로 바뀔 무렵이었다.

이 사건을 아는 사람들은 이미 2008년 하반기 박연차 전 회장을 '태풍의 눈'으로 한, 짙은 비구름대가 형성되고 있었다고 말한다. 검찰 고위 관계자도 2008년 8월부터 수사가 시작됐다고 봐야 한다고 전했다.

국세청의 태광실업 세무조사가 시작된 지 얼마 지나지 않은 8월 서울중앙지검 특수2부가 휴켐스 헐값 매각 의혹에 대한 내사에 나섰다. 노무현 전 대통령 재임 시절인 2006년 6월 농협의 자회사이며 알짜배기 회사인 휴켐스를 박 전 회장이 인수했는데, 예상가보다 322억원이나 싸게 인수했다는 지적과 함께 특혜 의혹이 끊임없이 증권가 루머로 나돌았다.

훗날 2008년 7월부터 시작된 태광실업 세무조사는 통상적인 조사와 달리 특정인·특정기업을 집중적으로 조사하는 기획조사 의혹에 휘말렸다.

2009년 11월 박연차 게이트가 끝난 지 6개월 정도가 흘렀을 무렵, 미술품 강매 혐의로 구속수감된 안원구 국세청 국장이 "한상률 당시 국세청장에게서 태광실업 세무조사와 관련해 직접 대통령에게 독대보고를 한다는 얘기를 들었다."며 그때까지 풍문으로만 떠돌던 의혹을 폭로한 것이다. 민주당과 참여정부 인사들은 "청와대 지시로 박연차 게이트 수사가 시작됐고, 노 전 대통령의 서거로 이어졌다."며 결국 의혹이 사실로 드러났다고 주장했다.

4장

세종증권 수사와 노건평씨 구속

2008년 11월 19일 ~ 2009년 1월 12일

기업비리 수사? 과거 정권 수사?

"이것 참, 별 것도 아닌 일로 여러분들 피곤하게 해서 죄송합니다."

2008년 11월 19일 오후 대검찰청 기자실에 최재경 대검찰청 수사기획
관이 머쓱한 표정으로 들어섰다. 대검 중수부가 몇 달 동안 공들인 공기
업·국가보조금 비리 수사결과 발표가 있은 지 이틀만이다. 당분간 어느
정도 여유가 있을 것으로 본 기자들의 단꿈을 깬 것이다. '박연차 게이트'
의 1라운드격인 '세종증권 매각비리' 수사는 이렇게 시작됐다.

중수부는 이날 서울 강남구 역삼동에 있는 세종캐피탈 사무실을 압수수색하고 김형진 회장을 체포했다. 중수부가 직접 나섰다면 평범한 기업 비리 수사만은 아닐 터이다. 하지만 최 기획관은 기자들의 관심을 차단하기 위해 "별 것 아니다."고 둘러댔다.

　"김 회장이 2005년부터 2006년까지 제조업체 H사의 주가조작에 관여했다는 첩보가 있어 수사하는 것 뿐입니다. 크게 신경 쓸 일이 아니니 안심하십시오."

　"주가조작 의혹인데 대검 중수부가 직접 나섰단 말씀이시죠? H사가 어딥니까?"

　"그건 말씀드릴 수 없고요. 그럼 전 이만⋯⋯."

　최 기획관이 아무 일 없었다는 듯 떠난 뒤 기자실에 한동안 정적이 감돌았다. 앞뒤가 맞지 않는 군색한 설명이라서 뭔가 석연치 않은 느낌이었다.

　김 회장과 개인적으로 친분 있는 C선배기자가 "김 회장 그 양반 워낙 마당발이라 간단치 않을 텐데⋯⋯."라고 한 말도 마음을 무겁게 했다.

　최 기획관의 발언은 기자들의 관심이 쏠리는 걸 조금이라도 막아보려는 '연막작전'이었음이 얼마 지나지 않아 드러났다. 검찰이 '칼끝'을 겨눈 곳은 참여정부 시절 세종캐피탈이 자회사 세종증권(현 NH투자증권)을 농협에 넘기는 과정에서 벌어진 정·관계 로비였다.

　노무현 전 대통령의 고교 동창이자 경제적 후원자로 알려진 정화삼씨와 동생 광용씨가 11월 21일 검찰에 체포됐다. 세종캐피탈 측으로부터 "농협이 세종증권을 사도록 해 달라."는 청탁과 함께 거액을 받은 혐의였다. 당시 증권업에 진출하려는 농협으로서는 매물로 나온 증권사가 많아 느긋한 입장이었다.

중수부는 정씨 형제 체포 직후 대검 출입기자단에 엠바고Embargo:보도유예를 요청했다. 사건 초기단계인데 기사가 나가면 수사에 지장이 생기니 어느 정도 수사가 궤도에 오를 때까지 보도를 유예해 달라는 것이다. 하지만 기자들은 거절했다. 전직 대통령의 후원자가 개입된 사건인 만큼 권력형 비리로 번질 가능성이 다분해 보였기 때문이다. 정화삼, 광용씨 형제 이름이 나오면서 이미 불붙기 시작한 기자들의 취재 의욕을 억누를 수 없는 상황이었다.

일부 언론은 박연차 전 태광실업 회장이 세종증권 매각 과정에서 이 회사 주식을 사고팔아 거액의 시세차익을 올린 사실을 거론하면서 박 전 회장의 연루 가능성을 제기하는 분석 기사를 실었다.

"박연차 회장도 수사대상입니까?"

"그렇게 썼다간 소송 당할 수 있습니다. 박 회장의 'ㅂ'자도 써선 안 됩니다."

최 기획관은 손사래를 쳤다. 사실 박 전 회장 이름이 거론되는 건 시간 문제였는데도……

기사라는 게 그렇다. A신문이 내보낸 특종보도에 B신문이 취재한 팩트fact·사실관계가 더해지고, C신문이 일목요연하게 정리해서 전망을 내놓는다. 이른바 '건'이 될 만한 사건에서는 각 언론사 보도가 상승작용을 하면서 자체 추진력을 만들어 나가는 경향이 있다.

정화삼 형제, '노건평씨에 청탁' 내세워 30억 받아

동아일보가 11월 24일자 신문 1면에 신호탄을 쏘아 올렸다. 노무현 정부 시절 '봉하대군'으로 불린 노건평씨의 이름이 검찰 수사에서 처음으로 이름을 내미는 순간이었다.

크게 '물 먹은' 대검 기자들 사이에서는 한숨이 새어 나왔다. 간단치 않은 사안임을 직감한 것이다. 앞으로의 사태 전개도 지금까지와는 사뭇 달라질 것임을 알고 있었다.

중수부는 오전 내내 동아일보 보도에 대한 확인 자체를 거부했다. "노건평씨에 관한 내용은 아무 것도 확인해 줄 수 없다."는 말만 되풀이 했다. 공교롭게 11월 24일은 임채진 검찰총장이 취임 1주년을 맞은 날로, 서울중앙지검 출입기자들과 오찬이 예정돼 있었다. 총장이 주최하는 식사 모임에는 대검 간부들이 동행한다. 이 자리에 참석한 한 검찰 간부 입에서 "건평씨가 수사대상인 건 맞다."는 말이 나왔다. 최 기획관은 결국 이날 오후 정식 브리핑에 나서야만 했다.

"총장님과의 오찬에서 건평씨 개입사실이 확인됐는데……."

"노건평씨가 우리 수사 대상이라고만 말씀드립니다. 그 밖에는 할 말이 없습니다."

"출국금지는 됐나요?"

"개인의 출국금지 여부를 확인해 줄 수는 없습니다."

입이 무겁기로 이름난 최 기획관이 이 정도까지 말을 해준 이상 기자들은 보도 내용을 사실상 시인한 것으로 받아들일 수밖에 없다. 검찰은 피의사실 공표 논란 등을 피하기 위해 절대로 똑 부러진 확인을 해주지 않는다. 기자들은 기자적인 후각으로 검찰의 공식 발표에 숨겨진 함의含意를 파악해낸다. 최 기획관이 쓴 '수사대상'이라는 표현은 기자들에게 '피의자'

로 들렸다. 검찰의 함구에도 불구하고 신문 지상에는 연일 건평씨 관련 의혹이 대문짝만하게 올려졌다.

건평씨는 "정씨 형제한테 연락을 받은 적은 있지만 묵살했다. 검찰이 수사 협조를 요청하면 언제든 응해 이번 사건과 무관함을 밝히겠다."고 발끈했다.

건평씨의 해명은 오히려 기자들의 취재의욕에 불을 질렀다.

"연락을 받은 적은 있다."

검찰이 입을 굳게 닫은 상황에서 중요한 단서가 건평씨 입에서 나왔다. 건평씨와 정씨 형제, 세종증권 간에 연결고리가 완성된 것이다. 건평씨 말대로 연락을 받고 묵살할 정도로 느슨한 것인지, 연락 정도가 아니라 만나서 의논한 것인지, 더 나아가 구린 거래가 있었는지 하는 연결고리의 강도를 밝혀내는 일만 남아 있다.

검찰 수사를 받는 피의자 중에 "내가 잘못했다."며 혐의를 순순히 시인하는 이는 드물다. 당사자가 혐의를 완강히 부인하는 상황에선 섣불리 기사 쓰기를 주저하는 게 기자들의 속성이다. 건평씨는 세종증권과 관련해 어떤 식으로든 관련되었음을 시인한 셈이다. 그러나 건평씨는 "바위는 뚫어도 나는 못 뚫을 것"이라고 당당했다.

과연 천하의 중수부를 상대로 결백을 입증할 수 있을까?

검찰의 칼날에 고개 떨군 '봉하대군'

대검찰청 중앙수사부 박경호 중수부 1과장이 건평씨 사건 주임검사로서 세종증권 매각비리 수사에 열을 올리는 사이 박정식 과장이 이끄는 중수2과도 슬슬 움직이기 시작했다. 박연차 전 태광실업 회장이 '타깃'이었다.

박 전 회장은 비록 세종증권 매각에는 직접 관여하지 않았으나, 세종증권이 농협에 팔린다는 미공개 정보를 입수해 세종증권 주식을 대량으로 사고팔아 수백억의 시세차익을 올려 증권거래법을 어겼다는 혐의를 받고 있었다. 그는 또 농협의 우량 자회사인 휴켐스를 시세보다 싼 가격에 인수했다는 의혹도 받고 있었다. 서울중앙지검이 8월부터 내사해 온 휴켐스 헐값매각 의혹은 중수부로 넘겨졌다.

11월 25일 마침 국세청이 4개월에 걸친 태광실업 세무조사를 마치고 박 전 회장을 탈세 혐의로 검찰에 고발했다. 중수2과는 이 3가지 의혹을 모아 수사에 나섰다.

건평씨와 박 전 회장이 나란히 중수부의 표적이 됐다. 모두 노무현 전 대통령의 측근이다. 검찰이 어느 선까지를 겨냥하는지 몰라도 단순한 기업비리 수사에 그칠 리 없다. 휴켐스 헐값매각 의혹과 세종증권 매각비리 의혹, 주가조작 의혹. 세 '고기압'이 어울리면서 비구름대는 잔뜩 세력을 확장했다. 이제 폭풍우를 쏟아부을 날짜만을 기다리고 있는 형국이다.

검찰이 잠행潛行에서 벗어나도록 재촉하는 작은 소동이 벌어졌다.

11월 26일 밤 사회부로 급한 보고가 들어왔다. 보통 다급한 음성이 아니었다.

"노건평씨가 자살했다는 설이 나돕니다!"

뉴스의 인물인 건평씨가 언론 관심이 부담인듯 "바다낚시나 갔다 오겠다."며 집을 나선 뒤 이틀 넘게 소식이 없는 상태다. 건평씨의 부인에게 전화를 걸었다. 부인 민씨는 평소 기자들 전화에 알레르기 반응 없이 곧잘 받아줬다.

"바깥어른, 댁에 계신가요? 건강은 괜찮으세요?"

"집에 돌아오지 않으셨어요. 어디 계신지 알 수 없는데 건강은 문제가 없어요."

경남 창원에 주재하는 기자도 나름대로 정보망을 가동해 봤으나 별다른 낌새가 없었다. 대검 중수부도 상황 파악에 나섰다. 최재경 수사기획관은 한밤중에 기자들의 문의 전화가 쏟아지자 "현재까지 검찰이 파악하기론 그런 일이 없다."고 말했다.

건평씨 자해설은 해프닝으로 끝났으나 검찰이 소환조사를 앞당겨야겠다고 결심하는 계기가 됐다. 그동안 검찰 수사 중 주요 인사의 자살이나 사고사로 수사가 종결된 전례가 많다. 이튿날 브리핑에 나선 최 기획관은 건평씨 관련 언급을 극도로 피하던 기존 태도를 바꿨다.

"최대한 빨리 조사를 하려고 합니다. 우리도 신속히 진상규명을 하고 싶습니다."

검찰은 세종증권 매각에 힘써주는 대가로 세종캐피탈이 정씨 형제 측에 약 30억원 가량을 전달했다는 의혹을 수사중이었다. 더군다나 최 기획관은 중수부 1과장 시절인 2006년 정대근 당시 농협중앙회장을 수사하면서 정 회장과 참여정부 인사들 간의 연결 고리에 강한 의혹을 품어온 것으로 알려졌다.

문제는 정씨 형제가 "우린 그저 전달자일 뿐이다."라고 억울함을 호소한 점이다. 정대근씨는 건평씨와 절친한 사이다. 검찰이 '세종캐피탈→ 정씨 형제→ 노건평씨→ 정대근씨'로 이어지는 로비 흐름을 추적중임이 분명했다.

드디어 건평씨에 대한 소환조사만 남았다. 12월 첫날 오전 10시 40분 건평씨는 취재진을 따돌리고 서초동 대검청사에 출석했다. 촬영을 위해 새벽부터 진을 치고 기다린 신문사 사진기자와 방송사 카메라기자들은 허탕을 쳤다.

박용석 중수부장이 대검 7층 집무실에서 건평씨를 잠시 만나 차 한 잔을 대접했다. 전직 대통령의 형에 대한 예우였다. 건평씨는 대검 11층에 위치한 1120호 특별조사실에서 밤 11시까지 조사를 받았다. 꼭 5개월 뒤 동생 노무현 전 대통령이 조사받게 되는 바로 그 곳이다.

검찰은 건평씨의 조사가 끝나자 일단 돌려보냈다. 밤늦게 조사를 마친 건평씨가 청사 현관에 나오자 카메라 플래시가 여기저기서 터졌다.

"지금 심경이 어떻습니까?"

"착잡할 따름입니다. 진실로 돈을 받지 않았습니다."

"노 전 대통령에게 한 말씀만 하신다면?"

"저로 인해 말썽이 일어나 동생에게 미안할 따름입니다."

건평씨는 모든 혐의를 부인한 채 대기하던 승용차를 타고 어둠 속으로 사라졌다.

검찰은 조사 하루만인 12월 2일 건평씨에 대해 특정경제범죄가중처벌법상 알선수재 혐의로 구속영장을 청구했다. 조사가 이미 충분히 돼 있다는 자신감이 느껴졌다. 건평씨의 혐의로 영장에 적시된 특정경제범죄가중처벌법상 알선수재特經加法上 알선수재라는 죄목은 금융기관 임직원이 맡고 있는 직무를 본인이 해결해 주겠다고 하고, 금품을 받거나 받기로 약속한 경우 적용된다. 특경가법상 알선수재를 범했을 경우, 5년 이하 징역형 또는 5,000만원 이하 벌금에 처하도록 돼 있다. 건평씨에게는 정씨 형제와 공모해 세종증권이 농협에 매각되도록 도와주고 세종캐피탈 측에서 29억 6,300만원을 받아 챙긴 혐의가 적용됐다.

영장실질심사는 이틀 뒤인 4일 열렸다. 쌀쌀한 겨울비를 맞으며 서초동 서울중앙지법에 출석한 건평씨는 김용상 영장전담 부장판사 심리로 1시간 30분 동안 심문을 받은 뒤 대검에서 초조하게 결과를 기다렸다.

오후 5시가 조금 지나 법원에서 영장 발부소식이 전해졌다. '바위는 뚫어도 자신을 뚫지 못할 것'이라는 건평씨의 호언豪言은 허언虛言이 되고 말았다.

건평씨가 구치소로 가기 위해 대검 현관에 모습을 드러냈을 때 날은 이미 저물어 어두웠고, 바람은 살을 에듯 차가웠다. 그의 옆에는 구속집행하는 건장한 수사관 두 명이 붙어 있었다.

"혐의를 인정하십니까?"

"아직 인정 못 하겠습니다."

"지금 심경은?"

"억울합니다."

그렇게 수사관들에 이끌려 서울구치소로 간 '봉하대군'은 이듬해 5월 동생의 장례식 참석을 위해 잠깐 구속집행정지를 받을 때까지 비좁은 구치소 독방에 갇혀야 했다.

노 전 대통령이 외부에 공개되는 자리에서 모습을 감춘 것도 이 무렵이다. 노 전 대통령은 2008년 2월 25일 퇴임 후 봉하마을에 내려간 뒤 마을을 찾는 방문객을 반갑게 맞았고, 그들과 격의없이 대화했다.

그러나 형 건평씨가 구속집행된 지 하루만인 12월 5일 봉하마을 방문객들 앞에 선 것이 노 전 대통령이 일반인들에게 보인 마지막 모습이었다.

"오늘은 인사하러 나오고 싶지 않아서, 나온다는 게시를 하지 않았는데, 홈페이지에 공지약속이 돼 있어서 나왔습니다. 오늘 인사로 금년 인사를 마감했으면 좋겠습니다. 오늘 인사를 마지막 인사로 하구요, 내년에 날씨가 좀 더 따뜻해지면 다시 인사드리겠습니다."

노 전 대통령은 다시 사저로 들어갔다. 그러나 노 전 대통령이 원했던 명년의 따뜻한 봄은 오지 않았다.

노무현 전 대통령의 등장

검찰의 칼끝은 이제 봉하대군을 넘어 박연차 전 태광실업 회장을 향했다. 노건평씨를 구속한 중수1과와 비교될 게 분명한데, 중수2과가 아무런 성과를 내지 못한 채 장을 마감할 리 없다.

대검 중수부가 나선 이상 시간은 검찰 편이다. 시간이 갈수록 피의자가 설 자리는 줄어든다. 중수부의 소환 요청이 있을 때는 이미 준비가 다 끝났다는 뜻이다.

대검청사에 들어서면서 "억울함이 입증될 것!"이라며 당당하던 자세는 청사를 나설 때 "면목 없습니다.", "할 말 없습니다."라는 고개 숙임으로 늘 바뀌었다. 정치인이나 경제인들이 중수부 수사를 무서워 할 수밖에 없는 이유다. 아무리 뽑아내도 부정부패와 비리의 싹이 다시 자라나는 우리 사회 현실이 대검 중수부의 존재감을 높여주고 있다.

중수부는 박 전 회장에 대해 탈세, 미공개정보를 이용한 주식거래, 휴켐스 헐값 매입의혹 세 부분으로 샅샅이 훑었다.

박 전 회장에 대한 언론의 관심은 건평씨에 비해 훨씬 컸다. 건평씨의 비리는 깨끗하고 투명한 정부를 지향한 노무현 전 대통령에게 흠집은 주겠지만, 건평씨 개인에 대한 비난에 그친다. 아무리 대통령일지라도 자신의 형을 쉽사리 단속할 수 있었을까. 하지만, 박 전 회장은 노 전 대통령을 비롯한 참여정부 실세들에게 이른바 '후원자'로 통했다는 점에서 파괴력이 크다. 참여정부 인사들이 줄줄이 검찰 수사대상에 오를 수도 있다.

부산·경남 지역 유력인사 중에 박 전 회장의 돈을 받아쓰지 않은 이가 없다는 설이 파다했다.

언론은 검찰 수사가 박 전 회장을 넘어 다른 곳으로 향할 것을 요구하고 있었다. 게이트 비화 가능성을 짚는 분석기사가 쏟아졌다. 박 전 회장이 돈을 건넨 인사들의 이름이 기록되어 있다는 바로 그 '박연차 리스트'에 대한 관심이었다. 국세청이 검찰에 탈세자료를 넘길 때 리스트도 함께 제공했다는 설이 나돌았다.

12월 8일 기자들 앞에 선 최재경 기획관의 얼굴은 어두웠다.

"국세청에서든, 어디에서든 박연차 리스트를 입수한 사실은 전혀 없습니다. 검찰이 어떤 사람의 한 평생을, 어떤 기업의 모든 사업을 점검할 수도 없습니다. 이번 수사는 어디까지나 박 전 회장의 탈세, 미공개정보 이용, 휴켐스 헐값 매입에 국한됩니다."

그러나 검찰은 이미 당시 거친 상태나마 리스트를 확보한 것으로 알려졌다.

검찰은 의혹과 불신을 잠재우려는 듯 예상보다 이른 12월 10일 박 전 회장을 소환조사한 뒤 이튿날 구속영장을 청구했다. 12일 영장이 발부돼 구치소로 향하던 박 전 회장은 담담하게 심경을 드러냈다.

"억울하진 않습니다. 탈세 혐의는 시인하지만 정·관계 로비 리스트 같은 건 없습니다."

12월 22일 대검 중수부는 세종증권 매각비리 수사결과를 발표했다. 사건의 파장이 가라앉길 기대하면서.

검찰의 기대와 달리 불붙은 언론의 취재 열기는 식을 줄 몰랐다. 26일

2008년 12월 22일 박용석 대검찰청 중앙수사부장(가운데)이 대검 기자실에서 '세종증권 매각비리' 수사결과를 발표하고 있다. 왼쪽에 최재경 수사기획관, 오른쪽에 박경호 중수1과장이 배석했다.

오전 CBS의 보도가 터져 나왔다. 구속된 박 전 회장의 돈 10억여 원이 노전 대통령 측에 흘러 들어간 사실이 검찰 수사에서 드러났으며 전달 시점은 노 전 대통령 퇴임 직후라는 내용이었다.

기자실이 술렁거렸다. 검찰은 이번에도 확인을 거부했다.

3일 뒤인 29일에는 "노 전 대통령이 박 전 회장한테 받은 돈 액수는 15억원이며, 둘이서 차용증을 주고받았다."는 내용이 보도되었다.

검찰이 이를 별도로 부정하거나 반박하지 않음에 따라 기정사실로 받아들여졌다. 채무관계라고 하지만 노 전 대통령 이름이 박 전 회장의 입에서 나왔음이 처음으로 확인된 것이다.

대검 관계자는 "차용증의 존재와 진위 여부를 떠나 퇴임 뒤 돈을 꿔주고 빌린 개인 사이의 돈거래를 처벌할 수는 없지 않으냐?"면서 더 이상 수사계획이 없다는 뜻을 내비쳤다.

임채진 검찰총장과 중수부팀은 노 전 대통령이 퇴임한 뒤 이뤄진 돈거래인 만큼 더 이상 수사할 의미가 없다고 판단한 것으로 전해졌다. 수사와 관련된 한 관계자는 후일 이에 대해 "당시 이 부분까지 수사했다면 말 그대로 '표적수사'였다."고 언급했다.

검찰 수사가 게이트 수사로 불길이 번질 듯 말 듯한 살얼음판 같은 상황은 노 전 대통령의 이름이 도하 언론에 한 차례 거론되는 것으로 일단락지어진채 2009년 기축년 아침이 밝았다.

검찰 내에서는 통상 2월에 하던 검사 정기 인사가 1월로 앞당겨질 것이라는 소문이 나돌았다. 검찰은 인사철이 되면 수사 범위를 더 넓히지 않고 마무리 지으려는 경향이 있다. 법조기자들의 취재 관심도 인사 모드로 전환된다. 검사와 기자들 관심이 인사 쪽으로 쏠리면서 박연차 전 회장 사건은 잠시 잊히는 듯 했다. '박연차 게이트' 1라운드 수사가 어느 정도 정리가 된 셈이다.

중수부 수사의 연속성을 위해 유임될 것이라는 예측을 깨고 박용석 중수부장은 부산지검장으로, 최재경 기획관은 서울중앙지검 3차장으로 각각 발령이 났다.

"그동안 많이 도와주셔서 감사합니다. 가보겠습니다."

대검 기자실에 작별인사차 들른 최재경 기획관의 얼굴은 홀가분해 보였다.

노무현은 왜
검찰은 왜

2부

박연차
게이트

복 연 차 계 이 트

1장

'박연차 리스트' 존재가 드러나다

2009년 1월 13일 ~ 3월 16일

이인규 부장의 새 대검 중수부

"대단한데! 모을 수 있는 사람은 다 모은 것 같아."

2009년 1월 13일과 19일에 각각 단행된 검사장급, 부장검사급 인사 결과를 본 기자들의 반응은 한결같았다. 집요하고 끈질긴 수사로 이름을 떨친 검사들이 대검찰청 중앙수사부에 전부 모였다는 것이다.

'재계 저승사자'라는 별명을 지닌 이인규 중수부장. 2003년 초 서울중앙지검 형사9부장 시절 SK그룹 분식회계 사건 수사를 맡아 최태원 회장을 구속한 검객劍客이다. 형사9부가 '금융조사부'로 문패를 바꿔달고 특수부와 맞먹는 대접을 받을 수 있는 기초를 닦았다. 원주지청장 시절 중수부로 파견돼 안대회 당시 중수부장 밑에서 불법 대선자금 수사에 참여했다.

"사법시험 24회에 특별수사를 좀 하는 검사가 이인규, 채동욱, 민유태야. 중수부장에 이인규가 임명된 걸 보니 인물은 인물이야. 사건을 한 번 잡으면 절대 포기하거나 놓치지를 않아. 부하들이 그 앞에서 헛소리 했다가는 육두문자를 듣기 십상일 거야. 채동욱이 이것저것 재보고 수사하는 스타일이라면, 이인규는 독하게 파고들며 마구 헤집는 스타일이지."

이 중수부장에 대한 검찰 간부 출신 모 변호사의 평이다.

한편에서는 그를 정통 특수수사 검사로 분류하는 건 적당하지 않다는 지적도 있었다. 부도난 게 아니라 살아있는 대기업을 압수수색한 첫 사례

▌ 2009년 들어 대검찰청 지휘부가 바뀌었다. 임채진 검찰총장이 새로 임명된 문성우 대검찰청 차장(왼쪽), 이인규 중앙수사부장(오른쪽)과 함께 이동하고 있다.

로 꼽히는 2003년 SK그룹 수사로 개가를 올리면서 언론에 의해 지나치게 평가가 부풀려졌다는 것이다. 당시 수사 성공도 수사 방향과 갈래를 잡아 주고 수사팀을 신뢰해 준 박영수(당시 서울지검 2차장)라는 인물이 있었기에 가능했다는 평이 있다.

그의 기용은 앞으로 중수부가 태광실업을 강도 높게 압박할 것임을 예고하고 있었다.

중수부장을 보좌해 수사를 총괄하고 언론 브리핑을 전담하는 수사기획관에는 2년 가까이 법무부 대변인을 지낸 홍만표 검사가 임명됐다. 김성호, 정성진, 김경한으로 이어지는 3명의 법무부 장관을 모시며 법무부의 '입' 역할을 한 그가 오랜만에 특별수사 현장에 복귀한 것이다.

"그동안 수사에서 손을 놓아 근질근질 하셨죠?"

"중수부에서 평검사로도 있었고 과장도 해봤습니다. 사무실이며 직원들 얼굴이며 모든 게 너무 낯익어요. 수사기획관도 대변인과 비슷한데 앞으로 기자님들 잘 모시도록 하죠."

홍 기획관은 법무부 대변인 시절부터 접촉이 잦았던 터라 기자들과 격의가 없었다.

우병우 중수1과장과 이석환 중수2과장도 손꼽히는 검객이다. 우 과장은 과거 특별검사 사례 중 가장 성공한 것으로 평가받는 2001년 차정일 특검팀에 파견돼 '이용호 게이트'를 수사한 경력을 지니고 있다. 2008년에는 서울중앙지검 금융조세조사2부장으로 근무하면서 이명박 대통령의 부인 김윤옥 여사의 사촌언니 김씨를 공천 사기 혐의로 구속했다.

이 과장은 SK그룹 수사 때 이 중수부장과 일한 직계 후배다. 2003년 3

월 당시 노무현 대통령과 강금실 법무부 장관이 주최한 '전국 검사와 대화'에 평검사 대표로 나가 "대형사건 수사 때마다 검찰이 정치권 등 외압에 얼마나 시달리는 줄 아느냐?"고 말해 화제가 됐다.

새 진용을 갖춘 중수부의 1차 목표는 지난해 탈세 등 혐의로 구속한 박연차 태광실업 전 회장의 입을 여는 것이다. 박 전 회장이 부산·경남 출신 인사들을 중심으로 정·관계에 거액의 로비자금을 뿌렸었다는 얘기가 정치권과 언론계에 급속도로 퍼지고 있었다. 여의도 정가엔 이른바 '박연차 리스트'라는 괴문서가 나돌았다.

검찰은 박 전 회장과 가족, 태광실업 임직원 등의 금융거래 내역을 샅샅이 뒤져 '뭉칫돈'의 흐름을 상당 부분 찾아냈다. 흐름의 종국終局에 어느 인물이 있고 어떤 명목이었는지를 확인하기 위해서는 박 전 회장의 진술이 필수적이다. 이인규 중수부장은 "박 전 회장 사건을 원점에서 다시 들여다보고 있다."는 말로 의욕을 내비쳤다.

2월 들어 중수부의 움직임이 눈에 띄게 빨라졌다. 전국 검찰청에서 특별수사를 경험한 검사 8명이 파견 형태로 중수부에 합류했다. 서울중앙지검 조재연·최성환, 부산지검 이선봉, 수원지검 이주형, 대전지검 이건령, 대구지검 김형욱, 인천지검 김선규, 평택지청 김창진 검사가 그들이다. 검찰의 기세가 심상치 않아 전화를 걸자, 홍만표 기획관은 대수롭지 않다고 넘어가려 했다.

"검사를 8명이나 늘린 이유가 뭡니까?"

"전에도 파견 검사가 8명 있었는데 기간이 돼서 돌아갔어요. 그래서 새로 받은 겁니다. 인원이 늘어난 건 아니죠."

"그 분들은 무슨 일을 맡게 되죠?"

"우리가 작년에 기소한 사건들이 무죄가 많이 났잖아요? 그래서 사건들 기록을 꼼꼼히 보면서 연구하고 공판을 강화하려는 취집니다. 한 3개월쯤 있다가 돌아갈 겁니다."

그러나 검찰은 이 때부터 사실상 박연차 게이트 2라운드 수사에 본격적으로 나섰다는 평가다. 중수과장 인선과 특수수사 검사 파견은 수사를 위한 포석이었다. 이미 거친 상태의 리스트도 확보했고, 박연차 전 회장의 진술도 받은 상태에서 수사 방향과 밑그림을 그린 것으로 알려졌다.

특히 검찰은 박연차 게이트 수사를 '정관계 인사들→ 천신일 세중나모 여행 회장 등 이명박 정부 측 인사들→ 노무현 전 대통령 관련 수사' 순서로 구상했다는 사실이 한참 지나 확인됐다. 검찰의 뜻과 달리 이 수사 구도는 두 달도 지나지 않아 어그러지고 만다.

강금원과 박연차를 향한 검찰 수사

대검 중수부가 주로 물밑에서 움직이는 사이 대전지검 특수부의 사건이 수면 위로 떠올랐다. 박연차 전 회장과 함께 노 전 대통령의 양대 후원자로 꼽히는 강금원 창신섬유 회장이 횡령한 회삿돈으로 안희정씨 등 노 전 대통령 측근들을 지원했다는 의혹이다. 대전지검 특수부 사건은 대검 중수부 사건과 직접적인 연관성은 없다. 등장인물이 겹치지도 않는다. 결국 두 사건은 나중에 개별 사건으로 처리되었다.

그런데도 대검 출입기자들이 대전지검 특수부 사건에 관심을 가진 건 사건유형이 비슷하다는 점 때문이다. 두 사건 모두 노 전 대통령의 측근을 대상으로 하고 있다. 검찰이 의도했든, 의도하지 않았든 간에 전 정권 실세들에 대한 수사로 전선이 확대될 수 있다. 전 정권 실세들에 대한 수사가 본격화된다면 두 사건이 하나로 합쳐질 가능성도 있다. 대검 중수부가 대전지검 특수부에서 사건을 넘겨받아 함께 수사할 수도 있는 것이다.

분위기를 살피려는 기자들의 전화로 홍만표 기획관의 휴대전화는 잠시도 가만있지 않았다. 대검 중수부는 자체 수사도 하지만 전국 검찰청의 특수수사를 지휘하는 역할도 한다.

ⓒ세계일보

홍만표 대검찰청 수사기획관은 전직 대통령 비자금 사건, 줄기세포 논문조작 사건 등 특별수사 분야에서 잔뼈가 굵은 검사다. '박연차 게이트' 수사가 진행되는 동안 우리나라 모든 언론이 홍 기획관의 입을 주목했다.

"대전지검 사건으로 문의가 너무 많아 그쪽에 지시해서 별도로 언론 브리핑을 하라고 했습니다. 대전지검 박청수 차장이 대전지역 기자단과 협의해 시간, 장소 등을 정해 브리핑을 할 겁니다. 자꾸 우리한테 물어보는데 우리가 언급하는 게 부적절해 그렇게 했습니다."

몇몇 언론사는 사회부 법조팀 기자를 빼내 대전으로 출장을 보냈다. 대전 주재 기자에게만 취재를 맡기기에는 적절하지 않다는 판단에서다. 주재 기자는 해당 지역 인맥이 풍부하지만 법조 취재만을 전문으로 하지 않다보니 아무래도 검찰 특수수사에 대한 취재 경험과 분석력 등이 떨어질 수밖에 없다. 어떻게 대처하는 게 좋을지 판단하기 위해 대전지검 상황을 좀 알만한 검찰 간부에게 전화를 걸었다.

"대전지검이 하는 수사 있잖아요······ 어떻게 될 것 같아요?"

"수사라는 게 어디로 튈지 모르지만, 듣기로는 지금껏 언론에 보도된 게 전부라던데."

강 회장과 안희정씨 간의 정치자금 거래 관계 외에 더 나올 게 없다는 뜻으로 들렸다.

"그게 혹시 커져서 대검이나 서울중앙지검으로 오진 않겠죠?

"그런 일 없을 것 같은데······."

대전지검은 대검의 브리핑 지시에도 언론 발표를 극히 꺼렸다. 박청수 대전지검 차장은 참여정부 인사가 다수 연루돼 있다는 일부 언론 보도를 '소설'로 평가절하했다. 수사가 설익은 상태에서 너무 일찍 언론에 노출된 느낌이다. 대전지검 사건은 시간이 흐르면서 강 회장의 회삿돈 횡령과 탈세 등 개인비리로 성격이 좁혀지는 양상이었다.

2월 19일 조선일보가 드디어 '리스트' 보도에 불을 질렀다. '4명에 수억 줬다'는 제하_{題下}에 박연차 전 회장이 노무현 전 대통령의 측근인 L씨, 정계 원로인 P씨와 K씨, 박 전 회장과 친분이 두터운 기업인 C씨에게 수억원을 전달했다고 보도했다.

"박 전 회장이 돈을 줬다고 진술한 적은 전혀 없습니다. 진술 태도가 안 바뀌고 있습니다. 신문에 난 L, P, K, C씨가 누군지 나는 모릅니다. 이름이 안 나옵니다."

홍만표 기획관은 완강히 부인했다. 이니셜로 보도가 되더라도 '선수'들 사이에 이름이 알려지는 건 그리 오래 걸리지 않는다. 이니셜을 쓴 언론사 가 해당 당사자를 특정해주지 않더라도 알음알음 정보를 교환하다보면 금 세 이름이 맞춰진다.

L씨는 이광재 민주당 의원, P씨는 박관용 전 국회의장, K씨는 김원기 전 국회의장, C씨는 천신일 세중나모여행 회장을 가리키고 있었다. 몇 달 뒤 네 사람 모두가 검찰 수사대상에 올라 기소된 점에서 이 보도는 상당히 정확했던 것으로 증명됐다.

법조팀원이 당사자를 분담해 전화 접촉을 시도했다.

"뚜~~뚜~~~뚜~~~"

신호음이 한참 울린 끝에 묵직한 중저음의 목소리가 들려왔다.

"여보세요."

박관용 전 의장이 직접 받았다. 비서나 보좌관이 전화를 받는 게 통상적 인데…… 이미 기자들 전화공세에 시달린 듯 박 전 의장이 선수를 쳤다.

"허허. 돈을 받아 쓴 게 있긴 합니다. 그건 아무 대가 없는 그런 겁니다."

"원래 박연차 전 회장을 잘 알고 계십니까?"

"30년 정도 꾸준히 알고 온 인연이 있지요. 참여정부 들어 박 전 회장이 노 전 대통령 측으로 돌아서면서 소원해지긴 했지만……."

이미 다른 기자들도 들었을 두 사람의 과거 이야기가 청산유수처럼 흘러 나왔다.

"돈을 받은 경위를 여쭤봐도 되겠습니까?"

"정계은퇴 후 우연히 어떤 자리에서 만났는데 내가 연구소를 운영한다니까 '후원을 하고 싶다'고 하더군요. 그러라고 했어요. 정치를 떠난 몸인데 무슨 대가를 바라고 줬겠어요?"

좀 더 물어볼 요량으로 질문을 더 던졌다.

"액수는 얼마나 됩니까? 그 뒤에는 만나신 적 없습니까?"

"기자 양반, 그 정도 했으면 잘 이해했을 것 같은데, 더 이상은 곤란합니다."

다른 팀원들이 통화한 당사자들도 모두 발뺌했다.

"박 전 회장에게선 알려진 대로 500만 원의 공식후원금을 받은 게 전부입니다. 그 외에는 없어요. 박 전 회장 셋째 딸이 의원실 비서로 2년쯤 있었지만 결혼하면서 그것도 관뒀어요. 박 전 회장과 인연은 그게 다입니다."(이광재 의원)

"2002년 대선 당시 노무현 대통령을 많이 도와줬다는 이야기를 들었고 국회의장이 된 뒤 여러 사람이 함께하는 자리에서 소개받았습니다. 의장 시절 몇 차례 만나긴 했지만 돈거래를 할 사이는 아니었습니다."(김원기 전 의장 측근)

조선일보는 이튿날 박 전 회장이 노 전 대통령 자녀에게도 돈을 건넸다는 기사를 보도했다. 조선일보의 잇단 보도로 베일에 가린 '박연차 리스트'가 점차 구체적인 윤곽을 드러내기 시작했다. 기자들은 검찰 측의 반응을 기대했으나, 검찰은 부인으로 일관하며 침묵을 지켰다.

취재원, 이른바 '취재 소스'가 어느 곳인지는 아무도 모른다. 통상 검찰 내부에서 상세한 정보가 나올 가능성은 낮은 편이다. 단서 정도를 얻을 수 있을 뿐이다. 하지만 우리 사회에서 검찰만이 정보를 쥐고 있는 것은 아니다. 청와대, 국정원, 경찰, 국세청 어느 곳에서든 정보는 흘러나올 수 있다. 이른바 '사정당국자' 또는 '사정관계자'로 불리는 이들이다. 기자들은 검찰 입만 바라봤으나 검찰은 부인으로 일관하며 침묵을 지켰다.

며칠 뒤 기자들을 만난 홍 기획관이 뼈있는 농담을 던졌다.

"내가 법무부 대변인을 하면서 얼굴 표정을 늘 환하게 하려고 애썼어요. 기자들이 법무부에 오면 환한 웃음으로 맞았다고 생각합니다. 그게 버릇이 돼 버렸는지 중수부에 와서도 계속 웃으니까 어쩌다 만나는 기자들이 수사가 굉장히 잘 되는 줄 알아 난감하네요."

검찰이 규명한 건 거의 없는데 기자들이 너무 앞질러 가서 곤혹스럽다는 하소연이었다.

'박연차 리스트' 70여명 연루설

3월 들어 검찰이 잠시 언론의 관심에서 멀어졌다. 대검찰청 바로 옆 대법원에서 한바탕 소동이 일어난 탓이다. 얼마 전 임명된 신영철 대법관이 2008년 서울중앙지법원장 시절 '촛불시위' 관련자 재판을 맡은 단독판사들에게 "재판을 빨리 진행하라"는 내용의 이메일을 보낸 게 발단이었다. 이용훈 대법원장은 김용담 법원행정처장을 단장으로 한 진상조사단을 구성, 신 대법관의 재판 개입의혹을 조사하도록 했다. 대법관이 동료 대법관을 조사하는 진풍경이 벌어졌다.

"검찰 취재로 바쁜데 법원까지 우릴 가만히 놓아두지 않는군."

"대검 기자실에 예전과 같은 평화가 찾아올까?"

대법원 취재까지 맡아야 하는 대검찰청 출입기자들은 한숨을 내쉬었다.

법조 출입기자가 신영철 대법관 관련 취재에 관심을 쏟는 사이 중수부는 '박연차 게이트' 2라운드 수사에 공식적으로 나서기 위한 막바지 준비에 박차를 가하고 있었다.

16일 오전 홍만표 기획관이 기자실을 찾았다. 「박연차 "검찰·與野의원 등 70여명에 금품 전달"」이라고 보도한 한 일간지의 기사 내용을 해명하기 위해서였다. 홍 기획관은 답답한 듯 평소와 달리 설명이 꽤 길었다.

"수사라는 게 어찌 될지 모릅니다. 그런 상황에서 수사가 어떻다고 외부에 알릴 수도 없는 노릇이고……. 오늘 무슨 70여명 이야기가 나왔는데 그 사람들 다 수사하려면 10년도 넘게 걸릴 겁니다. 이제 씨를 뿌리기 시작했는데 벌써 상 물리고 배불러 집에 간 것처럼 쓰지 마세요. 지난 한 달 반, 박 전 회장 주변 상황을 조사했고, 이제 진술을 더해 보강조사가 필요합니다. 언론사 간 경쟁은 잘 알지만 수사가 잘 되도록 협조해야 하지 않나요?"

이날 오후 대법원 진상조사단이 그간 조사한 결과를 발표했다. 신영철 대법관이 재판에 일부 개입한 것으로 보인다는 내용이었다. 신 대법관은 대법원 공직자윤리위원회에 회부돼 심판을 기다리는 신세가 됐다. 며칠간 서초동을 뜨겁게 달군 이메일 파문은 이로써 잠시 가라앉았다.

이 사이 대검 중수부는 가시적인 성과를 내고 있었다.

서울중앙지검의 한 부장검사와 식사자리에서였다. 이 부장검사는 잘 아는 후배 검사가 중수부팀에 가 있다면서 얼마 전 그와 통화한 상황을 전해 줬다.

"선후배끼리도 수사 상황을 잘 얘기해주지는 않지……. 그런데 그 친구 목소리가 무척 밝더군. 수사가 잘 되고 있다는 느낌이 들었어. 그 친구 목소리만 들으면 수사가 어떻게 되고 있는지 대충 알 수 있거든."

아니나 다를까 이튿날 대검 중수부는 그간 준비한 '칼'을 드디어 뽑아 들었다.

2장

박연차 게이트 2라운드 수사 본격화

봇물 터진 언론의 박연차 리스트 보도

며칠 전 홍만표 대검 수사기획관과의 전화통화가 왠지 꺼림칙했다. 이메일 파문을 둘러싼 신영철 대법관의 사퇴 공방에 연예인 성상납 파문을 불러일으킨 장자연씨 자살사건까지 터져 장안이 떠들썩하던 때다.

"기획관님 오랜만입니다."

"어 그래. 어쩐 일이야?"

"서울중앙지검과 법원 기자도 대검으로 올 때가 안 됐나요? 김해에 내려간 자금추적팀도 성과를 낼 때가 됐고 박연차 리스트까지 거론됐는데…… 속도를 낼 때 아닌가요?"

"하하하 걱정 말고 기다려. 때가 되면 알려줄 테니 그때 가서도 안 늦어."

'장'이 서는 시기를 알려주겠다니 그걸 누가 믿는단 말인가.

수사기획관과 통화한 지 사나흘이 지난 3월 17일 이정욱 전 한국해양수산개발원장이 검찰에 전격 체포돼 이틀 뒤 구속됐다. 2005년 4월 경남 김해갑 재선거에 열린우리당 후보로 출마할 당시 노건평씨를 통해 박연차 전 회장한테서 불법선거자금 5억원을 받은 혐의였다. 언론의 관심을 끌만한 비중있는 인물은 아니다.

그러나 '박연차 리스트'가 언론에 등장한 뒤 처음으로 정관계 인물이 구속됐다는 점에서 사실상 검찰의 2라운드 수사를 공개적으로 알리는 신호탄이었다. 18일에는 박 전 회장한테서 불법 정치자금 10억원을 받은 혐의로 송은복 전 김해시장이 긴급체포돼 20일 구속됐다.

박연차 리스트의 봇물이 터졌다. 이전까지 조심스럽게 거론되던 노무현 전 대통령의 이름이 구체적인 혐의와 함께 몇몇 신문에서 언급되기 시작했다. 동아일보는 3월 19일 노무현 전 대통령이 퇴임 후 박 전 회장한테서 50억원을 받은 정황을 검찰이 파악했다고 보도한 데 이어 20일자에서 이 돈이 태광실업의 홍콩법인 APC사 계좌에서 미국에 거주하던 노 전 대통령의 지인이 관리하는 계좌로 송금됐다고 폭로했다. 홍콩 APC사는 박 전 회장이 태광실업의 해외 사업을 위해 세운 회사로, 검찰은 박 전 회장이 수천만 달러를 이 법인 계좌로 관리한 사실을 파악하고 경로를 추적해 왔다.

조선일보도 20일자에서 박 전 회장이 전·현직 검찰 간부 7명에게 금품을 건넸다고 진술했으며, 그 중 고검장급 인사 1명은 10만 달러 가량을 받았다고 보도했다.

박 전 회장 수사가 본격화할 즈음 한 정보원한테서 '박연차씨와 친한 검사도 많고 그 중엔 돈 받은 이도 있다'는 귀띔을 받은 터였다. 유력한 몇몇 검사의 이름도 이미 확보해놓은 상황이었다. 보강 취재만 하면 되는데 한 발 늦은 셈이다. 팩트가 부족했으니 어쩔 수 없었다며 자위를 해 보지만 눈앞에서 놓친 단독기사에 뒷맛이 쓰다.

이제 성냥개비가 가득 든 성냥갑에 불똥이 떨어진 형국이다. 불똥을 그대로 둔다면 불씨가 확 퍼지기 직전이다.

검찰은 서둘러 이들 보도를 '사실무근', '오보'라고 일축했다. 검찰이 '사실이 아니다'라는 입장을 고수하는 상황에서 기자들이 타사 단독보도를 그대로 받아쓰기는 쉽지가 않다. 더군다나 전직 대통령을 사실상 검찰의 수사대상으로 특정해 보도한다는 것은 부담스러울 수밖에 없다.

이날 뜻밖에 이인규 중수부장이 대검 출입기자들과 '점심식사 번개'를 제안했다. 얼굴이나 한번 보자는 것이었으나 공식석상 외에 출입기자를 따로 만난 적 없는 그다.

"웬일이지? 뭐 찔리는 게 있나 보지?"

"글쎄. 언론보도를 단속할 모양이지. 고검장 관련설까지 보도됐잖아."

"검찰이 오보라고는 했지만 노무현 대통령 이름이 너무 일찍 거론된 탓인지도 모르지."

"아무튼 얼굴이나 보자는 건 아닐 거야? 전화도 안 받고 만나주지도 않던 양반이……."

기자들이 점심 장소로 이동할 즈음 대검 대변인실은 '현직 고검장 박연차 돈 수수는 명백한 오보'라는 제목의 해명 자료를 기자들에게 이메일로 보냈다.

> 금일(3월 20일) 조선일보에 '현직 고검장도 박연차 돈 받아'라는 제하로 현직 고검장급 1명이 박연차 태광실업 회장으로부터 10만 달러 가량을 수수하였다고 보도되었습니다. 조선일보는 일선의 현직 고검장이 수수하였다는 취지라고 하고 있습니다. 이와 같은 보도에 대하여 검찰 구성원들의 사실여부 등에 대한 우려가 많은 것으로 알고 있습니다, 그러나 조선일보의 현직고검장 금품수수 보도는 일선의 현직 고검장은 물론이거니와 고검장급 간부 그 누구도 관련이 없는 전혀 사실과 다른 명백한 오보임을 알려드립니다.
>
> 2009. 3. 20. 대검찰청 대변인 조은석

그러나 이날 '노 전 대통령 측 50억 수수' 기사에 대한 검찰의 해명자료는 없었다.

중수부장과의 '번개' 점심과 '잔인한 4월' 예고

"춘래불사춘春來不似春과 비슷한 의미로 '차라리 겨울이 따뜻했다'는 시 구절이 있지 않나요? T.S 엘리엇의 '황무지'라는 시에 나오던가?"

점심식사 도중 이 중수부장은 알 듯 모를 듯 말을 이어갔다. 기자들 얼굴에서는 식사 자리에서 보기 어려운 긴장감이 흘렀다.

'봄이 아닌 봄이라니!'

"정치인 수사 본격화를 염두에 두고 하신 말씀인가요?"

"오늘 날씨가 이리 좋은데 박연차 수사 이야기나 하고 있으려니……."

이 중수부장은 딴청을 피웠다. 한참 뜸을 들인 그는 "수사는 철저하게 한다. (검찰)내·외부를 막론하고 끝까지 간다."고 말했다. 그의 성격 그대로다.

'조간에 난 것 때문에 비상이 걸렸던 게 맞아. 이 자리도 그래서 마련했고……'

이 중수부장은 조간신문 보도에 대한 의견으로 말을 이었다.

"요즘 '누구누구 소환' 이런 게 큰 뉴스인가? 고검장 연루기사도 그래. 기사가 다 사실이라고 하더라도 그게 일간지 1면 톱에 실릴만한 기사인가? 그런 기사가 나오는 자체가 검찰에 문제가 있다는 뜻이겠지만……."

이를 파고들고 한 기자가 재빨리 물었다. 뭔가 잘하면 털어놓을 듯한 분위기다.

"전국 고검장들한테서 문의 전화 많이 받으셨겠습니다."

그러나 이 중수부장의 답변은 여지없었다.

"그런 것 없어. 오보야. 동아(일보) 기사도 마찬가지고. 나한테 확인도 안하고 썼어."

이 중수부장은 '노무현 대통령'이란 말은 아예 입에 올리려 하지도 않았다.

이내 점심모임은 기자들 전화를 도통 받지를 않는 중수부장 성토장으로 변했다. 그러자 그가 기자들을 달랬다.

"무엇인가 쓰기 전에 (나한테) 물어보면 확인해줍니다. 그러니 쓰고 싶은 것 있으면 써요. 마음 같아선 한 달간 엠바고를 걸고 싶지만 안 받아줄 테고……."

이 중수부장은 언론이 보도하는 박연차 리스트에 여러 정치인이 거론되다보니 검찰이 억울한 입장이라고 토로했다. 정치권을 겨냥해 검찰이 언론 플레이를 하는 것처럼 비쳐지고 있어 곤혹스럽다는 것이다.

점심모임 메뉴로 18일 출국한 임채진 검찰총장의 루마니아 출장, 장자연 씨 사건 수사 등이 올려졌으나 기자들 머릿속에는 '4월은 잔인한 달', '한 달간 엠바고'만 맴돌았다. 중수부가 4월에는 뭔가 큰일을 낼 것임을 예고하는 것이나 다름없었기 때문이다.

기자실로 돌아오는 길, 기자들마다 자사 법조팀장과 데스크에 보고하기에 바쁘다.

"예, '4월은 잔인한 달', 영국 시인 있잖아요. 엘리엇. 리스트가 이미 보도됐으니 조만간 소환으로 갈 것 같은데요."

아침에 두 건의 언론보도가 난 터에 중수부장이 자청해 기자들을 만난 까닭이 궁금했던 사건데스크의 질문이 이어졌다.

"정확한 뜻이 뭐야? 그 멘트는. 노 전 대통령에 대해서는 한마디 없었고?"

사실 이 중수부장은 노 전 대통령의 '잔인한 4월'을 예고하고 있었다. 실제로 노무현 전 대통령이 소환조사를 받은 날이 이로부터 한 달여 뒤인 4월 30일이다.

이 중수부장이 직접 언급하지 않았지만 그의 머릿속에는 이미 노 전 대통령 수사의 밑그림이 그려져 있었던 것으로 보인다. 다만 검찰 내 고위급 인사가 거론되는 등 언론 보도가 엉뚱한 방향으로 튈 조짐을 보이자 방향을 잡아둘 필요가 있다고 판단한 것으로 볼 수 있다.

이날 하루, 작은 집인 서울중앙지검도 정신없이 바빴다. 금융조세조사1부는 모 언론사 회장의 미공개정보 이용 의혹 관련 사건을 무혐의 종결 처리했고, 금융조세조사2부는 노 전 대통령 주치의의 부인이자 우리들생명과학 김수경 이사장을 불구속기소한다고 밝혔다. 금융조세조사3부는 또 대출 알선 대가로 거액을 챙긴 한국은행 전 과장을 구속기소하고, 특수1부는 서울지역 재개발·재건축 비리 수사를, 특수3부는 환경운동연합의 보조금 유용 의혹 관련 최열 환경재단 대표를 소환조사했고, 첨단범죄수사1부는 '조·중·동 광고 중단 운동' 재판의 검찰 측 증인 폭행자 2명을 불구속기소한다고 밝히는 등 '기사거리'를 무더기로 쏟아냈다.

"선배, 날짜를 맞춘 듯 한꺼번에 나오네요. 지검이 대검 중수부 도와주는 거 아니에요?"

"그럴 수도 있겠다. 검사동일체檢事同一體라고 하잖아. 작은 집이 큰 집을 돕겠지."

"너무 눈에 띄는 수手 아닌가요?"

"검찰 내부 인사까지 거론되니까 이목을 분산시켜주는 것 아니겠어?"

기자들 사이에서는 대검 중수부로 쏠린 언론의 관심을 서울중앙지검으로 돌려보려고 하는 것 아니냐는 추측마저 나돌았다.

소환되는 친노 인사들과 500만 달러 의혹 보도

중수부장이 직접 심상치 않은 4월을 내비침에 따라 기자들 사이에서는 이정욱, 송은복씨 등에 이어 검찰 수사대상이 될 인사들의 이름이 오르내렸다. 2월 19일자 한 조간신문 보도에서 L씨로 거론된 이광재 민주당 의원과 부산·경남 지역 전·현직 의원의 소환조사 임박설이 나돌았다.

검찰 수사는 이전과 사뭇 다른 행보를 보이기 시작했다. 마치 때를 기다렸다는 듯 전광석화電光石火처럼 재빨랐다.

3월 21일 토요일 오전 9시 30분. 마침내 현역 의원으로서는 처음으로 이광재 의원이 기자들의 눈을 따돌리고 대검 중수부에 소환됐다. 참여정부 시절 좌左희정·우右광재(민주당 안희정 최고위원과 이광재 의원)로 불렸을 정도로 손꼽히는 친노 측근인사다. 이명박 정부 들어 첫 홍보기획비서관을 지낸 추부길씨도 이날 오전 6시 자택에서 체포됐다. 검찰 수사는 여·야를 가리지 않고 동시다발로 진행되었다.

이 의원은 박 전 회장의 돈 5만 달러를 받아 정치자금법을 어긴 혐의로, 추씨는 박 전 회장의 세무조사 무마 청탁 대가로 2억원을 받은 혐의(알선수재)를 받고 있다는 사실이 뒤늦게 전해졌다.

사실 이 중수부장의 '잔인한 4월' 발언은 그동안 박연차 전 회장을 '태풍의 눈'으로 한 짙은 먹구름 속에서 뇌성雷聲을 친 것과 다름이 없었다. 노무현 전 대통령에 대한 수사를 예고한 것임이 얼마 지나지 않아 확인됐다. 검찰이 '고검장 연루설'처럼 확실하게 사실을 부정하는 사안에 대해서는 대변인 명의로 입장을 내면서도 이날 노 전 대통령 관련 보도를 공식 부인하지 않은 것도 이와 무관치 않은 것으로 해석된다.

당시 수사상황을 아는 법조계 인사들은 이 중수부장의 이 발언이 전체 수사를 어그러뜨리는 단초端初를 제공했다고 지적한다. 검찰이 사실상 시인한 것으로 받아들여졌고, 언론과 국민의 관심이 온통 노 전 대통령 쪽으로 쏠려버린 탓이다. 취재열기가 뜨거워지면서 언론의 안테나에 500만 달러 의혹이 걸려들었고 10여 일 뒤 보도로 이어졌다는 시각이다. 정관계 인사에 이어 천신일 세중나모여행 회장 등 집권 세력 쪽을 수사해 전·현 정권 가리지 않고 엄정하게 수사할 수 있는 동력을 확보한 뒤 노 전 대통령 쪽으로 옮겨가려던 계획이 무의미해진 것이다.

경륜 있는 특수수사 검사들 사이에는 '언론이 앞서가는 수사는 백전백패'라는 말이 있다. 마라톤 선수가 다른 선수 속도에 맞춰 달리다 보면 자기 페이스를 잃고 마는 것처럼, 언론 관심이 증폭된 상태에서 이뤄지는 수사는 애초 방향과 구도를 잃고 실패하고 만다는 뜻이다.

대검 기자실이 술렁거리기 시작했다. 각사 법조기자들이 속속 대검 기자실로 몰려들었다. 드디어 큰 장이 선 것이다. 언론사별로 1~2명의 기자를 보강하면서 기자실 좌석은 턱없이 부족했다. 휴일을 반납하고 호출당한 기자도 많았다.

2008년 12월 17일 휴켐스 공개입찰을 방해한 혐의로 구속된 정승영 전 정산개발 대표(전 휴켐스 부사장)가 이 무렵 매일같이 검찰에 불려나가 조사를 받았다. 박연차 전 회장의 최측근으로 불리는 정 전 대표는 돈 심부름을 거의 도맡다시피 한 인물이라 리스트 확인에 열쇠를 쥐고 있었다. 이모 변호사가 정 전 대표에게 입단속을 주문했다가 증거인멸 혐의로 검찰에서 밤 12시부터 3시간 동안 조사받는 일까지 발생했다.

하지만 검찰의 입은 쉽게 열리지 않았다. 검찰은 피의사실 공표와 인권 보호 문제를 들어 확인 자체를 거부했다. 이광재 의원을 비공개로 소환한 것에 대해서도 검찰은 "그렇게 약속했다."고 밝혔다. 구체적 수사 내용은 함구한 채 "자기 주장을 잘 펴고 있다."는 식으로 조사 분위기만 전해 줄 뿐이었다.

이 의원은 22일에도 검찰에 불려가 마라톤 조사를 받고 23일 새벽 2시 40분 귀가했다. 초췌한 모습으로 기자들 앞에 선 이 의원은 "혐의를 시인하느냐?"는 질문에 "박연차 전 회장으로부터 5만 달러든, 그 이상이든 불법 정치자금을 받은 바가 전혀 없다."고 주장했다. 이 의원은 박연차 전 회장과의 대질조사에서도 이런 주장을 굽히지 않았다고 한다.

22일 밤 11시, 장인태 전 행정자치부 2차관이 2004년 6월 경남도지사 재·보궐 선거에 열린우리당 후보로 출마하면서 박 전 회장의 돈 수억원을 받은 혐의로, 23일 오전 박정규 전 청와대 민정수석이 박 전 회장한테서 상품권 1억원 어치를 받은 혐의로 체포됐다. 박 전 수석은 노 전 대통령과도 가까운 사이라서 참여정부의 도덕성에 적잖은 흠집을 줬다.

23일자 조간신문에는 박 전 회장과 민유태 검사장이 골프 회동을 했다는 보도가, 24일자에는 이 골프 회동에 서갑원 민주당 의원도 함께 있었다는 보도가 잇따라 나왔다.

검찰은 당시 현역 국회의원을 중심으로 조사를 서두르고 있었다. 4월 국회 회기를 앞두고 있어 회기 중 불체포특권不逮捕特權에 따른 '방탄 국회'를 우려해서였다.

박 전 회장이 부산·경남지역에서 폭넓게 형성한 인맥을 보여 주는 듯 등장인물이 하나 둘 늘어났다. 정치권은 물론이고 부산·경남 지역을 거쳐 간 전·현직 경찰 고위관계자와 판사들 이름도 오르내렸다.

노무현 정부 때 박 전 회장의 '불법 후원금 사건'을 창원지검이 수사할 당시 주변에서는 '정권이 바뀌면 청문회감'이란 얘기가 나돌았다고 한다. 사건의 수사 결과가 알만한 사람들의 기대치에 크게 미치지 못했기 때문이다.

2006년 당시 창원지검은 박 전 회장이 부인과 회사 임직원 등 5명의 이름으로 열린우리당 의원 20여명에게 300만~500만원씩 모두 9,800만원의 후원금을 편법으로 제공한 사실을 확인한 뒤 정치자금법 위반 혐의로 박 전 회장을 기소했다. 그는 얼마 뒤 재판에서 벌금형을 선고받았다.

검찰은 3월 26일 친노 계열인 서갑원 의원의 소환조사 방침을 공식화했다. 이날 이광재 의원은 구속영장이 발부돼 수감됐다. 이 의원은 2003년 말 썬앤문 그룹의 불법대선자금 수수 의혹 사건을 시작으로 5년여 동안 여섯 차례나 검찰과 특별검사 등 수사기관의 수사를 받았다. 6번의 조사에서 한 차례도 구속된 적 없는 그였지만, 결국 박연차 게이트를 피해나가진 못한 것이다. 이 의원은 검찰 수사를 수차례 받으면서 한 때는 지인들에게 "공직을 그만두고 싶은 심정이다. 사실 여부를 떠나 상처투성이로 공직을 수행해 나간다는 게 힘들다."며 어려움을 토로하기도 한 것으로 알려졌다.

27일에는 한나라당 박진 의원을 불러 이튿날 새벽까지 조사했다. 서갑원 의원도 29일과 30일 두 차례 소환조사를 받았다.

이정욱 전 해양수산개발원장을 시작으로 10여일 만에 박정규 전 민정수석, 이광재 의원 등 구속된 인물이 6명에 이르고 조사를 받는 현역 의원만 3명에 이르는 상황이 됐다. 하지만 이는 이 중수부장이 언급한 '잔인한 4월'의 예고편일 뿐이었다.

4월을 이틀 앞둔 3월 30일 '노 전 대통령 퇴임 이틀 전인 2008년 2월말 박연차 전 회장의 홍콩 APC계좌에서 500만 달러가 노 전 대통령의 아들 건호씨 계좌에 입금돼 친인척 투자용으로 사용됐다.'는 보도가 나오는 등 '잔인한 4월'이 다가오고 있었다. 31일에는 500만 달러가 노 전 대통령의 아들이 아니라 조카사위인 연철호씨에게 건네졌다는 보도가 이어졌다.

그러자 대검 대변인실은 이례적으로 대검 주례간부 회의에서 임채진 검찰총장이 언급한 장문의 내용을 자료로 배포했다. 닥쳐올 사정 한파를 예고하는 출사표出師表와 같았다.

중수부 수사관련 검찰총장 주례간부 말씀자료

검찰내부 통신망에 게시된 '3월 30일자 정기 주례간부회의 검찰총장 말씀' 중 대검 중앙수사부에서 진행 중인 박연차 전 회장 수사와 관련된 내용이 있어 해당 부분을 발췌하여 보내드립니다.

2009. 3. 31. 대검찰청 대변인 조은석

최근 대검 중수부 수사 관련,

① 수사팀에 대한 당부말씀

○ 첫째, '법대로, 원칙대로' 수사하기 바람

- 이번 사건 수사는 한 기업인으로부터 부정한 금품을 수수한 정치인·공직자 등 개개인의 범죄혐의를 밝히는 데 있음

- 소속 당파나 지위의 고하를 불문하고, 어떠한 성역도 예외도 없이 오로지 법과 원칙에 따라 철저하고 엄정하게 수사하여 각종 의혹을 명명백백하게 밝혀야 함

○ 둘째, 정치적 중립성 문제나 편파수사 시비가 생기지 않도록 해야 함

(중략)

○ 넷째, 검찰의 수사절차나 수사결과가 어느 누구도 아닌 "국민"의 신뢰를 얻을 수 있도록 해야 함

(중략)

② 검찰 구성원들에 대한 당부말씀

○ 첫째, 자신의 일처럼 생각하고 힘을 보태시기 바람

- 수사가 잘 되면 그 공은 검찰 전체에게 돌아가고 만에 하나 잘못되는 경우 그 책임은 전적으로 검찰총장인 본인에게 있음

(중략)

○ 둘째, 검찰에 대한 근거 없는 비난에 대해서는 나도 수사팀의 일원이

라는 충심으로 대응해 주시기 바람

- 일부 언론 등에서 사실관계 확인 없이 수사방향을 예단하거나 정치적
  의미를 부여하고 있어 안타깝게 생각함

(중략)

○ 셋째, 총장으로서 바른 검찰로 이끌어가야 하는 도리를 다할 수 있도
  록 도와주시기 바람

- "유리할 때 교만하지 말고 불리할 때 비굴하지 말라"는 말이 있음

- 항상 겸손하면서도 정정당당하게 바른 길을 걸어가는 검찰이 될 수
  있도록 다 함께 힘을 합쳐 주실 것을 당부드림

- 총장이 잘못된 판단을 하고 있다고 생각될 때면 언제든지 누구든지
  아낌없이 조언하여 본인이 검찰총장으로서의 도리에 충실할 수 있도
  록 도와주시기 바람.

기자실 달력에서 3월이 찢겨지고 4월이 찾아왔다.

3장

잔인한 4월이 다가오다

500만 달러 보도와 검찰의 브리핑 중단

2009년 4월 1일 오후 3시 30분 대검 기자실에서는 홍만표 기획관이 늦게 내려온다고 아우성이었다. 평소 언론브리핑 시각에서 30분이나 지났다.

출입기자단 간사가 기자실에 긴급하게 공지사항을 전했다. 간사는 출입기자단 전체를 대변하는 대표격이다. 그는 7층 중수부장실에서 헐레벌떡 뛰어내려온 길이었다.

"이인규 중수부장과 홍만표 수사기획관이 브리핑을 하지 않겠답니다.

방금 만나서 30여분을 설득했는데도, 요지부동搖之不動입니다."

매일 오후 3시 검찰 브리핑은 3월 19일 이정욱 해양수산개발원장을 검찰이 긴급체포한 이후 검찰과 기자단이 암묵적으로 합의한 사항이었다. 기획관이 기자실에 늦게 내려온다며 투덜대던 기자들의 불만의 목소리는 싹 사라졌다.

브리핑 중단은 기자들에게 '일용할 양식'의 공급 중단과 마찬가지다. 대형 권력형 비리 등 이른바 '게이트' 수사에서 중구난방이던 초기의 언론보도는 검찰의 브리핑을 계기로 교통정리가 된다. 수사가 정상 궤도에 오르면 경천 동지할만한 새로운 팩트가 나올 것도 없다. 검찰이 하루 한 두 차례 하는 브리핑을 통해 수사 진척상황을 파악하고 흐름을 가늠해볼 뿐이다.

수사 대상자가 고위 공무원이나 유명인사면 기자들의 접촉이 제한되고

홍만표 대검찰청 수사기획관(왼쪽)이 대검 기자실에서 기자들을 상대로 브리핑을 하고 있다. '박연차 게이트' 수사 내내 대검 기자실엔 엄청난 수의 취재진이 몰려 북새통을 이뤘다.

당사자도 노출을 극도로 꺼린다. 어렵게 얻은 단서는 명예훼손 등 우려로 기사화까지 많은 시간이 걸린다.

그렇다고 검찰이 브리핑에서 알맹이 있는 보따리를 풀어놓는 것도 아니다. 검찰은 수사의 밀행성密行性을 들어 웬만해서는 하나라도 감추려고 한다. '모른다', '말할 수 없다', '언급하기 적절하지 않다'는 말로 이리저리 질문공세를 피해가기 일쑤다. 스무고개 식으로 한두 개 단서를 얻어낼 뿐, 전적으로 법조기자들의 취재감각에 의존한다. 게이트 수사에서 모든 취재의 단서는 브리핑에서 얻어지는 셈이다.

"브리핑을 중단하는 이유가 뭐래?"

"우리가 검찰 엠바고를 깨거나, 브리핑 내용을 잘못 전달한 것도 아니잖아?"

간사가 30여 분 전 중수부장, 수사기획관과 면담할 때 들은 내용을 전했다.

"검찰이 하지 않은 얘기를 한 것처럼 보도한다고 불만이랍니다. 또 기사를 쓰면서 자꾸 검찰발發로 쓰거나 '검찰이 밝혔다'는 식으로 쓰는 것에도 단단히 화가 난 모양입니다. 이인규 중수부장은 '검찰에 따르면'이나 '검찰 관계자는'이라는 표현을 쓰지 말고 홍만표 기획관이 말한 것이면 '홍만표 기획관에 따르면', '홍만표 기획관은'이라고 명확하게 써달랍니다."

이날 아침 조간신문의 보도가 검찰의 심기를 건드렸다. 박연차 전 회장의 500만 달러가 노무현 전 대통령 조카사위 연철호씨에게 전달됐다고 언론이 보도한 것이 이틀 전이다. 검찰은 3월 31일까지도 이를 공식적으로 확인해 주지 않았다.

31일 브리핑에서도 홍 기획관은 쏟아지는 질문에 "확인된 바 없다. 박연차 전 회장에게 이 사항을 물어본 적도 없다."며 부인으로 일관했다. "홍콩에 있는 박 전 회장의 APC 계좌 자료가 오면 살펴볼 것이다."고 할 뿐이었다.

그런데도 각 언론은 1일자 아침신문에 노 전 대통령의 조카사위 연철호 씨가 박 전 회장의 500만 달러를 받았다는 사실을 검찰이 확인했다고 일제히 보도했다. 500만 달러의 최종 목적지가 노 전 대통령일 가능성이 크다고 보도한 언론도 있었다.

- 박연차 수사 盧 정조준 / '종착역' 노무현까지 거론한 朴, 정·관계 모든 '통로' 털어 놓을듯 __ 경향신문
- 검찰 '盧 조카사위 50억' 규명 본격 착수 __ 한겨레신문
- '박연차 로비' 전방위 수사 / '박연차 500만 달러' 성격은 / 노 전 대통령 퇴임 뒤 활동자금? __ 한국일보
- '정대근 리스트'도 본격 수사… 盧 조카사위 받은 50억 실소유주 추적 __ 국민일보
- '박연차 리스트' 전방위 수사 / 朴·盧 친인척 수상한 돈거래… 결국 종착지는 노무현? __ 세계일보
- '박연차 로비' 어디까지 / 檢 "500만 달러 실제 주인 중요"…盧 전 대통령 조사 불가피 __ 동아일보

검찰은 공식적으로 확인해 준 사실이 아무 것도 없는데 어떻게 이런 보도가 나올 수 있느냐고 격앙돼 있었다. 수사기획관의 브리핑과 무관하게 기사를 쓰고 있으니 브리핑을 아예 하지 않겠다는 '몽니'였다.

※ '500만 달러' 표기
: '50억원'보다 더 커 보이게 하려고 언론이 의도적으로 달러를 썼다는 노측 인사들의 불만이 있었다. 하지만, 사건 구도 속에서 실제 달러로 오고간 사실 때문에 기자들은 달러로 표기 했다.

기자들도 할 말은 있다. 국가기관인 검찰은 영장 청구나 기소를 한 뒤 공식적으로 확인해주지만 언론은 속보를 위해 말 그대로 전쟁을 치른다. 누구보다 빠르게 정보를 얻기 위해 기자들은 곳곳에 취재원을 숨기고 있다. 이른바 '빨대'로 불리는 검찰 내 정보원을 다양하게 두고 있다. 검사일 수도 있고, 수사팀, 심지어 경비원일 수도 있다. 청와대나 국정원, 정치권, 경찰 등에서 취재해 편집국에 모여진 정보까지 공유한다.

기자들은 이런 정보를 배경으로 수사기획관의 브리핑에 참석한다. 그렇다보니 기획관이 명시적으로 밝히지 않더라도 검찰의 수사진행 상황을 확인할 수 있다. 특정 질문에 대한 수사기획관의 표정변화나 어투 등이 모두 취재 포인트다. 어쩌면 확인한다기보다 눈치챘다고 하는 게 더 적절할 듯하다.

법조 출입기자들은 수사기획관이 답변용으로 쓰는 단어들을 분석하면서 미묘한 뉘앙스를 잡아낸다. 가령 수사기획관들이 답변에 즐겨 쓰는 '아니다'와 '말할 수 없다'는 큰 차이가 있다. 보통 사람들의 대화에서 '아니다'라는 답변은 확실한 부정이다. 그러나 검찰은 언론의 관심을 흩뜨려 수사진행에 방해를 받지 않기 위해 '아니다'라고 부인하는 경우가 더러 있다. 그렇더라도 부정에 가깝다. '말할 수 없다'는 말 그대로 '답변 유보'라기 보다는 긍정에 가깝다. 확인해 주기는 곤란하고 '아니다'라고 거짓말을 할 수 없는 경우 쓰이는 경우가 많다.

이는 일반적으로 그렇다는 얘기일 뿐이다. 기획관의 성격에 따라 다르다. 기자들이 뻔히 아는 사실까지도 '아니다'라고 부인하는 이도 있고, 곤란할 때 극히 제한적으로 쓰는 이도 있다. 최소한 거짓말은 하지 않겠다

는 소신으로 '말할 수 없다'를 선택하는 이도 있다. '말할 수 없다'는 답변
이 긍정으로 해석될까봐 여러 답변 속에 섞어놓을 수도 있다.

박 전 회장의 500만 달러가 노 전 대통령의 조카사위 연철호씨에게 건
네졌다는 사실은 각사 취재 네트워크에 포착된 상태다. 박 전 회장과 사
업관계가 없는 연씨에게 거액이 흘러갔다면 언론은 당연히 배경에 관심
을 두게 된다. 노 전 대통령 퇴임 직전 돈이 건네진 점은 심상치 않다. 노
전 대통령과 연관성에 의심을 두는 건 언론의 생리다. 처음에 노 전 대통
령의 아들에게 돈이 건너갔다고 알려진 것도 노 전 대통령을 배경으로 한
구도에서다.

검찰은 브리핑에서 500만 달러에 대해 APC 계좌 내역을 받으면 확인해
보겠다고 했을 뿐이다. 그러나 기자들에게는 검찰이 노 전 대통령의 관련
성을 살펴보고 있다는 말로만 들렸다.

재개된 수사기획관 브리핑

끝내 임채진 검찰총장이 중재에 나섰다. 수사팀은 하루 만에 고집을 꺾
었다.

"어이쿠, 안녕하세요. 오랜만입니다."

4월 2일 오후 3시 30분 기자실을 찾은 홍만표 기획관은 너스레를 떨었

다. 홍 기획관은 지난 2월 대검 수사기획관으로 부임하기 전 2년 동안 법무부 대변인을 지냈고, 특수부에도 오래 근무해 기자들을 많이 상대해왔다. 기자들 면면도 잘 알고 언론의 생리에도 밝다. 의욕에 찬 젊은 기자들을 다루는 데에도 아주 노련하다.

"검찰총장께서 브리핑을 하라고 해서 왔는데, 하루 전화 안 받고 안 내려오니 정말 편하던데요. 수사팀은 지금 '검찰이 의혹을 쏟아낸다'는 질책을 정치권으로부터 왜 들어야 하는지, 상당히 불편하게 생각하고 있습니다. 어제 말씀드렸듯이 이제부터는 내가 했으면 내 이름을 쓰시고 외부 익명 제보자면 제보자라고 쓰든지 해 주십시오. 항의전화가 너무 많이 옵니다. 우리가 수사 외적으로 힘든 부분이 많은데, 좋은 관계가 되도록 노력합시다. 터무니없이 정치권으로부터 매도당하지 않게 해 주시기 바랍니다."

검찰에 장이 서면 기자들 사이에서도 '소리 없는 전쟁'이 연일 이어진다. 매일 '물'만 먹는 기자들은 아침에 조간신문을 보는 자체가 두렵다. 한두 번도 아니고 매일 '물'을 먹는다면 강심장의 기자라도 견뎌내기가 쉽지 않다.

소속 언론사 사회부장과 사건데스크의 질책도 질책이지만, 매일 얼굴을 맞대고 전투하는 타사 기자들에게 면이 서지 않는다. 단독보도는 기자로서 자존심을 세우는 데 중요하다. 대형 사건수사 때 과열경쟁과 속보경쟁이 벌어지는 주요 요인 중 하나이기도 하다.

법조 출입기자들은 조그만 단서라도 소홀히 하지 않고, 확인을 거쳐 단독 보도하는 데 익숙하다. 브리핑은 그 단서를 찾는 중요한 과정이다. 큰 틀에서 수사 방향을 읽고 취재 포인트를 잡아갈 수 있는 단서를 확보할 수 있기 때문이다.

검찰로서도 브리핑이 손해보는 장사만은 아니다. 브리핑을 통해서 향후 기자들의 취재 방향과 기사 크기를 가늠할 수 있다. 또 노련한 기획관이라면 기사 방향을 어느 정도 조정할 수도 있고, 기자들의 시선을 다른 곳으로 돌릴 수도 있다. 말 그대로 잘만하면 서로가 '윈윈'하는 게임인 것이다.

브리핑에서 검찰은 나름대로 원칙이 있다. 소환 전에는 절대로 대상자 이름을 밝히지 않는다. 출국금지와 압수수색 영장에 대해서는 청구했는지 여부까지 함구한다.

기자들도 브리핑에서 질문을 한두 차례 던져보긴 하지만 의미 있는 답변을 애초 기대하지 않는다. 압수수색 영장 발부사실을 미리 알았더라도 검찰이 압수수색에 착수하지 않는 이상 기사화하지 않는다. 검찰과 언론 간에 묵계처럼 지켜야하는 룰이 있는 셈이다. 물론 기자가 특정사안을 취재한 뒤 확인을 요청할 때 기획관이나 대변인은 '거짓말을 하지 않는다'는 원칙도 있긴 하나 수사 편의 목적에서 가끔 깨지는 경우가 있다.

브리핑은 세간에 알려진 것처럼 혐의사실이 구체적으로 공개되는 그런 자리가 아니다. 검찰을 갓 출입하기 시작한 기자는 브리핑에서 아무것도 건져낼 수 없다. 검찰의 언어言語를 이해하지 못하니 그럴 수밖에 없다. 브리핑은 검찰과 기자단이 벌이는 고도의 심리전과도 같다. 그러면서도 검찰과 기자는 명시적으로 언급하지 않았더라도 '선수'들끼리 서로 알아듣는 지음知音의 관계이기도 하다.

하루 만에 재개된 이날 브리핑은 의미가 있었다. 500만 달러가 연철호 씨에게 전달된 정황이 나온 뒤 첫 브리핑이다.

4월 1일 연철호씨의 500만 달러 수수 사실이 크게 보도된 직후 기자들은 연씨 측과 접촉해 연씨가 박연차 전 회장한테서 500만 달러를 받긴 했으나 '투자금' 명목이었다는 얘길 들은 터이다. 연씨 측이 확인한 이상 검찰로서도 더 이상 모른다고만 할 수는 없는 일이다.

검찰이 투자금으로 보는지, 다른 가능성에 무게를 두는지를 살펴보는 것은 중요하다. 투자금 성격으로 파악했다면 연씨를 굳이 소환할 필요는 없다. 그게 아니라면 연씨에 대한 소환조사는 불가피하다. 연씨는 이미 출국금지 조치됐을 수 있다.

"박 전 회장이 500만 달러에 대해 얘기를 했습니까?"

"수사중이고, 보도가 다 됐고, 변호사도 있고 하니 우리도 그 정도는 해봐야 되지 않겠습니까. 그러나 진술조서는 우리가 필요할 때 받을 것입니다."

검찰이 박 전 회장에게 이미 이 부분을 물었으나 진술조서로 받지는 않았다는 뜻이다.

"APC 계좌 내역을 받으면 500만 달러를 정확히 알 수 있습니까?"

"그렇게 기대하고 있습니다. 그러나 이미 언론이 연씨를 상대로 취재해서 진술을 보도했으니 우리는 정말 늦은 거죠."

검찰이 수사 순서에 따라 500만 달러 부분도 확인하고 갈 테니 언론이 너무 앞서 보도하지 말아달라는 얘기다.

"언제쯤 도착합니까."

"조만간."

"1주일 안에?"

"그건 저도 모릅니다."

그렇게 오랜 시일을 기다리지는 않아도 될 것 같다.

"APC 계좌는, 연철호씨가 500만 달러를 받은 그 계좌 맞습니까?"

"구체적인 것은 혼선이 있으니…… APC 계좌에 어떤 돈이 어떻게 들어가고 나갔는지를 보는 것이 중요합니다."

기획관은 APC 계좌 안에 500만 달러가 포함되어 있음을 전제로 말하고 있는 게 틀림없다.

의혹의 핵심으로 떠오른 500만 달러

4월 3일 오전 9시 대검 기자실. 부르~르~릉. 진동모드의 휴대전화 화면에 불이 번쩍였다.

　그 부분은 문재인 실장님 말씀이 맞습니다.

봉하마을 노무현 전 대통령의 김경수 비서관한테서 온 답신 문자 메시지였다. 10여 분 전 김 비서관에게 문자 메시지를 보내 놓고 답을 기다리는 중이었다.

대통령께서 박 전 회장과 연철호씨의 돈 거래를 언제 알았는지, 시기에 대한 대통령의 기존 입장과 문 수석 답변이 다른데 어떤 게 맞습니까?

이 날짜 한겨레신문 보도내용이 기자실을 발칵 뒤집어 놓았다. 노 전 대통령이 박 전 회장에게서 연씨가 500만 달러를 받은 사실을 인지한 시점이 2008년 2월 퇴임하고 봉하마을에 내려간 직후로 알려졌다는 기사였다. 최근에야 그 사실을 알았다는 게 지금까지 노 전 대통령 측의 공식 입장이었다. 정확히 열흘 전 언론 보도를 통해 처음 접했다는 것이었다. 그러면서 노 전 대통령 측은 두 사람 간 사적 거래일뿐이므로 노 전 대통령이 중간에 개입할 여지가 없다고 방어선을 쳤다.

기자들은 서로 사실을 확인하려고 동분서주했다. 문재인 전 청와대 민정수석과 전화 통화는 되지 않고, 강금원 창신섬유 회장은 500만 달러에 대한 정황을 아예 모르고 있었다.

퇴임 직후 돈거래 사실을 알았다면 '말 바꾸기' 논란으로 번질 수 있다. 기자들은 노 전 대통령의 돈거래 인지 시점이 매우 중요하다고 판단하고 있는 터이다. '퇴임 전이냐, 직후냐, 최근이냐'가 돈의 성격을 파악하는 데 큰 단서가 된다고 보기 때문이다.

더구나 대형 사건에서 말 바꾸기 논란은 수사 국면을 아예 흔들 수 있다. 끝까지 결백을 주장하던 수사 대상자가 말을 바꿀 경우 그동안 지켜 온 방어선이 일시에 무너지기 쉽다.

돌이켜 보면 언론과 여론의 태도가 노 전 대통령 측에 부정적으로 바뀐 건 노 전 대통령 측이 500만 달러의 인지시점을 바꾼 탓이 크다. 최초 500

만 달러가 등장했을 때만 하더라도 언론은 보도에 신중한 태도를 취했다. 500만 달러와 노 전 대통령이 관계가 있을 것으로 의심을 하면서도 뚜렷한 관련성을 파악할 수 없었다.

무엇보다 노 대통령 측 입장이 강경했다.

"검찰 수사결과가 아닌 언론의 추측성 보도에 일절 대응하지 않기로 했습니다."

통화할 때마다 들려온 김경수 비서관의 일관된 답변이다.

연씨가 돈을 받은 시점이 퇴임 이후이고, 노 전 대통령의 인지 시점은 최근 언론보도 직후라고 하는 데다가 정당한 투자로 생각해서 크게 신경을 쓰지 않았다는 노 전 대통령 측 주장을 공략할 자료가 없었다. 검찰이 이 부분을 확인해 주기를 거부하는 상황에서 언론이 노 전 대통령과 연관성이 있는 쪽으로 몰아갈 수는 없는 상황이었다.

우선 500만 달러가 빠져나온 홍콩 계좌가 APC 계좌인지 여부를 검찰이 명확하게 확인해 주지 않았다. APC는 박 전 회장이 2002년 10월 태광실업과 베트남 현지법인인 태광비나 등의 자재 구매와 자금거래 업무를 위해 세운 회사로 알려져 있다. 검찰은 이 회사가 박 전 회장의 비자금 창구 역할을 한 것으로 보고 있었다. 박 전 회장이 이 회사를 이용해 2002년 10월에서 2005년 10월까지 해외법인들의 원자재 납품을 '중개무역'한 것처럼 위장해 6,746만 달러, 당시 환율로 685억원을 빼돌린 사실이 검찰 수사 결과 드러났기 때문이다. 홍콩계좌가 APC계좌가 맞다면 법망을 피해 모아둔 불법 비자금이 노 전 대통령 측에 들어갔다고 볼 수 있지만, 그때까지만 해도 확신할 수 있는 상황은 아니었다.

다만 2007년 말 서울 신라호텔에서 노 전 대통령 퇴임 후 사업 등을 논의하기 위해 박 전 회장, 강금원 회장, 정상문 전 청와대 총무비서관의 '3자 회동'이 열렸을 때 박 전 회장이 APC 계좌의 500만 달러를 언급했다는 사실 정도가 알려졌다.

연씨에게 건네진 500만 달러가 박 전 회장이 언급한 500만 달러와 같다면? 그리고 연씨에게 송금된 500만 달러 출처가 APC 계좌라면? 500만 달러는 연씨가 아니라 노 전 대통령―노 전 대통령이 지시했는지는 별개로 치더라도―을 위한 돈이라는 의혹을 살 수밖에 없다. 이런 상황에서 노 전 대통령 측이 500만 달러의 인지 시점을 바꿨다면 심상치 않은 일이다.

4월 3일부터 노 전 대통령에 대한 직접 조사 가능성이 싹트기 시작했다고 볼 수 있다. 실제로 언론은 이때부터 분석 기사를 통해 시기와 방법이 문제일 뿐 노 전 대통령 조사가 불가피하다는 전망을 내놓기 시작했다.

노 전 대통령 측은 500만 달러에 대해 전혀 법적으로 문제될 게 없다는 입장이었다. 측근들의 발언을 종합해 보면 노 전 대통령은 퇴임 후를 대비해 재단을 설립할 계획이었고, 박 전 회장도 출연금을 내놓기로 돼 있었다. 퇴임 전 노 전 대통령은 측근인 이화영 전 의원을 미국에 보내 카터재단의 운영실태 등을 연구해 오도록 지시했다. 카터재단을 벤치마킹해서 퇴임 후 비슷한 재단을 세울 계획이었는데, 실제로 ㈜봉화가 설립됐다.

하지만 박 전 회장은 재단은 수익성이 없다고 판단했다고 한다. 이런 상황에서 박 전 회장은 평소 사업을 해 보고 싶다면서 수차례 자신에게 도움을 청한 노 전 대통령의 장남 건호씨와 조카사위 연철호씨에게 500만 달러를 송금했다는 게 친노 인사들의 주장이다.

노 전 대통령이 박 전 회장에게 "감사하다"며 전화했다는 언론 보도도 있었으나, 감사의 뜻이 500만 달러에 대한 것이었는지는 확인되지 않았다. 박 전 회장도 "그저 감사하다는 말이었을 뿐 구체적 내용에 대한 것은 아니었다."고 검찰에서 진술한 것으로 친노 측 인사들은 보고 있었다.

4장

대통령을 옥죄어 가는 검찰 수사

2009년 4월 3일 ~ 4월 21일

'대통령의 집사' 정상문 전 비서관

4월 3일 오후 1시 50분 노무현 전 대통령의 500만 달러 인지認知 시점을 놓고 대검 기자실이 급박하게 돌아가고 있을 시각에 한 무리의 기자가 대검찰청에서 멀지 않은 서초동 서울중앙지방법원 1층 로비에서 정상문 전 청와대 총무비서관을 만나고 있었다.

정 전 비서관은 박연차 전 태광실업 회장과 노 전 대통령, 그리고 연철호씨 간 연결고리 의혹을 풀어줄 인물로 지목되면서 언론의 관심을 받았다. 정 전 비서관은 연씨가 박 전 회장을 만나 500만 달러를 투자금 명목으로 받도록 연결해준 사실이 일부 언론의 취재로 드러났다. 그러나 그는 모든 언론과 접촉을 일절 끊고 그동안 침묵으로 일관해 왔다.

이날 그는 신성해운 로비 의혹 사건으로 재판에 출석하는 길이었다. 그와 접촉 자체가 어려웠던 기자들로서는 좋은 기회가 아닐 수 없었다. 그가 법원에 모습을 드러내기가 무섭게 기자 수십 명이 그를 에워쌌다.

"기자들 마음은 알지만, 1년 6개월 동안 너무 많이 지켜보지 않았습니까. 아무 할 말이 없습니다. 지금 재판을 받아야 하는데 제게 매우 중요한 재판입니다. 인간적으로 불쌍하다고 느껴지지 않습니까?"

정 전 비서관의 얼굴에 지친 표정이 역력했다. 말을 이어가기도 힘들어 보였다. 기자들이 차마 더 이상 질문을 이어나갈 수 없을 정도였다.

언론은 정 전 비서관이 연씨에게 박 전 회장을 소개해 주고 500만 달러를 받도록 한 사실을 노 전 대통령에게 보고했을 가능성이 크다고 보고 있었다. 총무비서관은 '대통령의 집사'로 불릴 정도로 대통령 가족의 일에 깊숙이 개입하고 있었기 때문이다. 더구나 그는 1970년대 초반 경남 김해 불모산에 있는 암자 장유암에서 노 전 대통령, 박정규 전 청와대 민정수석과 함께 사법고시 공부를 함께하는 등 노 전 대통령의 오랜 친구였다.

정 전 비서관은 2008년 7월 노 전 대통령 퇴임 후 사업을 논의하기 위해 박연차 전 회장, 강금원 회장과 3자 회담을 가진 당사자다. 이는 며칠 전 통화한 강 회장이 자세하게 소개해준 내용이기도 하다. 강 회장과는 이 사건과 관련해서 몇 차례 통화해 왔다.

"회장님 오랜만입니다. 어떻게 지내십니까?"

"무슨 일입니까?"

무뚝뚝하면서도 장난기를 느낄 수 있는 목소리다.

"2007년 8월 정상문씨와 박연차 전 회장과 만난 얘기를 듣고 싶어 전화 드렸습니다."

"특별할 것도 없는데……."

강 회장은 그러면서도 당시 상황을 비교적 상세하게 전해줬다.

"내가 그때 정상문씨와 약속이 있었고, 박 회장하고도 약속이 있었는데, 둘 다 아는 사이라서 신라호텔에서 함께 저녁을 먹기로 했지요."

강 회장은 기억을 더듬으려는 듯 잠시 말을 멈췄다.

"세간에 알려진 것처럼 박 전 회장과 사이가 나빠 정상문씨가 중간에 개입한 건 아니고, 자연스럽게 그렇게 만난 겁니다. 당시 내가 뭘 좀 해보려고 박 전 회장에게 투자를 하라고 했어요. 그랬더니 박 전 회장이 홍콩 계좌에서 500만 달러를 가져가라고 하더군요. 내가 '좋은 일 하려는데 문제 있는 돈을 내놓겠다는 게 말이 되느냐'며 거절했습니다."

강 회장이 말한 '투자'는 노무현 전 대통령 퇴임 후 봉하마을에서 벌일 '농어촌살리기사업'을 말하는 것이었다. 이를 위해 강 회장은 나중에 50억원을 들여 ㈜봉화를 설립하기도 했다. 이 50억원은 박 전 회장이 연철호씨에게 송금한 500만 달러와 액수가 거의 일치한다. 친노 인사들 주장대로 박 전 회장이 500만 달러를 연씨에게 보내지 않고 약속을 지켜 봉화 출연금으로 썼다면 강 회장이 따로 돈을 내놓을 필요가 없었다. 좋은 뜻으로 봉화를 세운 강 회장은 검찰 수사대상에 올랐다가 투자금 50억원이 문제가 돼 대전지검에 구속수감되는 고초를 겪었다.

논란의 중심에 뛰어든 노 전 대통령

검찰이 정 전 비서관에 대해 강제수사에 나선 것은 정 전 비서관이 법원에 모습을 드러낸 그때부터 4일 뒤인 2009년 4월 7일이다. 홍만표 기획관이 이날 오후 기자실에 짤막한 메모를 내려 보냈다.

오전 8시 사당동 주거지에서 정상문 긴급체포. 자택과 개인사무실 압수수색

500만 달러의 성격 규명이 관심사가 된 상황에서 기자들의 관심은 정 전 비서관에게 쏠려 있었다. 정 전 비서관이 검찰에 불려오는 건 시간문제라고 보고 그 쪽 동향을 계속 주시해 왔는데, 이상 징후가 감지됐다. 각 언론사가 검찰을 상대로 확인에 들어가는 등 움직임이 심상치않자 검찰이 마지못해 메모를 내려보낸 것이다.

4월 3일 이후 한동안 긴장 속에 고요하던 기자실에 다시 활기가 살아났다. 검찰의 정 전 비서관 긴급체포는 사실상 노 전 대통령에 대한 수사의 신호탄이나 다름없었기 때문이다. 더군나 정 전 비서관이 총무비서관 재직시절인 2005년~2006년 박 전 회장한테서 개인적으로 수억원을 받았다는 의혹이 제기된 상태였다.

기사마감 시각이 점점 다가오는 오후 3시 30분쯤. 부스 내 회사 직통 전화가 울렸다. 조간 신문 기자들은 오후 3시에서 5시까지 가장 바쁘다. 사건데스크 등 윗사람들도 기자가 기사 쓰기에 집중하도록 이 시간에는 가

급적 전화를 하지 않는데, 예사롭지 않은 전화다.

"노무현 대통령이 돈을 받았다고 홈페이지에 글을 올렸다."

다짜고짜 사건데스크가 노 전 대통령이 돈을 받았다는 말을 풀어놓기 시작했다. 노 전 대통령의 동향을 담당하는 정치부쪽에서 사회부로 알려 온 내용이었다.

"내용은 사회부 기사방에 올렸으니 참고해서 기사를 새로 써. 김경수 비서관이나 측근들에게 전화해서 배경 등을 보충 취재해서 집어넣고."

"알겠습니다."

급히 노 전 대통령의 홈페이지 '사람사는세상'에 접속을 시도했다. 접속이 안 된다. 접속자가 너무 많아 연결이 되지를 않았다. 시간은 3시 40분을 넘어가고 있었다. 사과문을 읽어 보고, 취재하고, 기사를 새로 쓰기에는 촉박한 시각이다. 손에서 땀이 배어나기 시작했다. 대검 취재를 지원 나온 후배에게 노 전 대통령 측 인사들과 접촉할 것을 지시했다.

회사 기사 시스템의 사회부 방에 접속했더니 다행히 전문이 올라와 있었다.

노무현 전 대통령의 공식 홈페이지인 '사람사는세상'(www.knowhow.or.kr)에 2009년 4월 7일 오후 3시 28분 '사과합니다'라는 글이 올라왔다.
검찰 수사가 계속되는 동안 노 전 대통령은 이 글을 시작으로 4월 22일 '사람세상 홈페이지를 닫아야 할 때가 온 것 같습니다.'는 마지막 글까지 모두 여섯 차례 글을 올려 입장을 밝혔다.

'사과드립니다.'로 시작되는 노 전 대통령의 글은 채 700자가 안 되는 짧은 글이었지만 그 충격과 파장을 가늠하기 어려울 정도로 함축적인 내용이 담겨 있었다.

노 전 대통령은 "저와 제 주변의 돈 문제로 국민 여러분의 마음을 불편하게 해 드려 신뢰하고 지지를 표해주신 분들께 더욱 면목이 없다."며 "깊이 사과드린다."고 밝혔다. 이어 노 전 대통령은 "정상문 전 비서관이 박연차 회장으로부터 돈을 받은 혐의로 조사를 받고 있지만, 그 혐의는 정 비서관의 것이 아니고 저희들의 것"이라고 했다. 그는 "저의 집에서 부탁하고 그 돈을 받아서 사용한 것인데, 미처 갚지 못한 빚이 남아 있었기 때문"이라며 돈을 받은 이유도 설명했다.

박연차 전 회장과 조카사위 연철호씨 간 돈 거래에 대해서 노 전 대통령은 "퇴임 후에 이 사실을 알았지만 특별한 조치를 취하지는 않았다."며 "성격상 투자이고, 사업을 설명하고, 투자를 받았고, 실제로 사업에 투자가 이루어졌던 것으로 알고 있다."고 했다.

노 전 대통령의 사과문 게시는 그의 성격만큼이나 직설적이면서도 솔직했다. 전직 대통령이 스스로 논란의 중심에 뛰어든 것이다. 추측으로만 나돌던 노 전 대통령 측 연관성을 스스로 밝혔을 뿐만 아니라, 연씨에게 건네진 500만 달러 외에 부인 권양숙 여사가 받은 돈이 추가로 있음을 공개한 셈이다. 권 여사가 빚을 갚기 위해 박 전 회장한테서 빌려 쓴 것이라고 했으나 수사 전선은 급격하게 노 전 대통령 쪽으로 쏠리기에 충분했다.

당시 수사에 관여한 한 인사는 훗날 "노 전 대통령이 홈페이지에 글을

※ http://www.knowhow.or.kr/speech/view.php?start=0&pri_no=999834241

올리면서 검찰이나 노 전 대통령 모두 힘들어진 측면이 있다."고 아쉬움을 나타냈다. 시중 여론도 노 전 대통령에게 좋지 않은 쪽으로 흐르게 만들었다. 아내가 돈을 받았다면 남편이 당연히 알고 있을 것으로 보는 게 한국적 사고다. 그런데 책임을 권 여사에게 돌리는 듯한 사과문 내용은 부정적인 여론이 형성되는 결과를 낳았다.

언론과 여론은 사과문 게시를 사실상 시인是認으로 받아들였다. 돈을 받아썼다는 고백과 다름없다고 본 것이다. 참여정부의 도덕성이 뿌리째 훼손되고 있었다.

노 전 대통령이 사과문을 올린 데에는 검찰이 정 전 비서관을 체포한 게 결정적인 계기였다. 이날 자택에서 체포된 정 전 비서관은 박 전 회장한테서 수억원을 받은 혐의를 받고 있었다. 행여 정 전 비서관이 권 여사의 돈을 자기 책임으로 뒤집어쓸까 우려해 보호에 나선 것이다. 노 전 대통령이 글에서 "혹시나 싶어 미리 사실을 밝힌다. 혹시 정 전 비서관이 자신이 한 일로 진술하지 않았는지 걱정"이라고 한 대목에서 이런 심경이 그대로 읽힌다.

노 전 대통령이 박 전 회장의 돈을 받았다고 밝힌 이상 언론은 대통령 직무와 연관성을 따져들기 마련이다. 대통령 재임 중 영부인이 아무 대가 없이 돈을 빌렸을 뿐이라는 해명을 곧이곧대로 믿어주길 바란다면 너무 순진한 기대다.

이튿날 신문에는 노 전 대통령의 사과의 글만 실린 게 아니다. 사과의 글을 바탕으로 여러 의혹이 함께 제기됐다. 공직자재산등록을 통해 이미 노 전 대통령은 2003년 취임 이후 5년간 재산이 5억원 이상 증가한 것으로 드러나 권 여사가 돈을 빌린 이유가 충분히 설명되지 않기 때문이다. 더군다나 노 전 대통령은 청와대로 들어가면서 집을 팔아 수억원대 현금을 보유하고 있었을 것으로 추정된다. 노 전 대통령은 글에서 언제, 어떤 경로로 받았고 정확히 무슨 명목이었는지를 밝히지 않아 의혹만 증폭될 뿐이었다. 4월 8일 조선일보 기사는 노 전 대통령 쪽을 더욱 코너로 몰아가는 내용이었다.

> 권양숙 여사, 박연차 돈 10억 받았다 / 盧 前대통령 "빚 갚는데 썼다… 검찰
> 조사 받을 것" 對국민 사과

500만 달러 의혹에 이어 이른바 '100만 달러 의혹'이 새로 제기됐다. 권양숙 여사가 정상문 전 비서관을 통해 받았을 것으로 의심되는 수억원의 구체적인 액수가 처음으로 알려진 것이다. 홍 기획관은 기자들의 확인 요청에 "확인해 줄 수 없다."는 답변만 간사를 통해 기자실로 전해 왔다.

노 전 대통령은 전날에 이어 이날도 홈페이지 '사람사는세상'에 글을 올렸다. 모금 운동이나 봉하마을 방문을 거론하는 지지자들에게 자제를 당부하는 글*이었다. 전날 사과의 글과 마찬가지로 도덕적 부끄러움에 고개를 들지 못하는 그의 심정이 드러나 있었다.

노 전 대통령은 "부탁드립니다. 홈페이지를 찾아주신 많은 분들에게 감사드리고, 한편으로 송구스럽습니다. 글을 읽고 걱정이 되는 일이 있어 부탁 말씀을 드립니다."라고 글을 시작했다. 노 전 대통령은 "저의 생각은 '잘

못은 잘못이다.'는 쪽입니다. 또 좀 지켜보자는 말씀도 함께 드립니다."면서 "제가 알고 있는 진실과 검찰이 의심하고 있는 프레임이 같지는 않을 것"이라고 강조했다. 노 전 대통령은 돈 거래 성격을 검찰이 파악하는 것과 다르게 보고 있음을 분명하게 밝힌 것이다. 박연차 게이트를 바라보는 양측의 시각 차이였다.

노 전 대통령은 지지자들에게 자신에 대한 열성적인 지지가 분열과 대립을 조장하는 상황으로 번지지 않도록 해 달라는 내용도 글에 담았다. 그는 "편들어 글을 올린 분들이라고 저의 잘못이라는 점을 모르기야 하겠습니까. 알면서도 저를 위로하기 위해서, 또 스스로의 실망을 인정하기 싫어서 저를 편들어 글을 올리신 것일 것입니다."면서 "냉정한 평가를 한 글에 대해 비난하거나 공격하는 글을 올리는 것은 욕을 먹을 수도 있는 일일 것입니다. 이제 이 홈페이지로 인해 욕을 더 먹는 일은 없기를 바랍니다."라고 당부했다.

정상문씨 영장 기각과 100만 달러 의혹

검찰은 9일 새벽 정 전 비서관의 구속영장을 청구했다. 현행법상 체포 후 48시간 내에 구속영장을 청구하든지, 조사를 마치고 풀어주든지 해야 하기 때문이다.

정상문 오전 4시 영장청구. 뇌물 혐의, 액수는 피의사실 부분이라 밝힐 수 없음

9일 오전 기자실에 홍만표 기획관의 짧은 메모가 전해졌다. 검찰은 정 전 비서관에게 어떤 범죄사실을 적용했는지에 대해서는 함구했다. 홍 기획관을 비롯한 검찰 관계자들, 정 전 비서관 측 변호인들에 대한 기자들의 취재는 집요했다. 검찰의 확인 거부 속에 기자들 사이에서는 뇌물액수가 3억원이라는 얘기들이 나돌기 시작했다.

이날 오후 3시 브리핑에서 기자들의 질문도 정 전 비서관의 혐의에 집중됐다. 30분 후 정 전 비서관의 영장실질심사가 예정된 상태였다. 홍 기획관의 입은 무거웠다.

"우리가 혐의사실을 말할 수 없다는 건 잘 알잖습니까? 포괄적 뇌물로 영장을 청구했는데, 대통령 국정 수행을 보좌하는 것으로 업무 범위가 넓고, 민정수석처럼 인사추천 위원으로 돼 있어서 포괄적 직무로 보고 영장을 청구했습니다."

그리고는 달리 의미 있는 설명을 내놓지 않았다.

정 전 비서관의 혐의사실은 법원의 영장실질심사에서 공개됐다. 영장실질심사는 3시간 만인 오후 6시 30분쯤 끝났다. 이를 통해 충격적인 사실이 공개되었다. 정 전 비서관이 2007년 6월 청와대 경내에서 직접 미화로 100만 달러가 담긴 가방을 전달받았다는 것이다.

구속전 피의자심문제도라 불리는 영장실질심사. 영장실질심사는 수사기관이 피의자를 구속하기에 앞서 법원이 구속의 정당성을 판단하는 제도다.

영장실질심사는 비공개가 원칙이라 기자들이 들어갈 수 없다. 법정은 비공개이지만 법정 주변에는 기자들이 접근할 수 있다. 귀 밝은 기자는 법정 문에 귀를 대고 안에서 나지막이 들려오는 소리를 잡아낸다. 이른바 '귀대기'로 불리는 취재 기술이다.

주요 인사의 영장실질심사가 열릴 때면 법정 문 앞에 기자 4~5명이 매미처럼 달라붙는 진풍경이 벌어진다. 2002년 최규선 게이트 수사 당시 청와대가 최규선씨에게 외국으로 밀항을 권유했다는 내용이 세상에 알려지는 등 이 귀대기를 통해 종종 큰 특종거리가 나오기도 한다.

오후 7시 40분 홍 기획관의 메모가 간사를 통해 기자실로 다시 내려왔다.

> 정상문 전 비서관이 청와대에서 받은 돈이 권양숙 여사에게 갔는지, 노무현 전 대통령에게 갔는지는 별개 문제라서 확인해 줄 수 없다. 노무현 전 대통령이 경내에서 받았다고 하면 잘못 쓴 것이다

몇몇 신문사 가판과 인터넷에 올려진 기사들을 보고 보낸 메모다. 노 전 대통령이 청와대 경내에서 정 전 비서관에게서 받았다는 내용의 보도가 일부 언론사 홈페이지를 통해 나왔던 터다. 다른 신문 기자들이 내용을 받아썼다가 불필요한 의혹만 커지고 수사에 차질이 생길까 단속하는 것이다.

영장실질심사가 끝난 지 한참이 지나도 법원의 결정은 나오지 않았다.

오후 6시 1판에 이어 9시 2판, 11시 4판, 12시 5판까지 모두 마감이 된 10일 새벽 2시. 서울중앙지법 김형두 영장전담판사는 장시간의 기록 검토

끝에 영장을 기각했다. '범죄 사실 소명이 부족하고 방어권 행사가 필요하며, 도주 우려가 없다'는 이유에서였다.

박연차 게이트 수사 착수 이후 검찰이 청구한 구속영장이 기각되기는 처음이다. 검찰은 실망스러운 표정을 감추지 못했다. 거침없던 검찰 수사에 처음으로 제동이 걸린 셈이다.

홍 기획관이 10일 오전 10시 기자실을 찾았다. 정 전 비서관의 영장이 기각된 배경과 검찰 수사 방향에 대한 설명이 필요하다고 판단한 듯 했다. 검찰의 첫 영장 기각을 두고 기자들 사이에서는 다양한 해석이 나오고 있었다.

"늦게까지 고생했습니다. 수사하다보면 바다도 만나고 산도 만나는 것 아니겠습니까. 우린 큰 수사 장애로 생각하지 않습니다. 원래 계획대로 일정에 따라 수사할 것입니다."

홍 기획관의 얼굴은 수척했다. 영장실질심사 결과가 늦게 나온데다 영장이 기각되면서, 향후 수사방향을 수사팀과 숙의하느라 새벽 5시까지 사무실에서 대기한 탓이다. 그는 수사팀과 함께 밤을 뜬 눈으로 새웠다. 그러나 그의 얼굴에는 여유가 있었다.

한참 지나 확인됐는데, 정 전 비서관의 구속영장에는 크게 두 가지 혐의가 적혀 있었다. 박 전 회장에게서 현금 3억원을 개인적으로 받았다는 내용과 2007년 6월 박 전 회장에게서 100만 달러를 받아 이를 노 전 대통령 측에 전달한 부분이다. 100만 달러 부분은 노 전 대통령과 뇌물수수 공범으로 간주돼 영장이 청구됐다. 검찰은 이때 이미 명백히 노 전 대통령에게도 혐의를 두고 있었음을 보여준다.

법원이 영장을 기각한 건 노 전 대통령을 조사하지 않은 상태에서 정 전 비서관을 뇌물 공범으로 단정 지을 수 없다고 판단한 결과로 보인다. 정 전 비서관을 노 전 대통령의 공범이라기보다 100만 달러를 중간에서 심부름한 단순 전달자로 볼 수 있기 때문이다.

검찰 브리핑과 구속영장 내용 등을 종합하면 정 전 비서관은 박 전 회장의 측근인 정승영 정산개발 대표한테서 100만 달러가 든 가방을 건네받아 권양숙 여사에게 직접 전달했다. 홍 기획관은 청와대 경내에서 100만 달러가 전달됐다는 부분에 대해 "검찰이 그런 세세한 것까지 밝히는 건 곤란하다."고 했으나 기자에게는 부정으로 받아들여지지 않았다.

박 전 회장은 태광실업 직원 130여명 명의로 돈을 달러로 환전해서 100만 달러를 만들었다. 돈 출금 시점이 2007년 6월말인데 환전에 걸린 기간은 1~2일에 지나지 않았다. 이 때문에 노 전 대통령이 재임시절인 2007년 6월 30일 과테말라 IOC총회에서 '평창동계올림픽' 유치를 지원하기 위해 미국 시애틀을 거쳐 가던 중 아들 건호씨 부부에게 100만 달러를 건넨 것 아니냐는 의혹이 일었다.

친노 인사들은 권양숙 여사가 노 전 대통령에게 집안일을 시시콜콜하게 얘기하지 않았던 데다가 당시 검찰 수사상황을 전혀 알 수 없어 적절히 대응하기 어려웠다고 말한다. 노무현 전 대통령 재임시절 민정수석을 지낸 전해철 변호사가 검찰에 가서 수사상황을 알아보려 했으나 허사였다. 박연차 전 회장의 변론을 맡는 방안도 여의치 않았다.

노 전 대통령으로서는 김만복 전 국정원장이 100만 달러와 관련해 검찰 조사를 받은 사실을 나중에 검찰 소환조사를 받을 때에야 알았을 정도로, 눈이 가려진채 대응했다는 게 친노 인사들의 주장이다.

검찰에 줄줄이 불려간 대통령의 가족

홍 기획관이 여유를 보인 이유는 금세 밝혀졌다. 그는 브리핑에서 노 전 대통령의 조카사위 연철호씨를 이미 소환해 조사중임을 공개했다.

"오늘 아침 연씨를 집에서 체포해 데려왔습니다. 어제 외환관리법 위반 혐의로 체포영장을 발부받았습니다. 홍콩 APC 계좌 자금 500만 달러를 받은 부분을 조사 중입니다."

검찰은 정 전 비서관에 대한 구속영장 발부여부와 상관없이 연씨를 직접 조사할 계획이었다. 홍 기획관도 "연씨 체포는 계획된 수사 일정에 따라 이뤄진 것일 뿐 정 전 비서관의 영장이 기각돼서 갑자기 앞당겨진 건 아닙니다."라고 강조했다. 연씨 체포는 검찰 수사가 노 전 대통령 가족과 친인척을 직접 공략하기로 했음을 뜻한다.

이튿날인 4월 11일은 토요일인데도 수사팀도, 대검 출입기자들도 모두 정상 출근했다. 이날 건호씨가 미국 샌디에이고를 떠나 밤늦게 인천공항에 도착하기로 돼 있었다. 홍 기획관이 모처럼 기자실이 아닌 7층 자기 사무실에서 기자들을 맞았다. 휴일인데 딱딱한 공식 분위기에서 벗어나 다소 여유 있게 서로 얼굴을 보자는 뜻이다.

"노건호씨는 내일 검찰에 올 겁니다. 변호사와 동행할지, 좀 쉬었다 올지는 모르겠네요. 어쨌든 참고인 신분이고, 우리가 체포하는 것도 아니니까요."

"연씨의 구속영장을 청구할 겁니까?"

"수사할 부분이 많아요. 영장을 청구할 상황은 아니고, 일단 석방한 뒤 한두 차례 더 조사하고 나서 형사처벌 여부와 수위를 결정할 겁니다."

전직 대통령 아들의 소환조사를 앞두고 홍 기획관은 언론 보도에 불만도 드러냈다. 한나라당 홍준표 의원이 500만 달러에 100만 달러를 더해 노 전 대통령을 '600만 달러의 사나이'라고 비아냥거린 것을 그대로 받아 제목으로 뽑은 일부 보도에 불만이 컸다.

"전직 대통령이고, 우리도 최대한 예우를 갖추고 있는데 '600만 달러의 사나이'라니, 정치적으로 너무 희화화하는 것 아닙니까. 예우를 갖추고 있는데도 검찰이 언론에 모든 걸 흘리는 것으로 받아들여지는 실정입니다."

노 전 대통령 가족에 대한 본격적인 조사를 앞두고 검찰이 정쟁의 소용돌이에 휘말리지 않을까 하는 걱정이었다.

이튿날인 12일 일요일 대검 기자실은 건호씨 소환조사를 취재하려는 기자들로 발 디딜 틈 없이 붐볐다. 전날 밤 인천공항을 통해 입국한 건호씨는 취재진과 쫓고 쫓기는 심야 추격 끝에 이날 오전 비공개리에 검찰에 출석했다.

오후 3시 30분 홍 기획관이 브리핑을 위해 기자들 앞에 섰다. 아들까지 검찰에 불려온 터라 이제 관심은 노 전 대통령 부부가 언제 소환되느냐에 쏠렸다.

"노 전 대통령에게 소환통보를 했나요? 일정 조율은 하고 있습니까?"

"그런 적 없습니다."

검찰은 노 전 대통령에 대해서는 아직도 조심스런 입장이다. 이럴 때에는 기자들이 상황을 넘겨짚는 질문을 던져 답변을 유도해야 한다.

"노 전 대통령에 앞서 권 여사를 먼저 부릅니까, 아니면 동시에 부릅니까?"

홍 기획관은 질문을 기다렸다는 듯 허를 찌르는 답변을 내놓았다.

"권 여사는 어제 조사를 했습니다."

갑작스럽게 나온 대형 뉴스에 기자들이 술렁거렸다. 종이신문과 달리 분초를 다투는 통신사와 인터넷신문 기자들은 서둘러 '긴급'이라는 표제를 붙여 '권 여사 11일 소환조사'라는 기사를 타전했다. 아들이 미국에서 귀국하는 날 어머니를 전격적으로 조사한 것이다.

"어떻게 조사했습니까?"

"참고인 신분인 만큼 비공개로 소환해 오전 10시 30분부터 밤 9시 40분까지 했습니다."

"11층 특별조사실에서 했습니까?"

"거리상 대검찰청에서 조사하지 않고 부산지검으로 수사팀 검사 2명을 보냈습니다."

검찰이 전직 대통령 예우 차원에서 봉하마을 노 전 대통령 사저를 '방문조사'할지도 모른다는 관측은 전부터 있었다. 하지만 부산지검을 조사에 활용한다는 건 기자들이 미처 생각지 못한 수였다. 권 여사 조사는 부산지검에서도 극소수 간부만 보고받은 상태에서 10층 특수부 조사실에서 극비리에 이뤄졌다. 문재인 변호사가 입회해 조사 전 과정을 지켜봤다.

검찰의 행동은 재빨랐다. 14일엔 권 여사 동생인 권기문씨를 소환조사했다. 우리은행 주택금융사업단장을 지낸 그는 조그만 회사를 운영하는 인물이다. 검찰은 "권씨와 건호씨 사이에 돈이 오간 게 있는지 보려고 참고인 신분으로 불렀을 뿐"이라고만 밝혔다.

조카사위에 영부인에 아들에 처남……. 노 전 대통령 주변을 옥죄며 검찰이 노 전 대통령에게 무섭게 달려드는 기세였다.

털어서 먼지 나오지 않을 사람 없다고 하지 않는가. 거의 모든 가족이 수사 대상에 오른 이상 노 전 대통령의 형사처벌은 구속기소냐, 불구속기소냐의 차이만 있을 뿐, 사실상 정해진 것이나 다름없었다. 친노 측 인사들은 노 전 대통령을 겨냥해 전 방향으로 먼지털이식 수사가 이뤄졌다고 지적한다.

검찰이 노 전 대통령에 대해 구속영장을 청구하는 '강수'를 둘 것이라고 점치는 기자들이 늘었다. KBS는 9시 뉴스에서 "임채진 검찰총장이 주재한 대검 간부회의에서 노 전 대통령 구속에 대한 강경론이 제기됐다."라고 보도했다.

검찰은 조은석 대변인을 내세워 진화를 시도했다. 검찰은 공식적으로 확정적인 내용을 발표할 때에는 검찰의 '입'인 대변인을 활용했다.

"명백히 사실과 다른 보도입니다. 여러 현안을 논의했지만 박연차 전 회장 수사에 관련된 내용은 없었습니다. 수사 책임자인 이인규 중수부장은 참석조차 하지 않았습니다."

고개 숙인 '대통령의 집사'

4월 14일 아침 세계일보에는 '박연차 최측근 정승영, 100만 달러 전달 뒤 청와대 10여 차례 방문'이라는 기사가 1면 톱으로 실렸다. 정씨는 태광실업 자회사인 정산개발 대표로 오랜 기간 박 전 회장의 자금관리인 역할을 했다. 박 전 회장이 정관계에 돈을 뿌리는 과정에서 현금 마련이나 달러 환전 등 궂은일은 늘 정씨 몫이었다.

정씨가 청와대를 집중적으로 드나든 시기는 2007년 6월에서 9월까지다. 태광실업이 베트남 화력발전소 진출, 경남은행 인수 등 사업 확장에 사활을 걸던 시기다. 받는 쪽에서는 오랫동안 알고 지내던 사업가의 후원금 정도로 여기더라도 박 전 회장으로서는 사업 과정에서 편의를 기대하고 건넸을 가능성이 있음을 보여주는 대목이다. 실제 정씨가 당시 청와대 인근 한 고급음식점으로 정부 고위관료들을 불러 대접할 때 태광실업 측 발전소 사업 담당자가 동석한 것으로 확인됐다. 세계일보 보도는 노 전 대통령 측으로 흘러간 박 전 회장 돈 600만 달러의 '대가성'을 의심케 한다는 점에서 관심을 받았다.

이 기사가 나가고 하루가 지난 15일 홍 기획관은 브리핑을 통해 정 전 비서관의 재소환 사실을 공개했다. 구속영장 기각으로 석방된 지 5일 만이다.

"권 여사에게 100만 달러를 전달한 부분 말고 정씨 본인의 범죄 사실과 관련해 추가로 조사할 부분이 있어서 부른 겁니다."

"오늘 조사받은 뒤 귀가하나요?"

"현재로선 구속영장을 재청구할 가능성은 없어 보입니다. 나중에 어떤 상황이 벌어질지 모르나 현재로선 귀가 쪽입니다."

하지만 수사팀은 이미 정 전 비서관을 옭아맬 준비를 갖추고 있었다. 정 전 비서관은 토요일인 18일에도 검찰에 불려나왔다. 오후 4시 기자실을 찾은 홍 기획관의 표정이 평소보다 썩 밝아 보였다.

"차 한 잔 달라고 내려왔습니다만……."

너스레로 분위기를 잡은 뒤 곧 하고 싶은 말을 이어 나갔다.

"엊그제 방송을 보니까 노 전 대통령을 22일 소환한다고 합디다. 누가 그래요? 오전 10시라고 아주 시간까지 확정했던데……."

"22일은 확실히 아니죠?"

"(그 날은 아주)뺄 겁니다."

해당 방송사의 보도가 오보로 판명되도록 소환날짜 검토 시 아예 4월 22일을 배제하겠다는 것이다. 진담 반 농담 반이었으나 뼈있는 말이었다. 이미 검찰이 노 전 대통령 소환 준비에 들어갔음을 보여주고 있었다.

기자들의 관심은 1차적으로 정 전 비서관의 신병처리였다. 기자들은 정 전 비서관이 귀가하는 시간을 알려줄 것을 홍 기획관에게 요구했다.

"벌써 몇 번 사진이 찍혀 본인이 곤혹스러워 합니다. 불구속 피의자라 우리가 뭐라고 할 수도 없는 노릇이고요."

홍 기획관은 브리핑을 마치고 돌아간 지 얼마 지나지 않아 기자단 간사를 통해 "본인이 취재를 원하지 않아 귀가 시간을 공개할 수 없다."라고 알려왔다. 그러나 정 전 비서관으로서는 이날 집에 돌아갈 수 없는 운명이었다. 이튿날 19일 기자들과 만난 홍 기획관의 입을 통해 그의 긴급체포 사실이 공개됐다.

"자정에 긴급체포했습니다. 박 전 회장과 상관없이 별도의 금품수수 혐의입니다."

검찰은 "정 전 비서관이 박연차 전 회장한테 3억원을 받아 내게 전달했다."는 권양숙 여사 주장이 사실이 아닌 것으로 보고 있었다. 권 여사가 문제의 3억원을 "빚 갚는데 썼다."고 했으나 확인 결과 정 전 비서관이 관리하는 계좌에 그대로 남아 있었기 때문이다.

4월 20일 검찰은 예고대로 정 전 비서관에 대해 구속영장을 재청구했다. 청와대 총무비서관 시절 박 전 회장한테서 현금 3억원과 1억원 상당의 상품권을 받았다는 혐의 말고도 검찰이 최근 포착한 추가 혐의가 더 있었다. 1차 구속영장 청구 때와 달리 박 전 회장의 돈 100만 달러를 청와대 내 대통령 관저로 배달했다는 내용은 제외되었다.

2차 영장실질심사는 21일 서울중앙지법 김도형 판사 심리로 열렸다. 심사 과정에서 정 전 비서관은 10억원대 국고 횡령 혐의가 추가된 사실이 알려졌다. 정 전 비서관의 구속영장은 이번에는 의외로 쉽게 발부되었다.

그에게는 청와대에 근무하던 2005년~2007년 대통령 특수활동비 12억 5,000만원을 횡령한 뒤 채권, 주식, CMA실적배당 금융상품를 사들이거나 서울 서초동 한 상가를 임차하는 등 형태로 감춰 놓은 혐의가 적용됐다.

정 전 비서관은 검찰 조사와 영장실질심사 과정에서 12억여원에 대해 "노 전 대통령 퇴임 이후를 대비하기 위해 조성한 자금"이라고 진술한 것으로 알려졌다. 노 전 대통령의 인지 여부와 상관없이 도덕성을 훼손할 수 있는 내용이다. 문재인 변호사에게 전화를 걸어 확인을 요청했다.

"그게 사실이라면 참 면목없는 일입니다. 정 전 비서관이 왜 그랬는지 우리로선 알 길이 없고 충격적입니다."

"노 전 대통령 소환 일정은 혹시 검찰이 얘기한 게 있습니까?"

"모르겠습니다. 검찰과 소환 일정을 놓고 협의하다가 중단된 상황도 아니고. 이제껏 검찰이 그런 문제로 우리에게 연락한 적이 전혀 없습니다."

홍만표 기획관은 쏟아지는 기자들 질문에 "아직 노 전 대통령과 연관된 것은 없다."면서도 "단순한 (정 전 비서관만의)횡령이라고 하기엔 더 수사할 필요가 있다."고만 했다. 노 전 대통령과의 연관성을 검찰이 살펴볼 것임을 예고한 것이나 마찬가지다.

21일 밤 늦게 수사관 두 명에게 양팔을 붙들린 채 모습을 드러낸 정 전 비서관의 얼굴에는 절망의 먹구름이 드리워 있었다.

"한 말씀 해 주시죠."

"참으로 죄송한 마음을 금할 수 없습니다. 노 대통령에게 특히 죄송합니다."

"횡령 사실을 노 전 대통령도 알고 있었나요?"

"전혀 모르는 사안입니다."

사석에서 노 전 대통령을 '무현아'라고 부를 만큼 막역한 평생지기이자 권 여사, 건호씨 등 가족 문제까지 세심히 챙겨준 영원한 '대통령의 집사'는 그렇게 구치소로 향했다. 한 달쯤 뒤 장례식을 위해 구속집행정지로 풀려난 그는 봉하마을을 찾아 영정 속 노 전 대통령을 바라보며 하염없이 눈물만 흘려야 했다.

5장

강금원을 위한 변명

2009년 4월 4일 ~ 4월 21일

5년 4개월 만의 구치소행

언론에 연일 500만 달러와 100만 달러 의혹이 제기된 상황에서 정상문 전 비서관에 대한 1차 구속영장이 청구된 4월 9일 오후 1시. 취재수첩을 꺼내 들고 전화번호를 뒤졌다. 박연차 게이트가 터지면서 얘기를 들을 수 있는 인물들의 연락처를 정리하다보니 정치인, 검사, 변호사는 물론이고 태광실업 측 관계자까지 100여 명이 훌쩍 넘었다.

어떤 사람은 한 번 연락으로 끝난 경우도 있으나 매일 통화해 동선을 확인해야 하는 이들도 있다. 강금원 창신섬유 회장과는 지금까지 종종 통화해 왔다.

강금원 회장 011-5**-5***, 창신섬유 051-***-****, 시그너스 골프장 043-***-****

이날 오후 3시 강 회장의 구속영장 실질심사가 예정돼 있었다. 대전지검 특수부가 이틀 전인 4월 7일 특정경제범죄가중처벌법상 횡령 등 혐의로 사전구속영장을 청구한 상태다. 자칫 구속될 수 있는 사람에게 전화를 한다는 건 인간적으로 괴로운 일이다.

'그래도 이런 때 의외로 허심탄회하게 얘기할 수도 있지 않을까?'

세간의 평을 떠나 노 전 대통령의 곁을 끝까지 지키는 그에게 개인적으로 호감을 갖고 있었다. 강 회장도 모든 일이 끝나면 소주잔을 기울이자고 할 정도로 호방한 성격이다.

그동안 강 회장이 한 말과 의도, 내용을 가감하지 않고 그대로 보도하려고 노력했다. 그래서인지 그는 늘 전화를 잘 받아줬다. 비교적 숨김없이 솔직하게 털어놓는 스타일이었다.

따르르릉, 따르르릉. 기다리는 통화대기음이 무척이나 길게 느껴졌다.

"회장님 접니다. 실질심사인데 어떠신지 궁금하기도 하고, 겸사겸사 전화 드렸습니다."

"내가 뭔 죄를 졌어야지. 횡령 배임이라고 하는데 그거 아닙니다. 누구나 내 개인회사인 걸 다 아는데, 뭐가 횡령이고 배임이라는 건지."

영장실질심사를 앞두고 긴장한 탓인지 평소와 달리 목소리가 약간 떨리는 듯 들렸다.

"그럼, 회장님 70억원 부분은 어떻게 된 겁니까? 항간에서는 ㈜봉화에 투자한 70억원이 노 전 대통령 몫이라는 말이 있던데요."

처음에 50억원으로 전해진 봉화 투자금은 수사결과 70억원으로 확정됐다.

"아니어, 그게. 내가 투자한 70억은 농촌살리기 사업을 위해 대부분 그대로 남아있다니까. 그거는 확인해 보면 나옵니다."

강 회장의 목소리가 약간 높아졌다. 검찰 수사에 불만이 많은 탓이다.

"죄가 있으면 처벌받는 게 마땅한데, 없는 죄를 만드는 건 검찰이 할 일이 아니지요. 어느 언론은 제가 노 전 대통령 측근들과 봉하마을에서 대책회의를 가졌다고 합니다. 그것도 사실과 달라요. 노 전 대통령과 그런 대화 한 적이 없습니다. ㈜봉화의 향후 투자방향을 논의하기 위해 자주 만난 것일 뿐입니다. 그리고 다들 알겠지만, ㈜봉화를 설립한 뒤 농촌살리기 사업을 구상해왔고, 1년간 각 지방 농촌 지도자와 전문가들을 만나러 다니느라 바빴어요."

"예. 잘 알겠습니다. 어떻게 되실지 모르는데, 건강 잘 챙기십시오."

강 회장은 하소연이라도 해서 조금 후련한 듯 "고맙다"면서 전화를 끊었다.

오후 3시에 심규홍 대전지법 영장전담 판사 심리로 열린 강 회장의 영장 실질심사는 2시간여 만에 끝났다. 강 회장의 혐의는 크게 횡령과 세금포탈로 알려져 있다. 2004년 이후 창신섬유와 충북 충주 시그너스 골프장의 회사 돈 266억원을 마음대로 꺼내 쓰고 법인세 등 16억원 정도를 탈루한 혐의다.

그래도 강 회장의 구속영장이 발부될 걸로 보는 사람은 많지 않았다. 횡령 혐의는 법리적으로 다투는 부분이 많다. 탈세 혐의는 구속영장을 발부하기에 사안이 크지 않다고 기자들은 봤다. 증거인멸과 도주 우려도 없는 상황이다. 그러나 영장 판단에는 적잖은 시간이 걸렸다.

오후 9시… 10시… 11시. 시간은 어느덧 자정을 향하고 있었으나 법원 판단은 나오지 않았다. 법원의 결정은 대다수의 예상을 깨고 구속영장 발부로 나왔다.

"일부 다툼이 있지만 범죄의 구체적 소명자료가 있고 횡령 액수나 배임 액수가 상당히 크고 사후에 회사에서 대여금 형식으로 처리하려고 변칙적인 회계처리 등을 동원한 점, 횡령자금 사용처가 밝혀지지 않아 추가 수사할 필요성이 인정된다."는 이유에서였다.

혹시나 해서 강 회장에게 전화를 걸었으나 끝내 받지 않았다. 그는 노 전 대통령 취임 초기인 2003년 12월 이른바 '장수천 사건'으로 횡령과 배임 등 혐의로 구속된 지 5년 4개월 만에 다시 구속에 직면한 것이다.

그가 구속 수감되는 모습을 기자실 텔레비전으로 지켜 보았다. 강 회장은 자정을 넘긴 10일 0시 10분쯤 구치소로 향하면서도 당당함을 잃지 않았다. 기자들이 마이크를 들이대자 그는 기다렸다는 듯 검찰 수사에 강한 불만을 드러냈다.

"아무 잘못이 없다고 생각해요. 왜 이런 일을 당해야 하는지……. 어려운 사람을 돕고 대통령을 도왔다고 이렇게 정치 탄압을 받는 것(이라면) 달게 받겠어요."

강 회장은 한 달 보름여가 지나 5월 26일 보석으로 풀려났다. 노무현 전 대통령의 장례식에 참석하기 위해서였다. 노 전 대통령 영정 앞에서 울음

2009년 5월 26일 구속집행정지로 풀려난 강금원 창신섬유 회장(오른쪽 끝)이 경남 김해 봉하마을 노무현 전 대통령의 빈소를 방문했다.

을 터뜨리는 그의 모습이 생생하다. 수염도 제대로 깎지 않은 얼굴이었다. 국민장이 치러진 5월 29일 오후 경기도 수원 연화장에서 노 전 대통령의 화장이 진행되는 동안 구내식당에서 쓸쓸히 밥을 먹는 모습이 기억에 남는다고 말하는 기자도 있다.

'강금원이라는 사람'

대전지검 특수부는 2009년 2월 14일 강 회장의 집과, 사무실, 골프장 등을 압수수색하면서 수사 시작을 알렸다. 박연차 게이트 1차 수사를 마친 대검 중수부가 새 진용을 갖추고 2차 수사를 준비하던 때였다.

검찰의 강 회장 수사는 결국 노 전 대통령 또는 친노 인사들로 불똥이 튈 것으로 예상되었다. 박연차 전 태광실업 회장과 더불어 노 전 대통령의 후원자로 알려진 탓이다. 검찰이 강 회장에 대해 횡령과 배임만을 처벌할 것으로 보는 시각은 거의 없었다.

이에 따라 강 회장이 횡령했다는 회사 돈의 용처에 언론의 관심이 쏠렸다. 돈의 종착지가 노 전 대통령의 386 측근일 가능성을 생각해 볼 수 있기 때문이다. 한때 386 벤처 신화로 주목받은 휴대폰 제조업체 VK의 이철상 전 대표를 2008년 말 검찰이 수사하면서 강 회장의 자금과 연관성을 잡아냈다는 설도 흘러나왔다.

그러나 강 회장은 여러 차례 자신 있게 의혹을 부인했다. 한 언론과 인터뷰에서는 "정권이 바뀌면 어떻게 될지 몰라 창신섬유와 골프장을 운영하면서도 한치의 흠도 잡히지 않도록 돈을 썼다. 회사에서 돈을 받을 때에는 회계책임자, 변호사 등에게 자문하여 상여금이나 퇴직금 명목으로 받았다. 적법하게 처리해 불안할 게 없다."고 말했다.

대검 중수부의 박연차 게이트 수사에 집중하던 언론은 대전지검의 움직임에도 항상 신경을 곤두세웠다. 일부 언론사는 대전으로 법조기자를 파견하기도 했다.

수사가 본격화하면서 강 회장에 대한 의혹은 크게 두 가지로 좁혀졌다. 강 회장이 창신섬유와 시그너스 골프장 돈을 빼돌려 386 정치인들에게 정치자금을 전달한 것이라는 의혹과 노 전 대통령의 고향마을 개발 사업을 목적으로 설립한 회사에 투자한 70억원의 적법성 여부였다. 검찰은 부적절하게 처리된 돈의 규모를 100억원 규모로 보고 있었다.

3월말에 들어서면서 대검 중수부의 상황이 급박하게 돌아갔다. 박정규 전 청와대 민정수석과 민주당 이광재 의원 등 노 전 대통령의 측근이 줄줄이 구속되었다.

대전지검 특수부의 수사는 공회전만 계속했다. 한 달여가 지나 계좌추적도 어느 정도 끝났을 터인데 아무런 움직임이 없었다. 정치권과 연계성이 드러나지 않으면서 수사는 강 회장의 개인비리로 좁혀지는 양상이었다.

"벌써 몇 달 지났는데 별 게 없습니다. 검찰이 수사를 안 하고 있는 것이나 같아요. 이러면 좀 곤란하지 않겠어요. 나를 봐주려고 하는 것인지……."

강 회장은 통화 때마다 결백을 주장하면서 대전지검 수사에 불만을 토로했다. 언론에 대한 불편한 심기도 감추지 않았다.

"취재에 응하지 않는다고 이런저런 악담을 써놓고 있으니……."

4월 4일 일요일 오후 느긋한 시간. 주말 근무는 법조기자에게 잠시 숨을 돌릴 수 있는 휴식의 시간이다. 검찰도 급박한 상황이 아닌 이상 일요일에 관련자를 소환하는 일은 거의 없다. 주중 근무가 가파른 언덕을 오르는 검찰 수사를 앞에서 당기고 때로는 뒤에서 따라가는 식으로 이뤄진다면, 주말은 휴게소에 들러 수사 흐름을 되짚어 보고 다음 주 방향을 가늠해보는 시간이다. 그러나 사건데스크가 한가롭게 내버려둘 리가 없다.

"박연차 회장과 강금원 회장을 비교하는 박스 기사를 하나 써보지.

둘 다 대통령 후원자이면서 많이 다르잖아. 읽히는 기사가 될 것 같은 데……."

자주 통화해서 그런지 강 회장과는 개인적으로 공감대가 많았다. 세간의 평도 강 회장에 대해서는 호의적이었다. 친노 진영의 살림을 책임지면서도 특혜나 대가와 거리가 멀었다. 끝까지 노 전 대통령의 곁을 지키는 모습이 인상적이었다.

박 전 회장에 대한 평가는 계속 하락세였다. 박 전 회장 수사 과정에서 정치인 명단이 줄줄이 나오고 그가 친노 진영과 일정한 거리두기에 나선 것과 달리 강 회장은 스스로 수사를 방어해야 하는 처지이면서도 봉하마을을 일주일에 한 번씩 찾았다.

강 회장은 박 전 회장과 자신이 비교되는 것에 질색이었다. 그는 "박 전 회장과 나는 다르다. 그와 내가 나란히 이름이 거론되는 자체가 언짢다." 라고까지 말한 것으로 알려져 있었다.

> 노무현 전 대통령의 후원자로 참여정부 시절 '노의 남자'로 통한 박연차 태광실업 회장과 강금원 창신섬유 회장의 엇갈린 행보가 눈길을 끈다. 로비 대상자 명단을 순순히 불며 친노 진영과 거리두기에 나선 박씨와 달리 강씨는 지금도 수시로 경남 김해 봉하마을을 찾는 등 노 전 대통령과 끈끈한 관계를 과시하고 있다.……

이렇게 해서 「盧의 남자」 강금원·박연차, 이제는 '엇갈린 행보'」라는 제목의 기사*가 4월 6일자에 실렸다. 이 기사로 박 전 회장의 변호인 중 한 사람인 박찬종 변호사와 관계가 소원해질 뻔했다. 나중에 듣기로 박 전 회

※ http://www.segye.com/Articles/NEWS/SOCIETY/Article.asp?aid=20090405002756

장은 언론에서 강 회장과 비교해 자신이 먼저 등을 돌린 것처럼 비춰진 것에 크게 화를 냈다고 전해졌다.

공교롭게 안희정 민주당 최고위원도 4월 7일 자신의 블로그에 '강금원을 위한 변명'이라는 글을 올렸다. 그의 글은 '바보 강금원' 이미지를 만들어 내면서 세간에 화제가 되었다.

안희정 최고위원은 참여정부 임기 말에 만난 강 회장의 말을 회상하면서 글을 시작했다.

"두고 봐라! 퇴임 후 대통령 옆에 누가 남아 있는지 봐요. 나 말고 아무도 남아있지 않을 겁니다. 지금은 모두가 다 인간적 의리를 지킬 것처럼 말하지만 그런 사람은 그리 많지 않을 겁니다."

안 위원은 이 말에 반론을 할 수 없었다고 소개하며, 검찰 수사도 강 회장이 퇴임한 노무현 전 대통령을 도와주다가 일어난 일이라면서 "이제는 그만했으면 됐다 싶다."고 울분을 터뜨렸다.

안 위원은 또 "강 회장이 대통령을 만든 사람이라고 무슨 특혜를 받은 것도 없다. 그나마 있던 회사도 줄였고 해마다 정기 세무조사는 빼놓지 않고 다 받았다."며 "수많은 사람들이 정권이 바뀌고 현직 대통령의 서슬 퍼런 위세에 기가 질려 발길을 끊을 때 강 회장 만이 봉하마을을 지켰다"고 말했다.

그는 특히 "과거 우리는 노무현 대통령을 '바보 노무현'이라고 불렀고, 같은 논리로 '바보 강금원'이라고 부르고 싶다."면서 "죄송합니다. 그리고 감사합니다."고 글을 마쳤다.

※ http://blog.naver.com/steel0225/70045158319

10일 뒤인 4월 17일에는 노 전 대통령이 직접 '사람사는세상' 홈페이지에 '강금원이라는 사람'[1]의 제목으로 글을 올렸다. 부인 권양숙 여사에 이어 아들 건호씨가 검찰에 소환돼 조사받은 날(4월 12일) '해명과 방어가 필요할 것 같습니다'[2]라는 글을 쓴지 5일 만이다.

노 전 대통령은 이 글에서 자신의 오랜 후원자이자 동지인 강 회장과의 오랜 인연을 소개하고, 그에 대한 애틋하고 미안한 마음을 내비쳤다.

노 전 대통령은 "강 회장은 '모진 놈' 옆에 있다가 벼락을 맞았다. 이번이 두 번째다. 미안한 마음 이루 말할 수가 없다."며 안타까워했다. 이어 그는 1998년 서울 종로 보궐선거에 출마할 당시 한 번도 만나본 적이 없는 강 회장이 불쑥 찾아와 '정치인에게 신세질 일이 눈곱만큼도 없는 사람'이라며 첫 마디를 건넨 때부터 이어진 그와의 인연을 소개했다.

노 전 대통령이 강 회장에게 지닌 마음의 빚은 일반에게 알려진 것보다 훨씬 컸다. 그는 글에서 "2002년 대통령 후보 시절 장수천 빚 때문에 파산 직전에 가 있었는데, 강 회장의 도움이 아니었다면 대통령이 아니라 파산자가 됐을 것"이라고 회상했다.

노 전 대통령은 퇴임 후 강 회장이 혹시 사정당국의 타깃이 되지 않을까 걱정했음을 털어놓았다. 노 전 대통령은 강 회장에게 직접 "리스트가 없습니까?"라고 물었다고 한다. 이 질문에 강 회장은 "나는 정치인이나 공무원에게 돈을 주지 않았습니다. 내가 돈을 준 사람은 모두 백수들인데, 대통령 주변에서 일하다가 놀고 있는 백수들에게 사고치지 말라고 준 것입니다."고 답했다고 노 전 대통령은 소개했다.

노 전 대통령은 "나의 수족 노릇을 하던 사람들이 나로 인하여 줄줄이

[1] http://www.knowhow.or.kr/speech/view.php?start=0&pri_no=999822233
[2] 이 글은 현재 사람사는세상 홈페이지에서는 찾아볼 수 없다.

감옥에 들어갔다 나와서 백수가 됐는데, 나는 아무 대책도 세워줄 수가 없었고, 강 회장이 나서서 그 사람들을 도왔다."며 "할 말이 없고, 부끄럽고 미안하다."고 글을 맺었다. 스스로를 '면목없는 사람 노무현'이라고 부르면서.

돌이켜 보면 검찰의 '박연차 게이트' 수사에 맞서 장외에서 적극 방어전선을 펼친 노 전 대통령이 심리적으로 크게 위축되고 마음의 동요를 일으킨 것도 이 무렵으로 보인다. 든든한 동지이자 후원자인 강 회장이 재임 중 장수천 사건에 이어 두 번째 구속의 고초를 겪는 모습을 보는 것은 노 전 대통령으로서는 견디기 힘든 순간이었을 것이다.

집 안뜰 좁은 공간조차 마음껏 거닐 수 없던 상태의 노 전 대통령에게 강 회장은 맹목적 믿음을 내보인 유일한 안식처였을지 모른다. 강 회장의 믿음은 대통령 노무현이 아니라 인간 노무현을 믿고 따른 것이고, 검찰의 시퍼런 칼끝이 턱밑을 향할 때에도 변함이 없었다.

노 전 대통령은 4월 21일 '저의 집 안뜰을 돌려주세요'라는 5번째 글을 쓸 정도로 고독했다. 바깥출입도 할 수 없고 가족, 측근이 수사 받는 상황에서 그도 싸울 힘을 점차 잃어갔을 것이다. 어떤 사람은 "노 전 대통령에게 정상문 전 청와대 총무비서관 구속이 결정타였다면, 강금원 회장의 구속은 심적인 동요를 일으키는 단초였다."고 말한다.

※ http://www.knowhow.or.kr/speech/view.php?start=0&pri_no=999818882

6장

검찰과 봉하마을, 고조되는 긴장감

2009년 4월 8일 ~ 4월 22일

대통령 일가로 바짝 다가 선 검찰

- 권양숙 여사, 박연차 돈 10억 받았다 / 盧 前 대통령 '빚 갚는데 썼다….

  검찰 조사 받을 것' 對국민 사과 __ 조선일보 1면

- 盧 前 대통령, 돈거래 사전에 알았다면 뇌물수수죄 처벌 가능 __ 조선일보 4면

- 어느 정권보다 깨끗했다더니…. '폐족' 위기 몰린 친노 __ 중앙일보 5면

- 檢의 칼끝 盧 직접 겨냥… 늦어도 이달안 소환 가능성 __ 동아일보 4면

- 盧 前대통령 겨눈 檢… '봉하 판도라 상자' 열리나 __ 세계일보 2면

- 부인 연관된 것 알고 심경 변화 다 드러날바엔 '털고가자' 의중 __ 한겨레
  신문 2면
- 형님 이어 부인까지… 노무현 전대통령 '도덕성 치명타' __ 한겨레신문 3면
- 사상초유 '前대통령 부부' 검찰수사 불가피 / '재임중 수수' 시인… 뇌물죄
  적용 사법처리 될수도 / 권여사, 박연차회장의 청탁 받았는지 여부가 핵심
  __ 경향신문 3면
- 검은 덫에 걸린 참여정부, 도덕성 파탄났다 __ 경향신문 5면

4월 8일 아침 대검 기자실의 신문기사 스크랩 두께는 전날 충격의 파장을 그대로 전해 줬다. 평소 A4로 50~60쪽이던 스크랩이 110여 쪽으로 두툼해 졌다.

스크랩을 읽자마자 기자실을 빠져나왔다. 언제나처럼 휴대전화기에 저장된 그의 번호를 눌렀다. 발은 무의식적으로 나만의 한적한 구석을 찾아 걷고 있었다.

"어떠세요? 정신없고 많이 힘드시죠?"

"그렇죠. 뭐."

상당히 풀이 죽은 목소리다. 3월 30일 언론을 통해 500만 달러의 존재가 처음으로 세상에 알려진 이후 매일같이 통화해 온 그다. 한 번도 서로 얼굴을 본 적은 없지만 이젠 목소리만 들어도 왠지 친밀감이 느껴진다. 2008년 2월 25일 퇴임한 노무현 전 대통령이 봉하마을로 귀향한 이후 줄곧 노 전 대통령의 '입'이 되어온 김경수 비서관이다.

전날 노 전 대통령이 홈페이지 '사람사는세상'에 올린 사과문은 수사국면의 물줄기를 바꾸는 일대 사건이었다. 그가 스스로 부인 '권양숙' 여사

의 이름을 처음으로 거론한 것이다. 검찰과 팽팽하게 기氣 싸움을 벌이는 상황에서 '포커 페이스'poker face를 유지해도 쉽지 않을 터에. 부끄러운 것도 솔직하게 털어놓아야 직성이 풀리는 그의 성격 대로다.

"어제 사과문 말고 따로 공식적으로 입장을 내지 않나요?"

"뭐. 그럴 상황도 아니고……. 어제 홈피에 올리신 게 전붑니다."

"저…, 이런 상황에서 이런 말 묻긴 민망한데요, 아침 신문에 조선일보는 권 여사께서 박연차씨한테 10억원을 받았다고 썼던데……."

"검찰이 다 수사한다니까 따로 뭐라 말씀드리기는 그러네요."

"CBS는 건호씨 부분을 계속 물고 늘어지던데요. 건호씨가 연철호씨랑 박연차씨를 찾아가서 돈을 부탁해서 500만 달러를 받았다고 하던데……."

"일일이 세세한 부분까지 말씀드리기가 그렇고요. 그 부분이 투자인지 아닌지는 앞으로 투자내역이나 이런 거 제출하고 수사가 진행되면 그 때 판단해도 늦지 않습니다."

처음과 달리 김 비서관의 목소리에서 단호함 같은 게 느껴졌다. 검찰이 수사해보면 500만 달러가 투자금이었다는 사실이 금세 드러날 것이라는 자신감이었다.

노 전 대통령이 '부인에게 책임을 떠넘긴다'는 비난 여론이 충분히 예측 가능한 상황에서 사과문을 통해 권 여사를 거론한 것도 같은 맥락이었다.

여론은 '침묵의 나선'처럼 뱅글뱅글 돌아 어느 순간 마침내 거대한 회오 리바람으로 커지는 법이다. 수사는 특이한 속성을 지니고 있다. 수사가 진 행되면 될수록 자체 추동력을 만들어낸다. 최초 여론에 떠밀려 마지못해 나선 수사일지라도 어느 단계에 이르면 걷잡을 수 없다. 검찰이 원하든,

원하지 않든 수사는 가속도가 붙어 굴러간다. 비탈길에 접어든 자전거가 페달을 밟지 않아도 속도를 내는 것처럼.

언론도 마찬가지다. 검찰 수사가 개시되면 언론은 온갖 가능성을 타진해본다. 이른바 '시추공'을 뚫듯 모든 사안을 건드린다. 엉뚱한 사안까지도 의심의 눈길로 돋보기를 들이댄다. 검찰은 상당히 비협조적이다. 검찰이 그리는 코끼리 그림 중에 꼬리 부분만이라도 살짝 보여준다면 정말 행운이다. "오보다", "검찰은 책임 못 진다", "노코멘트", "확인불가" 등 몇 가지 모범답안을 번갈아 제시할 뿐 어지간해서는 똑 부러지게 확인해주질 않는다. 그 과정에 각 언론사의 보도는 중구난방이다. 하지만 이런 언론 보도도 어느 단계에 들어서면 큰 줄기로 수렴된다. 마치 애덤 스미스가 말한 '보이지 않는 손'이 언론에도 작용하는 것처럼.

이제 권양숙 여사의 이름이 사건의 중심으로 들어온 만큼 노 전 대통령을 겨냥한 언론 보도는 시간문제일 뿐이다. '권양숙 여사, 박연차 돈 10억 받았다'는 조선일보 기사는 벌써 노 대통령 부부 쪽을 언급하고 있다. 이제 반경을 키운 태풍을 누구도 막을 수 없는 노릇이다.

검찰은 권 여사의 10억원 수수설 기사에 기자들을 실망시키지 않고 "확인불가"만을 되풀이 했다. 그렇다고 검찰의 확인 여부가 언론 보도 수위를 바꿀 상황은 아니었다. 지지자들의 끊임없는 성원에도 시중 여론은 노 전 대통령에 대한 비난 쪽으로 모아져 갔다.

앞에서도 소개한 것처럼, 노 전 대통령은 전날에 이어 8일 다시 홈페이지에 두 번째 글을 올렸다.

첫 번째 글이 국민을 대상으로 한 사과문이었다면 두 번째는 홈페이지를 방문하는 지지자들에게 보내는 글이었다. 지지와 성원을 보내준 것은 감사한 일이지만 실망한 마음으로 지켜보는 국민들에게 눈살을 찌푸릴 만한 행동은 삼가줄 것을 당부하는 내용이었다.

노 전 대통령은 자신이 아는 진실과 검찰이 의심하는 프레임frame이 같지는 않지만, '잘못은 잘못'이라고 언급해 지지자들의 돌출 행동을 경계했다. 지나친 편들기에 나서 비난성 또는 공격성 글을 올려 '욕을 먹는 일이 없도록' 해달라는 당부였다.

노 전 대통령이 검찰과 다른 프레임을 언급한 것은 대가성 있는 돈으로 몰아가는 수사에 절대 동의할 수 없다는 뜻이었다. 500만 달러는 박 전 회장이 ㈜봉화에 출연하려다가 연철호씨에게로 투자처를 바꾼 것이며, 100만 달러는 권 여사가 빌린 채무일 뿐이라는 게 노 전 대통령 측이 파악한 프레임이다.

'인터넷 정치'라고 해도 과언이 아닐 정도로 노 전 대통령은 재임 기간에는 물론이고 퇴임 후에도 인터넷을 통해 국민과 직접 소통하고 대화하려고 했다. 형 건평씨 구속 직후인 2008년 12월 5일을 끝으로 사저 방문객에 대한 인사 일정을 없애고 사실상 봉하마을 사저에 칩거하면서 인터넷은 그에게 세상과 소통하는 유일한 통로였다.

노 전 대통령은 7일, 8일에 이어 12일, 17일, 21일 그리고 22일 '사람사는 세상 홈페이지를 닫아야 할 때가 온 것 같습니다'라는 글을 올릴 때까지 모두 여섯 차례 홈페이지에 글을 올렸다.

팽팽하던 추는 기울어지고······

盧 前 대통령 부부 곧 소환 '장남의혹'도 조사, "盧에게 전해 달라 했다" 박연차 검찰 진술, 檢 "盧 600만 달러 뇌물수수 혐의 형사처벌", "노건호, 500만 달러로 세운 회사의 대주주", "盧 '100만 달러 보내라' 직접 전화", "盧, 자녀 생활비로 100만弗 요청"······.

9일 아침 예상대로 언론 보도의 수위는 상당히 높아졌다. 그동안 노 전 대통령의 형과 조카사위의 등장에도 검찰의 '확인불가' 코멘트 속에 언론이 노 전 대통령 쪽을 거론하는 것에 주저주저 했으나 이제 그 선이 무너진 것이다. 중앙일보와 동아일보에는 처음으로 미국에서 유학중인 건호씨의 인터뷰가 실렸다. 이번 사건에 대한 검찰 수사 시작 이후 건호씨가 뉴스의 인물로 등장했다는 뜻이다.

    ― 박연차 전 회장의 돈이 어머니 쪽에 갔고, 당신의 유학경비와 생활비로
       쓰였다는 의혹이 있다.
    "아니다. 나는 전혀 모른다."
    ― 어머님이 빚 때문에 박 전 회장의 돈을 받았다는데 몰랐나.
    "아버지가 대통령 되시기 전부터 어머니는 돈 1000원 없어 울던 분이다."
    ― 박 전 회장의 돈이 미국으로 건너갔다는 의혹이 있다. 본인 계좌로 돈이
       온 게 아닌가.

"그 돈이 우리 가족한테… 잘 모르겠지만, 개인적으로는 10원도 쓴 일이 없다. 한 푼 두 푼 주겠다는 사람이 많았다. 하지만 부모님 생각해서 안 받았다."

— 박 전 회장을 만난 적 있나.

"철호랑 '박연차 전 회장에게 배우자, 잘해보자'고 그랬다."

— 뭘 잘해보자고 한 건가.

"어떻게 성공했는지를 배우고 싶었다. 한국인이 해외에서 성공한 케이스가 많지 않다. 말이 쉽지 그렇게 하기가 쉽지 않다."

— 언제 베트남에 다녀왔나.

"그게 어려운 얘기다. 잘못 대답하면 오해를 살 수 있을 것 같다. 내가 어떤 식으로 하든 검찰이나 청와대 쪽에선 계속 의심할 것 같다. 나는 그냥 마음의 준비를 하고 있다."

_ 중앙일보 2009년 4월 9일자 3면에서 일부 발췌*

언론의 관심은 노 전 대통령의 조카사위 연철호씨에게서 아들 건호씨로 곧바로 옮겨갔다. 검찰이나 언론은 박 전 회장의 돈이 연씨의 예금계좌로 흘러 들어갔지만 실은 건호씨를 겨냥해서 건네졌다고 보았다. 큰 그림이 '박연차→ 연철호→ 노건호→ 노무현', '박연차→ 정상문→ 권양숙→ 노무현' 두 구도로 그려져 가는 셈이다.

500만 달러에 대해 '연철호씨 사업 투자금일 뿐이다', 100만 달러에 대해 '권 여사가 채무변제를 위해 빌린 것이다'는 노 전 대통령 측 입장과 확연하게 다르다. 노 전 대통령이 전날 홈페이지 글에서 "제가 알고 있는 진실과 검찰이 의심하고 있는 프레임이 같지는 않을 것"이라고 한 발언은 이런 차이를 분명하게 인식하고 있었음을 보여준다. 권양숙 여사에 이어 건호씨가 본격적으로 거론됨으로써 수사의 최종 귀착지는 분명해졌다. 바로 노·무·현, 노 전 대통령이다.

전화를 받는 김경수 비서관도 답답한 모양이었다.

"이제 마구 튀는데요. 어디로 갈지 모르겠네요."

"저도 답답합니다."

"건호씨 이름까지 나왔으니……."

"연철호씨의 500만 달러는 검찰이 조사 준비중인 듯 하던데… 연씨 측에서 증빙자료를 준비하는 것 같으니 연씨를 조사하고 나면 그 부분은 클리어 되지 않을까 싶습니다."

"묻기 민망한데, 아들 이름까지 나와서 대통령 심기가 말이 아닐 것 같습니다."

"허허… 하여튼 검찰이 조사 중이니 앞서서 뭐라고 할 부분은 아닌 것 같네요. 미안하네요."

홍만표 기획관은 명쾌한 확인을 피했다. 사안 사안에 따라 '확인불가', '확인된 거 없다', '노코멘트', '확인이 안 된다', '수사 중이라 말할 수 없다' 등을 번갈아 쓸 뿐이었다. 기자들은 검사들이 거짓말을 하지 않는다는 믿음으로 그나마 '노코멘트'와 '말할 수 없다'는 말 정도를 '희미한 긍정' 쯤으로 받아들였다. 검찰이 희미하게 긍정한 일부 사안은 검찰 발표를 직접 인용한 따옴표(" ")로 보도가 됐다.

검찰은 9일 정상문 전 청와대 총무비서관에 대해 청구한 구속영장이 이튿날 기각되면서 주춤하는 듯 했으나 행보에 거침이 없었다. 정 전 비서관 조사와 별도로 노 전 대통령의 가족을 바로 겨냥했다. 10일 검찰의 연철호씨 체포, 11일 권양숙 여사 부산지검으로 소환조사, 11일 오후 건호씨 귀국 후 12일 대검찰청 출두….

안뜰마저 빼앗긴 대통령

4월 11, 12일은 토, 일요일이었다. 평범한 가족이라면 모처럼 즐거운 시간을 보내고 있을 때다. 하지만 노 전 대통령 가족에게는 평생 잊을 수 없는 주말이었다.

권양숙 여사는 토요일, 심신이 지친 몸으로 봉하마을에서 부산까지 가서 11시간 조사를 받았다. 권 여사가 참고인 조사를 받고 오후 9시 40분 부산지검을 나선지 한 시간 뒤인 오후 11시 46분 건호씨가 인천공항으로 귀국했다. 건호씨는 봉하마을에 있는 부모님에게 인사하러 갈 수도 없는 처지였다. 한밤중 공항에서부터 끈질기게 따라붙은 언론사 취재차량을 따돌린 끝에 새벽녘 도착한 서울시내 모처에서 전화로 귀국인사를 대신해야 했다.

일요일인 12일 오후 노 전 대통령은 홈페이지에 '해명과 방어가 필요할 것 같습니다.'는 제목으로 3번째 글을 올렸다. 그는 검찰과 언론의 공세에 계속 당하고 있지 않고 적극적으로 대응하겠다는 점을 분명히 했다. 한껏 몸을 낮춘 첫 번째, 두 번째 글과 달리 일방적인 검찰 수사를 더 이상 묵과할 수 없다는 의지가 담겨 있었다.

노 전 대통령은 "하도 민망한 일이라 엄두도 내지 못했지만, 언론들이 근거 없는 이야기를 너무 많이 해 놓아서 사건의 본질이 엉뚱한 방향으로 굴러가고 있는 것 같다."며 "소재는 주로 검찰에서 나오는 것으로 보이는데, 사실과 다른 이야기들이 이미 기정사실로 보도가 되고 있으니 해명과 방어가 필요할 것 같다."고 말했다.

노 전 대통령은 "아내가 한 일이고 나는 몰랐다고 말하는 것이 부끄럽고 구차해 '내가 그냥 지고 가자'고 사람들과 의논도 해 봤지만 결국 사실대로 가기로 했다"면서 "몰랐던 일은 몰랐던 것이고 중요한 것은 증거"라고 말했다.

그러면서 그는 "박 전 회장이 사실과 다른 얘기를 하지 않을 수밖에 없는 무슨 특별한 사정을 밝혀야 하는 부담을 져야 할 것이며 그의 진술을 들어볼 수 있을 때까지 포기하지 않을 것"이라고 단호했다.

노 전 대통령은 이어 "그동안 계속 부끄럽고 민망스럽고 구차스러울 것입니다. 그래도 저는 성실히 방어하고 해명을 할 것입니다. 어떤 노력을 하더라도 제가 당당해질 수는 없을 것이지만, 일단 사실이라도 지키기 위해 최선을 다하겠습니다."고 밝혔다.

하지만 검찰은 이미 노 전 대통령에게 바짝 다가선 상황이었다.

18일 정상문 전 비서관을 긴급체포한 검찰은 19일 지금까지의 노 전 대통령 측 주장을 깨뜨릴만한 사실을 공개했다. 권 여사가 빚을 갚기 위해 정 전 비서관을 통해 박 전 회장에게서 빌렸다는 3억원이 정 전 비서관이 관리하는 계좌에 그대로 남아있는 채 발견됐다는 것이다. 채무관계였다는 해명 자체를 뒤흔드는 내용이었다. 김경수 비서관은 "상당히 답답하다. 왜 이러는지 모르겠다."며 검찰에 불만을 나타냈다.

"그런 사실이 있다면 당사자인 우리에게 먼저 확인을 해봐야 하는 것 아닌가요? 권 여사가 본인이 쓰지 않은 돈을 썼다고 말하나요? 도저히 이해가 가지 않네요. 왜 이런 걸 언론에 먼저 얘기하는지…."

이에 아랑곳하지 않고 검찰은 21일 밤 11시쯤 정 전 비서관에게 구속영장을 재청구했다.

노 전 대통령은 이미 그물에 갇힌 상태였다. 빠져 나가려고 몸부림칠수록 그물은 더욱 옭아맬 뿐이다. 이제는 사저 몇 평 공간 밖에 허용되지 않는다는 점에서 창살 없는 감옥에 갇힌 것과 다름없었다. 노 전 대통령은 21일 오후 4시 42분 '저의 집 안뜰을 돌려주세요'라는 제목으로 5번째 인터넷 글을 올렸다.

노 전 대통령은 이 글에서 "저의 집은 감옥입니다. 집 바깥으로는 한 발자국도 나갈 수가 없습니다"며 "한 사람의 인간으로서 부탁합니다. 그것은 제게 남은 최소한의 인간의 권리입니다."라고 강조했다. 그는 "저의 불찰에서 비롯된 일이기 때문에 이런 상황을 불평할 처지는 아닙니다."라고 하면서도 "그렇다 할지라도 인간으로서 지켜야할 최소한의 사생활 또한 소중

노 전 대통령의 인간적인 호소에 사진기자들도 일정 거리로 물러났다.

한 것입니다."고 사생활 침해의 부당성을 지적했다.

그는 또 "창문을 열어 놓을 자유, 마당을 걸을 수 있는 자유는 누리고 싶으나 저에게는 지금 그만한 자유가 보장이 되지 않습니다."며 "비가 오는 날 아내와 우산을 쓰고 마당에 나갔다가 사진에 찍혔습니다. 또 며칠 전에는 화단에 나갔다가 사진에 찍혔습니다."고 답답함을 호소했다. 노 전 대통령은 거듭 "저의 안마당을 돌려주세요. 언론에 부탁합니다."라고 호소하면서 글을 마쳤다.

봉하마을 노 전 대통령 사저 주변에는 기자들이 24시간 진을 치고 있었다. 근처 사자바위 꼭대기에도 사진기자들이 망원렌즈를 동원해 사실상 '유폐된' 전직 대통령 부부를 카메라에 담기 위해 대기하고 있었다. 노 전 대통령의 인간적인 호소에 결국 사진기자들도 경호관계자들과 협의해 일정 거리로 물러났다.

2009년 4월 12일 노 전 대통령은 한 편의 비공개 글을 인터넷 카페에 올렸다. 노 전 대통령은 글에서 "당해본 사람은 안다. 공항을 나올 때 사진은 충분히 찍었을 것"이라면서 "왜 저런 장면을 방송해야 할까? 이럴 때 카메라는 흉기가 된다."고 심경을 토로했다고 노 전 대통령 서거 후 출간된 회고록 『성공과 좌절』(학고재, 2009)은 전했다.

건호씨가 인천공항으로 귀국한 바로 다음 날이다. 최소한의 인간적 권리를 호소하며 홈페이지에 공개 글을 올리기 9일 전이다. 노 전 대통령이 느꼈던 언론에 대한 불신과 환멸의 일단이 엿보인다. 재임 중에도 언론을 못마땅하게 생각했다. 하물며 퇴임 후 검찰수사를 계기로 거머리가 달라붙듯이 따라다니는 언론이 곱게 보였을 리 만무하다.

소환조사 임박 속 '나쁜 빨대' 논란

4월 22일 수요일 검찰은 각 언론사에 비표秘標 발급대상 취재기자 명단을 제출해 달라고 요청했다. 노 전 대통령 소환조사가 임박했다는 예고였다. 노 전 대통령이 검찰에 출두할 경우 300명~500명의 취재가 몰릴 것으로 보이자 언론사별로 인원을 제한하기 위한 조치였다.

검찰로서는 노 전 대통령을 소환조사할 준비가 다 돼 있다는 자신감이었다. 검찰이 이날 보낸 A4용지 7쪽짜리 서면질의서는 전직 대통령 예우 차원의 형식적 절차로 비쳐졌다.

노 전 대통령도 이제 막다른 골목에 몰렸음을 직감했을 것이다. 더 이상 피할 길도 없다. 검찰에 직접 나가 법리적 쟁점을 다투는 것 외엔.

22일 5시 53분 노 전 대통령은 홈페이지에 '사람세상 홈페이지를 닫아야 할 때가 온 것 같습니다.'라는 제목으로 마지막 6번째 글을 올렸다. 2008년 12월 형 건평씨 구속 이후 노 전 대통령이 어떤 심적 고통과 번뇌를 겪었는지 그 글에 그대로 드러난다.

노 전 대통령은 처음 건평씨 관련 사실이 거론됐을 때만 하더라도 '설마!'하는 마음으로 반신반의했다고 한다. 도덕성과 청렴성을 바탕으로 국민의 지지를 받는 정치를 지향한 그로서는 측근, 특히 '형님'의 부정을 받아들이기 어려웠을 것이다. 하지만 건평씨는 세종증권 측에서 29억 6,000만원을 받고 정대근 전 농협중앙회장에게 세종증권을 인수해달라고 부탁한 혐의(특정경제범죄가중처벌법상 알선수재) 등으로 2008년 12월 4일 검찰에 구속된다.

노 전 대통령은 설마 하던 기대가 무너지자 대국민사과를 하려고 했으나 적당한 계기를 잡지 못했다고 말했다. 평범한 소시민처럼 '형님이 하는 일을 일일이 감독하기가 어려웠다. 나로서는 어쩔 수가 없었다.'고 스스로 변명한 사실도 솔직하게 털어놓았다.

그는 500만 달러, 100만 달러가 검찰에서 나오면서 아무 말도 할 수 없는 처지가 되었다고 술회했다. 법률적 판단을 떠나 이미 도덕적인 신뢰가 땅에 떨어졌다고 판단한 것이다. "아내가 한 일이다. 나는 몰랐다."는 말이 자신을 더욱 초라하게 만들 것임을 알면서도 국민이 겪을 실망과 정치적 동지들에게 줄 피해를 줄이기 위해 그렇게 했다고 덧붙였다.

이런 것을 떠나 어떠한 범죄 혐의가 있더라도 최소한 국민의 한 명으로서 피의자의 권리를 행사할 수 있어야 한다는 신념이 그를 버티게 했다. 검찰과 언론이 앞질러나가는 상황에서 '사실관계' 만이라도 명확히 밝혀야겠다는 의지로 반박한 것이다.

정상문 전 비서관이 청와대 국고에 손을 댄 혐의로 구속되면서 노 전 대통령은 더 이상 아무 것도 할 수 없음을 느꼈다. "그 친구가 저를 위해 한 일입니다. 제가 무슨 변명을 할 수가 있겠습니까?"라는 말에서는 고개 숙인 노 대통령의 상실감과 체념이 배어 있었다.

글에서는 앞으로 닥칠 모든 상황을 담담히 받아들이겠다는 결연함이 읽힌다. 그에게 남은 건 이제 사법적 절차뿐이었다. 그는 자신이 더이상 정치적 상징이나 구심점이 될 수 없다고 판단했다. "민주주의와 진보, 정의, 이런 말을 할 자격을 잃었다."는 대목에선 절망감이 느껴진다. 그러면서 그는 지지자들이 이제 자신을 한발 물러서서 새로운 관점으로 평가해 달라고 했다.

그리고 그는 제안했다. '사람사는세상' 홈페이지를 닫자고.

그리고 그는 당부했다. "여러분은 이제 저를 버리셔야 한다"고.

이날 밤 SBS와 KBS에서는 노 전 대통령이 2006년 9월 회갑 때 박 전 회장에게서 1억원짜리 명품 피아제 시계 2개를 선물로 받았다는 내용이 보도되었다. 사건이 종결되고 통칭 '쯔끼다시(곁반찬)'로나 다뤄지는 가십 gossip 기사였다. 당사자에게는 범죄 혐의와는 직접 상관없이 깊은 상처를 주는 내용이었다.

검찰도 이런 내용이 보도된 것에 무척 당혹스러워했다. 이 사실은 검찰 쪽 사람이 아니면 알 수 없는 내용이었다. 검찰 내 이른바 '빨대'(정보원)를 통해 흘러나온 팩트fact가 틀림없다.

홍만표 기획관은 이튿날 브리핑에서 "검찰에서 발표하고 확인한 양 보도했는데, 아니다. 해당 기자를 탓하고 싶지는 않다. 우리 내부에 형편없는 '빨대'가 있다는 것에 굉장히 실망했다. 빨대를 색출하겠다."고 밝혔다. 검찰이 빨대 색출에 노력을 기울였으나 결국 이 '빨대'가 누구인지 확인되지 않았다.

수사가 끝나고 한참이 지나 '나쁜 빨대'는 검찰 내 정보원이 아니었다는 쪽으로 의견이 모아졌다. 검찰 외 다른 사정기관이 흘렸다는 설이 유력하다. 당시 임채진 검찰총장이 집무실에서 방송 보도내용을 보고 깜짝 놀랐을 정도로 검찰은 당황했다고 한다. 임 총장은 격앙된 목소리로 이인규 중수부장에게 "누구인지 반드시 찾아내라!"고 바로 지시했다.

홍 기획관의 '나쁜 빨대' 언급은 전날 검찰총장이 화를 낼 정도로 급박하게 돌아간 검찰 분위기를 그대로 반영한 것이었다. 하지만 홍 기획관의 언급은 고급시계 선물 보도 내용이 허위가 아니라는 걸 간접적으로 시인한 결과가 돼 버려서 두고두고 '실수'로 지적됐다.

7장

전직 대통령, 검찰청에 서다

2009년 4월 30일

'잔인한 달'의 마지막 날

2009년 4월 30일 오전 8시 경남 진해 봉하마을 노무현 전 대통령의 사저 경비초소 앞 주차장. 은색 스타렉스 승합차가 멈춰 서자 노 전 대통령이 모습을 드러냈다. 2008년 12월 5일 봉하마을 방문객들에게 마지막으로 인사한지 꼭 146일만이다. 대기중이던 취재진 300여명 속에서 카메라의 플래시가 쉴 새 없이 터졌다.

노 전 대통령은 몸을 숙여 승합차에서 내려오면서 검정색 양복 윗도리

단추부터 채웠다. 무표정의 얼굴에서는 긴장감이 읽힌다.

오른쪽으로 살짝 고개를 돌려 취재진을 한 번 쳐다본 뒤 발걸음을 뗐다.

한 걸음… 두 걸음… 세 걸음… . 잠시 입술을 앙 다물었다.

그리고 고개를 숙여 서너 걸음 더 걸어 멈춘 뒤 자세를 바로 잡고 취재진을 응시했다.

"예… 국민 여러분께… 면목이 없습니다."

두 손을 앞으로 가져가 공손히 모으면서 말을 하던 그는 순간 고개를 푹 떨어뜨렸다. 그렇게 3초가량 흘러 다시 고개를 들어 입을 뗐다.

"실망시켜 드려서 죄송합니다…… 가서… 잘 다녀오겠습니다."

노 전 대통령은 고개 숙여 인사한 뒤 뒤돌아 40인승 버스로 향했다. 서울 서초동 대검찰청까지 1,000리 길을 태우고 갈 검찰행 버스였다. 노태

노무현 전 대통령이 2009년 4월 30일 오전 대검찰청 중앙수사부의 소환조사를 받으러 서울로 출발하기 직전 경남 김해 봉하마을 사저 앞에서 고개 숙여 국민들에게 인사하고 있다.

우, 전두환 전 대통령에 이어 전직 대통령에 대한 세 번째 검찰 소환조사다. 가족의 일로 남편에게 검찰조사라는 치욕을 안겨주게 된 권양숙 여사의 마음은 어떠했을까.

노무현 전 대통령 측은 박연차 전 회장에게서 받은 100만 달러는 권 여사가 빚을 갚는 데에 썼고, 500만 달러는 조카사위가 투자 명목으로 받아 노 전 대통령과 무관하다고 주장해온 만큼 노 전 대통령의 조사는 온전히 가족의 일 때문이었다.

앞서 7시 57분 노 전 대통령은 사저 밖 계단을 내려오다 발걸음을 돌려 안으로 들어갔다. 2분가량 지나서야 다시 밖으로 나왔다. 그사이 하염없이 흐느끼는 권 여사를 위로했다고 한다. 권 여사는 "나 때문에 이런 일이 벌어졌다."고 자책한 것으로 알려졌다. 문재인 전 청와대 비서실장도 "아침에 여러 분의 위로 말씀에 권 여사가 많이 울었다."고 전했다.

같은 시각 대검찰청 별관 2층 임시 브리핑룸은 분주했다. 1층 기자실이 비좁아 직원 식당에 임시로 브리핑룸을 마련한 것이다. 법조기자단에 등록된 30개사에 가까운 신문사, 방송사, 통신사 외에 인터넷신문과 외신 등 여러 매체에서 기자를 파견해 브리핑룸은 말그대로 난장亂場이었다.

이날 하루만 한정해서 대검청사를 출입하겠다며 취재활동을 신청한 기자는 모두 680여명이었다. 그러나 청와대 경호처에서 경호상의 이유로 난색을 표명했고, 기자단과 대검이 경호처와 논의한 끝에 210명의 기자만이 현장에서 취재 활동을 할 수 있게 됐다.

또 갑작스런 인원 증가에 따른 인터넷 케이블 확장 공사로 4억여원이 든다는 공사비용 견적이 나왔으나, KT가 공익적 목적을 감안해 전액 부담키로 했다. 다만, 기자들에게는 네스팟 아이디 사용료 명목으로 600만원이 청구됐다.

기자들은 실시간으로 중계되는 봉하마을 상황을 지켜보면서 길고 길하루를 준비하고 있다. 노 전 대통령 소환이라는 빅뉴스는 5월 1일자 조간신문의 5~7개 면을 차지할 것이다.

홍만표 기획관은 이날만은 기자들 연락을 일절 받지 않겠다고 사전통보하고, 연락은 기자단의 대표격인 간사를 통해서만 하겠다고 했다. 노 전 대통령이 검찰에 도착한 직후인 오후 3시, 조사가 어느 정도 이뤄진 오후 6시, 마무리가 다가오는 오후 10시, 귀가 후. 이렇게 4차례 브리핑을 약속했다. 조은석 대검찰청 대변인은 "청사 밖으로 나가면 못 들어올 수 있으니 가급적 식사도 구내식당을 이용해 달라"고 했다.

대검찰청 청사까지 이동경로는 철저하게 보안에 부쳐졌다. 코스는 A안, B안, C안 3개를 놓고 청와대 경호처 전직대통령경호팀과 경찰이 수시로

노무현 전 대통령은 경남 김해 봉하마을을 출발해 남해고속도로에서 중부내륙고속도로로, 청원~상주고속도로로, 경부고속도로를 거쳐 5시간 19분만에 서울 서초동 대검찰청사에 도착했다.

서울 서초동 대검찰청 청사 앞에 노사모 회원 등 인파가 몰리고 경찰 통제선이 설치된 가운데 노무현 전 대통령을 태운 버스가 청사 안으로 들어가고 있다.

교류하면서 협의한 끝에 A안으로 결정했다. '남해고속도로 진례IC 진입→ 칠원분기점서 중부내륙고속도로 진입→ 낙동분기점서 청원~상주고속도로 진입→ 청원분기점서 경부고속도로 진입→ 입장휴게소 10분 정차→ 양재IC로 진출해 우면산 터널로 우회→ 대검찰청'이 최종 노선으로 선택되었다. 다른 안에는 익산~포항 고속도로, 천안~논산 고속도로를 거쳐 가는 노선이 각각 들어 있었다.

일반도로에서는 시속 60㎞, 고속도로에서는 100㎞로 달리되 무정차가 원칙이었다. 휴게소는 이동중 상황을 감안해 결정하기로 했다. 처음에는 속리산 휴게소에 잠시 들르려다가 예상보다 일찍 도착해 입장 휴게소로 변경되었다.

오후 1시 19분 노 전 대통령을 태운 버스는 봉하마을 사저를 출발한지

5시간 19분만에 대검찰청 현관 앞에 멈춰 섰다. 100여명의 취재진, 검찰 관계자, 경호팀이 모두 긴장했다. 청사 앞에는 경찰 병력이 이중으로 인간 벽을 만들어 외부인 출입을 철통같이 막았다.

2분 후 버스 문이 열렸다. 청와대 민정수석 출신의 문재인 변호사와 김 경수 비서관 등 측근 5명에 이어 6번째로 노 전 대통령이 내렸다. 그는 상 기된 얼굴로 포토라인에 섰다. 만감이 교차하는 표정이었다. 노 전 대통령 은 좌우로 얼굴을 돌려 사진 촬영에 응했다.

"예!"

이제 되지 않았느냐는 듯 발걸음을 떼는 순간 기자의 질문이 발걸음을 멈춰 세웠다.

"왜 국민께 면목이 없다고 하셨습니까?"

©세계일보

┃ 오후 1시 20분쯤 대검찰청에 도착한 노무현 전 대통령이 버스에서 내려 취재진의 질문에 대답하고 있다.

"면목 없는 일이지요……자!"

엷은 미소로 애써 감정을 추스르는 표정이었다.

"심경을 좀 말씀해 주시죠!"

"다음에 하시죠."

"검찰 수사에 섭섭한 부분이 있습니까?"

"다음에 합시다."

"100만 달러 용처를 못 밝히신다고 하신 이유가 있습니까?"

"……"

취재진이 의논해 사전에 준비한 7개의 질문 중 포괄적 뇌물죄를 인정하는지, 검찰에 제출할 자료를 가져왔는지, 박 전 회장과 대질에 응할지 3개는 아예 던져 볼 기회조차 없었다.

'피의자' 노 전 대통령

이제부터의 청사 안 상황은 기자들의 출입이 금지되었기에 온전히 검찰의 입에 의존해야만 했다.

사무국장 안내로 엘리베이터를 타고 7층 중수부장실에서 이인규 부장과 잠시 차를 마시며 대화한 뒤 특별조사실로 옮겨 본격적인 조사를 받는 상황을 머릿속으로 그려볼 뿐이다. 이 중수부장이 노 전 대통령을 어디에서 맞이했는지, 서로 어떻게 인사를 나눴는지, 어떤 차를 마셨는지, 좌석 배치는 어땠는지, 무슨 말이 오갔는지…….

봉하마을 출발에서 검찰 조사까지 전 과정을 스케치 기사로 작성해야 하는 기자는 사소한 것까지도 궁금하기만 하다. 하지만 알 도리가 없어 답답할 노릇이다. 기자단 간사를 통해 예고 없이 전달되는 수사기획관의 메모와 4차례 공식브리핑으로 목마름을 해소해야 한다.

과거 '보리밥(쌀 80, 보리 20%) / 미역국, 감자양파조림, 배추김치 3찬'이라는 메모만을 가지고 전직 대통령의 구치소 수감 첫날 단상을 써야 했던 선배기자의 경험담이 떠오른다.

오후 1시 33분 조은석 대변인이 중수부장실 안에서의 표정을 짧게 알려왔다.

현재 중수부장실에 대통령 있음. 미지근한 우전녹차 제공

이어 1분 만에 다시 보완 메모가 나왔다.

체류시간은 10분 정도. 1시 34분 나갔음. 중수부장은 중수부장실에서 맞이했고 문재인, 전해철, 수사기획관이 배석. 34분 나간 뒤 VIP용 엘리베이터를 타고 11층 조사실로 감

하릴없이 오후 3시 브리핑 시간이 다가왔다. 홍만표 기획관은 조사시간이 얼마 안 돼 브리핑할 내용이 없다고 겸연쩍어 했다. 홍 기획관은 기자들의 취재가 중단된 시점부터 상황을 세세하게 설명하기 시작했다.

홍만표 대검찰청 수사기획관(가운데)이 2009년 4월 30일 오후 노무현 전 대통령 소환조사와 관련해 취재진에게 브리핑을 하고 있다. 이날 너무 많은 기자들이 몰려들어 대검은 별관 2층 구내식당을 임시 브리핑룸으로 사용했다.

"노 전 대통령은 대변인이 알려드린 대로 사무국장 안내를 받아 중수부장실로 갔습니다. 중수부장실에 머문 시간은 10분 정도? 중수부장이 먼저 '먼 길 오시느라 고생했다'고 말한 뒤 소환조사 불가피성을 설명하면서 조사에 협조해달라고 했고 노 전 대통령은 '국민께 죄송하고 검찰의 사명감과 조사하게 된 전후관계를 인정합니다. 조사관계에서 서로 입장을 존중해 달라'고 말씀하셨습니다.

노 전 대통령은 장시간 버스 이동 탓에 조금 지친 표정이었습니다. 착잡해 보이기도 했으나 담담하게 조사실로 향했습니다. 조사실에서는 우병우 중수1과장과 간단히 인사했습니다. 노 전 대통령은 조사실 소파에 앉아 우 과장과 담소하면서 담배도 한 대 태웠고요. 우 과장이 상의를 벗고 편

노무현 전 대통령은 형 건평씨가 5개월 전 조사받은 대검찰청 중앙수사부 1120호 특별조사실에서 13시간 동안 조사를 받았다. 문재인 변호사가 조사 과정에 입회했다.

안하게 조사받을 것을 제안해서 그렇게 했습니다.

조사는 1시 45분부터 시작됐고 조사실에는 노 전 대통령과 우 과장, 참여 검사, 문재인 변호사가 있습니다. 참여 검사는 김형욱 검사가 먼저 들어갔습니다. 조사 과정은 중수부장과 수사기획관이 모니터링을 하고 있고요. 조사실은 51.6평방미터에 소파와 침대, 화장실이 비치돼 있습니다. 조사실에는 음료수가 든 냉장고도 있죠. 조사실 옆방에 전해철 변호사와 김경수 비서관, 근접 경호관 한 명이 있습니다.

노 전 대통령은 별도 자료 준비를 해 오진 않았습니다. 현재 한 시간이 지났는데 잘 진술하면서 협조하고 있습니다. 자백 취지는 아니고, 검사의 신문에 잘 대답하고 있습니다.

조사 중에 주어를 쓸 일은 거의 없으나 호칭은 전직 대통령 예우를 고려해 '대통령께서'라고 할 겁니다. 그래도 피의자 신문 조서에는 피의자로 적히겠지만요. 노 전 대통령은 참여 검사에게 '검사님'이라고 호칭하고 있습니다.

사건의 실체적 진실이 무엇인지를 규명하는 게 문제라서 대립관계에 있지 않습니다. 대통령과 검사 간의 진실게임이 아니라는 점을 밝혀둡니다. 어느 것이 진실에 부합하는지를 파악하는 것이 우리 일입니다. 노 전 대통령의 진술이 맞는지, 박연차 전 회장의 진술이 맞는지, 이를 보강할 다른 진술이 맞는지. 조사 과정에서 검사가 노 전 대통령과 언쟁할 일은 없습니다. 증거에 의해 판단해가면서 증거에 따라 결론을 낼 겁니다. 그 사이에 법률적 판단만 하면 됩니다.

현재 대통령의 직무 관련성 부분을 진행하고 있고 이후 100만 달러, 500만 달러, 기타 제기된 의혹 사안들 순서로 조사할 예정입니다.

박 전 회장과 대질 가능성은 현재로선 단정할 수 없습니다. 노 전 대통령 입장이 어떤지를 수사팀이 적절히 판단해서 할 겁니다. 조사 시간은 순조로우면 늦진 않을 겁니다."

간단한 설명이 끝나자 기자들의 질문공세가 빗발쳤다. 조사 상황을 엿볼 수 있는 대답만 돌아올 뿐 혐의 내용과 관련된 알맹이는 쏙 빠져 있을 것이라는 걸 잘 알면서도.

"어떤 내용을 구체적으로 조사중이죠?"

"조사 내용이라서 상세히 답변하는 건 부적절합니다만, 포괄적 직무 관련성을 묻고 있습니다. 대통령 권한과 직무가 무엇인지. 박 전 회장과 태광실업 사업이 청와대 업무와 어떤 관련성이 있는지를 조사하고 있습니다. 대통령의 일반적 지위와 박 전 회장의 업무와 관련된 포괄적 업무 간의 연관성을 조사 중입니다."

"현재 조사는 어디까지나 진행됐습니까?"

"100만 달러와 500만 달러 부분까지는 안 간 것으로 알고 있습니다. 지금 대통령 권한과 직무 관련성 문제니까, 현재 순조롭게 진행되고 있습니다. 잘 진술하고 주장도 잘 하고 있습니다. 문재인 변호사가 대통령 뒤에서 열심히 일일이 적어가며 조력하고 있습니다."

"답변은 길게 하는 편입니까?"

"필요한 부분은 검사에게 오래 얘기하고 필요 없는 건 그냥 짧게 하고. 통상적인 피조사자처럼 협조를 잘하고 있습니다."

"일반적인 대통령의 지위에 대해서 그렇다는 건가요? 아니면 박 전 회장 관련해서인가요?"

"다 포함돼 있습니다. 자백 취지는 아니고 주장을 열심히 하고 있고 아직은 진술거부권을 행사하지 않았습니다."

"조사 부분이 크게 세 부분인데 그것 말고 별도 혐의를 적용할만한 것도 있습니까?"

"언론에서 나온 그게 다일 겁니다. 획기적으로 부각될 건 없는 것으로 압니다."

"박 전 회장과 대질 가능성은 있습니까?"

"현재로서는 가능성을 말씀드릴 수 없고 박 전 회장과 직접 관련된 사항을 조사할 때 노 전 대통령 입장을 보고 결정할 듯합니다."

"질문을 받으면 신중하게 생각하고 답변하는 식입니까? 아니면 바로 답변하고 있습니까?"

"신중하게 답변하고 있습니다. 노건호씨 정도는 아니고 통상적인 수준에서 합리적으로 신중하게 답변하고 있습니다."

김형욱 검사에 이어 오후 4시부터 이주형 검사가 신문에 참여했다. 정전 비서관이 박 전 회장에게서 받아 권양숙 여사에게 전달한 100만 달러에 대해 추궁하기 위해서다. 100만 달러부터는 노 전 대통령의 혐의와 직결돼 있다. 새로 긴장의 끈을 잡아당긴 듯 분위기가 팽팽하자 4시 10분쯤 우 과장이 휴식을 제안했다. 노 전 대통령은 문 변호사, 전해철 변호사와 함께 10여 분간 차를 한 잔 마시고 담배도 한 대 더 피웠다.

다시 이어진 조사에서 검찰은 100만 달러가 대통령의 직무 수행과정에서 박 전 회장과 태광실업이 얻은 이익 내지 혜택에 대한 대가임을 입증하고자 주력했다.

이 검사는 2005년 초 박 전 회장의 사돈 김정복 전 중부국세청장이 국세청장 인선에서 낙마한 뒤 국가보훈처 차장으로 옮겨가고 2007년 4월 보훈처장에 오른 인사를 알고 있었는지를 물었다. 태광실업의 경남은행 인수, 베트남 화력발전소 수주와의 관련성도 놓치지 않고 파고들었다. "노 전 대통령이 먼저 요구해 그냥 줬다."는 박 전 회장 진술도 들이밀었다.

그동안 노 전 대통령 측이 주장한 내용으로 미뤄 양측이 팽팽하게 맞서는 조사 장면을 그려볼 수 있다.

노 전 대통령은 100만 달러의 직무 연관성을 밝혀내려는 검찰의 공세에 넘어가지 않았다. 서면답변서 내용대로 "나는 몰랐다. 집사람이 박 전 회장에게서 빌려 빚을 갚는 데 썼다."고 말했다. 그는 또 "최근에야 100만 달러 존재를 알았고, 사용처는 사적인 문제라 말할 수 없는 점을 이해해 달라"고 했다.

검찰은 미국 유학중이던 장남 노건호씨가 국내로부터 출처가 불분명한 달러를 송금받아 생활비로 쓴 내역도 증거로 제시했으나 이를 인정하는 진술을 얻어내는 데에는 실패했다.

오후 6시 브리핑도 내용이 맹탕이었다.

"검찰이 중요하다고 생각하는 질문에 기억이 없다는 답이 많이 있습니까?"

"말하기가 좀 그렇습니다."

"검찰이 증거를 제시했거나 답변을 번복한 것이 있습니까?"

"수사에 관한 부분이라 말하기 부적절합니다."

"박 전 회장이 추진하는 사업을 재임중에 몰랐다는 진술이 수사팀에 의미가 있습니까?"

"노 전 대통령이 몰랐다고 한 부분에 대해 제가 말한 게 없는데요."

노 전 대통령의 진술 태도에 대한 좀 더 부연된 설명과 저녁식사 메뉴로 곰탕(특)과 김치, 깍두기, 계란부침 등이 반찬으로 제공될 것이며, 저녁 식사 후에 500만 달러에 대한 조사가 시작될 것이라는 소개가 있었을 뿐이다. 노 전 대통령과 박 전 회장, 정 전 비서관과의 대질신문 여부도 두루뭉술했다.

"대질신문을 하면 몇시쯤 합니까?"

"말 못합니다. 500만 달러 부분이 남아 있어서……."

"100만 달러와 500만 달러가 전체 혐의의 70%라고 하던데, 그 조사를 마치면 대질에 들어가나요? 나머지 사안을 다 하고 합니까?"

"지금 받고 있는 게 1회 피의자 신문조서입니다. 거기에 모든 의혹이 다 담기고 대질신문이 필요하면 2회 신문조서 받으면서 피의자들 대질을 받는 식입니다."

"노 전 대통령이 야간 조사에는 동의하셨습니까?"

"10시쯤 되면 의향을 물어볼 겁니다. 아마 심야조사가 될터인데 응하지 않을까 합니다. 노 전 대통령도 조사를 다 받고 가고 싶다는 의사를 갖고 계신 걸로 압니다."

오후 7시 35분 조사가 재개됐다. 이선봉 검사가 나서 노 전 대통령의 퇴임 이틀 전인 2008년 2월말 태광실업 홍콩 현지법인 APC 계좌에서 빠져나가 노 전 대통령 조카사위 연철호씨에게 건너간 500만 달러 부분을 묻기 시작했다.

노 전 대통령은 "의혹을 가질 수 있겠지만 나는 전혀 몰랐다. 퇴임 후 조카사위가 투자를 받았다고 들었다."고 진술했다. 노 전 대통령은 특히 100만 달러의 경우 청와대 경내 대통령관저로 전달된 만큼 '도의적' 책임을 인정했으나 500만 달러에는 분명히 선을 그었다. "다 큰 조카사위가 하는 사업에 대통령이더라도 이래라저래라 할 수 없다."고 항변했다.

검찰은 500만 달러 관리에 '지배력'을 행사한 사람은 연씨가 아니라 아들 건호씨란 증거를 들이밀며 파고들었다. 건호씨가 500만 달러 중 일부를 '오르고스' 등 국내 기업에 투자한 자료가 제시되기도 했다. 검찰은 당시 건호씨의 외삼촌인 권기문 전 우리금융지주 상무를 소환조사해 건호씨가 국내 인터넷 서비스 업체인 오르고스에 일부 자금을 투자한 정황을 확보한 것으로 알려졌다. 이미 오르고스 압수수색을 통해 통장과 외환거래 내역도 확보한 상태였다.

정 전 비서관이 청와대 비서관 시절 빼돌린 대통령 특수활동비 12억 5,000만원에 대해서도 노 전 대통령은 답변서 내용과 똑같이 진술했다. 검찰이 "대통령 퇴임 후 건네려 했다."는 정씨 진술을 전하자 노 전 대통령은 "오랜 친구가 그렇게 말했다니 할 말은 없다. 쓸데없는 일을 한 것 같은데 제대로 살피지 못한 도의적 책임은 피하지 않겠다."고 말했다.

논란 속 대질신문 불발과 13시간 만의 귀가

밤 10시 브리핑에서 홍만표 기획관은 대질신문을 기정사실화했다.

"가급적 조사에 속도를 내고 있습니다. 대질신문은 11시쯤 시작될 듯합니다. 오래 걸리지는 않을 듯하고. 수사팀은 가급적 대질이 필요하다고 생각하고 11시쯤 하려고 합니다."

"대질신문은 누구랑 하게 됩니까?"

"노 전 대통령과 박연차씨입니다."

"정상문 전 비서관과는 안 하나요?"

"필요 없을 듯합니다."

"노 전 대통령이 응하겠답니까?"

"아직 의사를 못 물어봤습니다. 대질을 하려고 준비 중입니다."

"박 전 회장은 대질신문에 응하겠다고 했습니까?"

"박 전 회장이나 노 전 대통령이나 거부할 이유가 없을 듯합니다. 박 전 회장은 하겠다는 의사표현을 저희에게 했습니다."

"대질 시간은 얼마나 됩니까?"

"그리 오래 안 걸릴 겁니다."

"대질은 둘 사이 이견 있는 사실관계만, 즉 이견 있는 부분에 대해서만 하나요?"

"박 전 회장에게 이러이러했느냐고 물어보고 '네'라고 하면 노 전 대통령에게 다시 그런 적 있느냐고 물어보는 식이 될 겁니다."

"정 전 비서관과의 대질을 안 하는 이유는 노 전 대통령 진술이 어긋나지 않아서인가요?"

"모든 진술에 차이가 있다고 대질하는 게 아니라 큰 부분에서 차이가 나면 하는 겁니다."

그의 발언은 섣부른 것이 돼 버렸다. 끝내 대질신문이 이뤄지지 못한 것이다. 인터넷에는 이미 대질신문이 이뤄진 것처럼 보도한 기사도 올려 진 상태였다. 검찰이 일방적으로 대질신문을 추진한 것 아니냐는 논란이 빚어진 것도 이 때문이다. 문재인 변호사는 나중에 "박 전 회장도 대질을 원하지 않았다."며 검찰을 몰아세웠다.

검찰은 밤 11시 35분 "박 전 회장이 대질신문을 원했지만 노 전 대통령이 전직 대통령에 대한 예우가 아니고 시간이 너무 늦었다는 이유로 거부했다."고 발표했다.

노 전 대통령에 대한 신문은 밤 11시 20분 모두 끝났다. 신문이 끝날 무렵 검사가 노 전 대통령에게 "박 전 회장이 와 있는데 입장을 들어볼 필요가 있지 않겠습니까?"고 물었다. 노 전 대통령은 "그만합시다."라고 거절의 뜻을 나타냈다. 문 변호사도 "대통령에 대한 예우도 아니고 시간이 너무 늦었다."고 도왔다.

검사는 다시 "그러시면 만나보기라도 하시겠습니까?"라고 권했다. 그러자 노 전 대통령은 "그렇게 하겠습니다."라며 받아들였다.

이어 수의 차림의 박 전 회장이 특별조사실로 들어섰다. 서로 인사하면서 노 대통령이 말을 꺼냈다.

"내가 박 전 회장에게 이런저런 질문을 하기가 너무 고통스러워 대질하지 않는다고 했어요. 고생이 많지요? 자유로워지면 만납시다."

박 전 회장은 "대통령님 저도 괴롭습니다. 건강 잘 챙기십시오!"라고 답했다. 그렇게 두 사람의 만남은 1분여 만에 끝났다.

검찰은 노 전 대통령 측의 거절로 대질이 불발됐다는 내용의 사실확인서를 박 전 회장과 변호인한테서 받아뒀다고 전했다.

이튿날 문 변호사는 언론 인터뷰에서 "조사실에서 박 전 회장을 만났는데 그도 대질을 하고 싶지 않다고 말했고 그런 대화 내용이 조서에도 기재돼 있다."고 말했다. 이 말은 '노 전 대통령이 수사에 협조하지 않은 것처럼 검찰이 몰아가고 있다'는 취지로 받아들여진다.

하지만 박 전 회장의 변호인인 공창회 변호사는 언론과의 통화에서 "박 전 회장이 대질을 원하지 않는다는 말을 한 적이 없다."고 반박해 진실게 임 양상마저 나타났다.

검찰 조사가 다 끝나고서도 노 전 대통령이 검찰청사 밖으로 나온 건 3시간 가까이 더 지나서였다. 피의자 신문조서를 노 전 대통령, 문재인 변호사, 전해철 변호사가 꼼꼼히 읽고 수정하느라 시간이 걸렸다.

5월 1일 새벽 2시 10분 드디어 노 전 대통령이 검찰청사 로비에 모습을 드러냈다. 13시간 전 현관 앞에 섰을 때보다 훨씬 편안하고 홀가분한 표정이었다. 현관문을 걸어 나오면서 입술을 굳게 다물었지만 엷게 미소가 엿보였다.

13시간 동안 검찰 조사를 받은 뒤 대검찰청 현관에 모습을 드러낸 노무현 전 대통령. 엷게 미소가 엿보였다.

노 전 대통령은 검찰에서 하고 싶은 주장과 진술을 충분히 했다는 느낌이었고, 검찰은 노 전 대통령을 몰아세울 비장의 카드를 들이밀지는 못했다는 생각이 들었다. 차후 재판으로까지 간다면 양측이 유·무죄를 놓고 팽팽한 공방을 펼칠 것임을 예고하는 듯했다.

"검찰 조사받은 소회 한마디 해 주십시오!"

"네. 최선을 다해서 받았습니다."

옅게 웃음을 머금은 표정으로 답했다. 가늘고 빠른 어조에서 평소의 당당함이 배어났다.

"검찰 수사에 불만 없으십니까?"

"……."

"혐의를 여전히 부인하시는 겁니까?"

"……."

대답없이 옅은 웃음으로 대꾸할 뿐이었다.

"박 전 회장과 대질을 거부하신 이유가 뭡니까?", "100만 달러 받은 사실, 정말 몰랐나요?"라는 질문이 이어졌으나 노 전 대통령은 가벼운 발걸음으로 버스로 다가갔다. 버스에 오르기 전 잠시 오른손을 들어 인사한 뒤 곧바로 버스 안으로 모습을 감췄다.

노 전 대통령에게는 16대 대선 투표일 몇 시간을 앞두고 지지를 철회한 정몽준 국민통합21 대표의 평창동 자택을 찾아 새벽까지 기다렸던 2002년 12월 18일과 함께 가장 길었던 하루였을 것이다. 서울에서 보낸 마지막 밤을 뒤로하는 순간이기도 했다.

▌ 2009년 5월 1일 오전 2시 10분쯤 조사를 마친 노무현 전 대통령이 귀가를 위해 버스에 오르며 취재진을 향해 손을 흔들고 있다. 노 전 대통령을 공개된 자리에서 볼 수 있었던 마지막 순간이다.

8장

이명박 대통령의 친구 천신일 회장

천신일 회장을 향해 가는 수사

검찰의 박연차 전 태광실업 회장 수사는 이명박 정부에 양날의 칼이었다. 박 전 회장의 비리를 파헤치는 과정에서 천신일 세중나모여행 회장의 이름이 등장했다. 2008년 국세청 세무조사 당시 무마 로비와 대검 중수부 수사 당시 구명 로비와 관련해서다.

천 회장은 이명박 대통령의 오랜 친구이자 후원자라는 점에서 정권으로서는 큰 부담이 될 수밖에 없다. 노 전 대통령까지 검찰 조사를 받은 마당에 살아있는 정권의 실세라는 이유로 봐준다는 오해를 받지 않기 위해 서라도 천 회장에 대한 조사는 불가피했다. 야당이 박연차 리스트 수사를 정치 보복으로 몰아가는 상황이라 천 회장 조사를 더욱 철저하게 할 필요가 있었다. 그렇게 보면 천 회장으로서는 전 정권과 현 정권 간에 균형을 맞추기 위한 과정에서 '표적 수사'를 당했다고 인식할 법하다.

하지만, 검찰은 박연차 게이트 2라운드 수사에 나설 때부터 '정관계 인사→ 천신일 세중나모여행 회장 등 이명박 정부 측 인사→ 노무현 전 대통령 관련 수사'로 수순을 그려뒀기 때문에 수사망을 피해나갈 도리가 없었다. 노 전 대통령 측의 500만 달러 의혹이 예상보다 일찍 언론에 공개된 덕에 후순위 조사대상으로 밀리면서 수사에 대비할 시간적 여유가 있었다. 결과적으로 노 전 대통령 서거로 수사 동력이 사라지면서 오히려 반사적 이익을 본 측면도 있다.

노 전 대통령 소환조사라는 회오리가 휩쓸고 지나간 5월 4일 오후 3시 대검 기자실. 여느 때와 마찬가지로 홍만표 수사기획관 주위를 수십 명의 기자가 둘러싼 채 질의와 응답이 오갔다.

홍 기획관은 그동안 노 전 대통령 소환 조사에 몰두하느라 거의 신경 쓰지 못한 천 회장에 대해서도 본격적으로 수사할 것임을 내비쳤다. 언론도 노 전 대통령 조사가 끝나면 박 전 회장의 구명 로비 의혹에 수사력을 모을 것으로 예상하고 있었다.

"김정복 전 보훈처장의 계좌추적을 하는 것은 맞습니다. 천신일 회장에 대해서도 세무조사 무마 대책회의 부분 외에도 의혹이 제기된 부분을 조사할 것입니다."

그러면서도 홍 기획관은 "(이명박 대통령의)대선자금 부분은 수사 대상이 아닙니다."고 선을 분명하게 그었다.

천 회장은 이명박 대통령의 고려대학교 61학번 동기로 서로 30년 지기다. 천 회장은 2007년 대통령 선거에서 이명박 당시 후보를 위해 한나라당에 특별당비 30억원을 대납했다는 의혹을 받으면서 언론의 관심을 받았다.

그는 박 전 회장과도 의형제라는 말이 있을 정도로 절친한 관계다. 언론은 천 회장이 이 대통령이나 박 전 회장과 모두 친하다는 점에서 박 전 회장 구명 로비를 벌이지 않았을까 의심하고 있었다.

천 회장과 함께 거론된 인물이 김정복 전 국가보훈처장이다. 그는 부산국세청장을 지내던 2003년 5월 박 전 회장과 사돈관계를 맺었다. 당시 부산 롯데호텔 3층 크리스탈 볼룸에서 열린 박 전 회장의 둘째 딸 결혼식에는 2,000여명 가까운 하객이 몰렸다고 한다.

2005년 초 국세청장 인사를 놓고 중부국세청장이던 김씨와 국세청 차장 이주성씨, 서울국세청장이던 전형수씨 3명이 맞붙었을 당시, 노건평씨가 동생 노 전 대통령에게 김씨를 추천했다는 건 이미 언론에 알려진 내용이다. 당시 노 전 대통령은 '코드 인사' 논란을 우려해 받아들이지 않았다. 김씨는 국세청장에는 오르지 못했으나 2005년 6월 보훈처 차장에 이어 2007년 4월 장관급인 보훈처장에 올라 보상을 받았다.

언론은 이 같은 이력을 근거로 국세청 세무조사를 받게 된 박 전 회장이 김씨와 협의해 무마 로비를 벌였을 것으로 보고 있었다.

검찰은 참여정부 인사들에 대한 표적 수사 논란을 불식하기 위해서라도 천 회장 쪽 수사를 소홀히 할 수 없는 상황이다. 노 전 대통령에 대한 영장청구 여부 결정의 지연으로 인한 사회의 관심을 분산시키는 효과도 거둘 수 있다.

검찰이 박 전 회장의 국세청 세무조사 무마 로비 의혹에 대한 수사 방침을 밝힌 지 이틀이 지난 5월 6일 오전 11시 대검찰청 기자실. 노 전 대통령의 신병처리 결정이 늦어지고 수사가 소강상태를 보이면서 폭풍전야의 고요함을 연상시키듯 평온함이 아슬아슬 이어지고 있었다. 휴대전화기가 울려 번호를 확인했다. 발신자 표시에 뜬 번호는 회사 전화인데, 사회부가 아닌 게 분명했다.

"여보세요. 아! 선배, 웬일이세요?"

국세청을 출입하는 선배다. 박연차 리스트 수사로 몇 차례 통화했던 터다. 대검 중수부 수사가 지난해 국세청 세무조사에서 촉발됐기 때문에 서로 연락할 필요가 있었다.

"다른 게 아니라 지금 국세청에 대검 수사관들이 들이닥쳤다."

"대검에서요? 왜 갑자기?"

수사관들이 들이닥쳤다면 압수수색이 분명하다. 세중나모여행 세무조사 당시 서울지방국세청 간부를 지낸 인물이 국세청으로 자리를 옮겨 그 사무실을 압수수색한 것이긴 하지만, 국세청이 어디인가. 공정거래위원회와 더불어 '경제계의 검찰'로 불리는 국세청의 간판 지방청이다. 언론사마저 세무조사로 꼼짝 못하게 한 곳이 국세청 아닌가. 더군다나 필요한 국세청 자료가 있다면 업무협조 요청을 통해서도 확보가 가능한데, 굳이 강제적인 압수수색 방식을 택했다는 건 심상치 않은 일이다.

2009년 5월 6일 대검찰청 중앙수사부 수사관이 서울지방국세청에서 압수한 자료를 옮기고 있다. 검찰은 이날 천신일 세중나모여행 회장이 태광실업 세무조사를 무마해주려고 했다는 의혹과 관련해 국세청, 서울지방국세청을 압수수색한데 이어 이튿날인 7일에는 천 회장 자택과 사무실도 압수수색했다. ⓒ세계일보

오후 3시 홍 수사기획관의 브리핑에서 국세청 압수수색 배경에 대한 질문이 집중됐다.

"지난해 서울지방국세청 조사4국 자료를 다 받았다는데, 압수수색한 특별한 이유가 있습니까?"

"금융자료나 기타 보고서랄까, 당시 받지 않은 자료를 수색할 필요성이 있었습니다."

"검찰에 자료를 넘길 때 누락한 게 있다는 말입니까?"

"아! 그것을 고의적인 누락이라고 보면 안 됩니다. 그때 필요한 범위 내에서 고발을 했을 테니, 고발 외에도 수사에 필요한 부분이 있다고 우리가 판단한 것입니다."

"자료협조 요청을 먼저 했는데 안 줘서 그랬다는 겁니까?"

"그런 거는 아닙니다. 자료협조 의미 이상으로, 우리가 가서 철저하게 당시 있었던 세무조사 자료를 다 받아볼 필요성이 있었기 때문입니다."

"국세청이 세무조사한 자료가 더 많았다는 뜻입니까?"

"그건 모르고, 국세청이 고발에 필요한 자료만 제출했고, 제출을 안 한 보충서류 등 우리가 세무조사 수사와 관련해 필요한 범위가 다를 수 있어 한 것입니다."

홍 기획관의 답변은 군색해 보였다. 국세청이 제출하지 않는 자료가 있어 강제적인 방법을 동원할 수밖에 없었다는 말로 들렸다. 아닌 게 아니라 2008년 12월 대검 중수부의 세종증권 매각비리 수사 당시 국세청이 박연차 리스트를 확보했었다는 설이 파다하게 퍼졌다. 국세청이 태광실업 세무조사를 벌이면서 박 전 회장이 돈을 건넨 정관계 인사 명단을 확보했으나 검찰에 넘기지 않았다는 얘기가 나돌고 있던 터였다. 검찰은 이에 대해 그동안 "국세청에서 리스트라는 걸 넘겨 받은 적 없다."고 강력히 부인해 왔다.

검찰의 전방위 압박, "천신일을 잡아라!"

천 회장에 대한 검찰 수사는 매섭게 몰아쳤다. 검찰은 6일 국세청과 서울지방국세청에 이어 7일 천 회장의 세중나모여행 측 인사들에 대한 압수수색에 들어갔다. 몇 차례 통화한 세중나모여행의 간부가 먼저 전화를 걸어왔다. 예상치 못한 검찰의 압수수색에 당황스러웠던 모양이다.

"부장님 웬일이십니까?"

"아니 검찰 수사관들이 회사에 와서 압수수색하고 있는데, 왜 그런지 알고 있어요?"

"그래요? 저도 금방 알아보고 전화 드릴게요."

"부탁 좀 할게요. 무엇 때문인지 모르겠네요."

나름대로 짚이는 바가 있지만 확인해 보겠다면서 전화를 끊었다. 검찰은 이날 하루에만 천 회장의 자택과 사무실, 거래처 관계자 15명의 주거지 등 18곳을 압수수색했다. 압수수색 영장에 적시된 혐의는 알선수재로 알려졌다. 일반인이 공무원 직무와 관련된 사안에 대해 돈이나 대가를 받고 청탁을 받은 경우 적용된다. 대가를 받지 않았더라도 약속만 한 경우에도 처벌된다. 천 회장이 세무조사나 검찰 수사와 같은 공무원의 업무와 관련해서 누군가로부터 청탁을 받은 단서가 드러난 게 틀림없다.

검찰은 또 금융감독원으로부터 천 회장 회사와 개인의 주식거래나 자금거래 흐름에 대한 자료를 받아 정밀 검토 작업에 들어갔다. 검찰의 천 회장에 대한 압박은 동시다발적이었다.

검찰은 박 전 회장의 구명 로비 및 세무조사 무마 의혹과 관련, 천 회장이 구명활동에 개입한 의혹 외에도 천 회장 본인의 탈세혐의도 들여다보고 있었다. 거래처까지 압수수색했다는 건 금전 거래 관계가 정확하게 장부에 기재되어 있는지, 적법하게 세금 처리를 했는지 등을 살펴보고 있다는 뜻이다. 검찰은 이미 천 회장의 형사처벌 쪽에 무게를 두고 탈세 혐의까지 훑고 있었던 것으로 보인다.

5월 8일 기자들과 가진 브리핑에서 홍 기획관도 이를 부인하지 않았다.

"박 전 회장의 세무조사 무마 로비 의혹을 수사하는 건데, 검찰은 천 회장의 탈세까지 살펴보고 있습니까?"

"탈세요? 글쎄 일부는 포함될 겁니다."

"탈세에 증여세 포탈도 포함됩니까?"

"그것까지는 모르겠네요. 그 부분은 수사가 진행 중이라서……. 천 회장이 표적이 돼서 이렇게 수사한다고 해서 특별히 불이익이 더 가서는 안 되고, 엄정하게 할 생각입니다. 이 분이 처음 기업을 하기 시작할 때부터의 모든 범죄 행위를 다 뒤지는 건 아닙니다."

"압수수색 혐의 중 알선수재 말고 증권거래법 위반도 있나요?"

"없습니다."

검찰이 천 회장을 소환하기까지는 적잖은 시간이 걸렸다. 나름대로 천 회장을 옴짝달싹 못하게 할 혐의를 특정하기 위해서로 보였다.

천 회장은 검찰의 압박에 자신 있다는 듯 당당하게 맞섰다. 그동안 잠행潛行하다시피 언론 노출을 피해왔으나, 5월 18일 오전 서울 중구 태평로 본사 임원진 회의에 모습을 드러냈다. 검찰이 수사에 착수한 이후 공식적인 행사에 거의 모습을 드러내지 않았으나 임원진 회의에는 꼭 나왔다고 한다. 그는 5분 정도 회의석상에 앉아 있다 작심한 듯 얘기했다고 한다.

"거래처에 가서 자신 있게 얘기해라. 난 받은 것 없다고."

그는 직원들에게 동요하지 말고 업무에 집중할 것을 독려했다. 천 회장은 한편으로는 월간지 『신동아』와의 인터뷰(2009년 6월호)에서 이 대통령과 친분을 직접 거론하며 검찰 수사를 비난했다.

이와 별도로 탈세 혐의를 벗기 위해 법무법인 화우 변호사를 변호인으로 선임해 본인이 내야 할 탈루세액을 자체적으로 계산했다. 100억원 가량 나온 것으로 알려졌다. 천 회장 측은 대주주 지분을 담보로 세중나모여행 측에서 자금을 빌릴 수 있는지 여부 등을 포함해 광범위하게 법리 검토를 하는 등 검찰 수사에 대비했다.

검찰은 결국 19일 오전 10시 천 회장을 소환조사했다. 천 회장 소환조사는 검찰이 그를 무너뜨릴 준비가 다 되었음을 뜻한다.

천 회장은 18시간 30분간 조사를 받고 20일 새벽 4시 30분에 귀가했다. 그리고 21일과 22일 두 번 더 검찰에 출석해 피의자 신문조서를 작성했다.

박연차와 천신일, 한상률 커넥션 의혹

"한상률 전 국세청장에 대해서는 최종 서면조사를 하기로 결정했습니다."

"그러면 이메일로 조사하는건데, 법적 효력이 있습니까? 정식 수사 방법입니까?"

"서면조사 형태입니다."

"이메일로 오가는 것인데도 상관이 없습니까?"

"서명날인이 필요합니다. 이메일 받고 나서 서명날인을 팩스로 받습니다."

"한 전 청장이 국세청 책임자인데 직접 소환이 아니라 이메일만으로 됩니까?"

"현재 그를 강제로 귀국시킬 방안이 없습니다. 통화해서 서면조사 방법을 갖춘 것만 해도 다행이라고 생각합니다. 일단 조서를 받아보고, 진실하게 얘기했는지가 중요합니다."

홍 기획관은 5월 17일 한상률 전 국세청장에 대해 서면조사를 결정했다는 사실을 알렸다. 그의 목소리는 검찰로서도 어쩔 도리가 없다는 듯 풀이 죽어 있었다. 한 전 청장은 천 회장의 세무조사 무마 로비 관련여부를 확인하는 데 꼭 필요한 인물이었다. 그러나 한 전 청장은 2009년 3월 추부길 전 청와대 홍보기획수석의 체포 직전 미국으로 출국해버린 상태다.

출국 당시 배경을 놓고 뒷말이 많았다. 그는 1월 19일 국세청장에서 물러나게 된 배경이 된 이른바 '그림 로비' 의혹의 중심 인물이다. 검찰 수사 대상에 오를 수 있는 대상자가 출국해버렸으니 비난 여론이 제기된 것은 당연했다.

그림 로비 의혹은 2007년 초 당시 국세청 차장이던 한 전 청장이 당시 청장이던 전군표씨에게 고가의 그림을 뇌물로 전달했다는 의혹을 일컫는다. 고 최욱경 화백의 〈학동마을〉이라는 그림이 서울 평창동 한 갤러리에 매물로 나오면서 불거졌다. 그림 판매를 맡긴 이는 수뢰 혐의로 수감 중이던 전씨의 부인 이모씨인데, 이씨는 남편으로부터 한씨에게 받은 그림이라고 들었다고 폭로했다. 한 전 청장이 나서 전씨를 만난 적도 없다고 해명했으나 세간에서는 국세청의 뿌리 깊은 상납 구조가 드러났다고 여겼다.

한 전 청장은 검찰이 수사 착수여부를 결정짓지 못하고 주저주저하는 새 출국해 버렸다. 그는 유학을 떠났다고 밝혔으나 '도피성 출국'이란 시각이 지배적이었다. 특히 국세청장으로서 태광실업 세무조사의 전 과정을 훤히 꿰뚫고 있는 한 전 청장이 자신의 그림 로비 의혹을 수사하지 않겠다는 약속을 받고 그 대가로 천 회장 등 현 정권 실세들의 세무조사 의혹을 덮기 위해 출국했다는 관측이 유력하게 나돌았다. 정치권과 증권가에서는 이인규 중수부장의 '잔인한 4월' 발언을 계기로 전 정권은 물론이고 이명박 정부 인사들을 대상으로 사정한파가 크게 휘몰아 칠 것이라는 루머가 나돌았다.

그가 2008년 1월 정권 실세에게 10억원을 줘야 한다면서 국세청 안원구 국장(2008년 11월 구속)에게 국세청 차장 자리를 제안하고 3억원 상납을 요구했다는 의혹까지 제기됐다.

검찰은 천 회장이 박 전 회장과 한 전 청장을 중간에서 연결했을 것으로 보고 있었다. 박 전 회장이 세무조사를 받게 되자 천 회장을 통해 국세청장인 한 전 청장을 만났을 것이라는 얘기다.

사실 천 회장과 한 전 청장은 친분이 깊다. 2005년 말 15주간 서울과학종합대학원 '지속경영을 위한 4T CEO'과정에 같이 다녔다. 천 회장과 한 전 청장, 임채진 검찰총장은 2008년 1월 이 대학원 원우회가 주는 '자랑스러운 원우상'을 나란히 받은 적도 있다. 박연차 게이트 수사의 주요 인물이 같은 해 같은 상을 받았다는 건 묘한 인연이다. 이런 정황을 감안하면 천 회장이 한 전 청장에게 박 전 회장 회사에 대한 세무조사 과정에서 선처해 줄 것을 부탁했을 가능성이 크다.

더구나 태광실업 세무조사를 한 전 청장이 직접 챙겼다는 게 정설처럼 여겨지고 있다. 조홍희 당시 서울지방국세청 조사4국장의 보고를 직접 받았을 뿐 아니라 4국 3과장이 조 국장을 제쳐놓고 한 전 청장에게 직보直報하는 일도 있었다고 한다. 그리고 한 전 청장은 세무조사 보고서를 들고 이명박 대통령을 직접 찾아가 독대했다는 얘기도 나돌았다. 박 전 회장의 세무조사 무마 로비 의혹을 밝히는 데 한 전 청장은 그만큼 중요한 인물이다.

홍 기획관이 수차례 한 전 청장에게 직접 전화로 연락해 귀국을 종용했지만, 그는 끝내 귀국하지 않았다. 결국 검찰은 한 전 청장에 대한 서면조사를 결정하고 5월 17일 이메일로 질의서를 보냈다.

세 달여가 지나 천 회장이 태광실업 관계자들에게 박 전 회장의 세무조사 무마와 구명 로비에 나서겠다고 약속했다는 증언이 법정에서 나왔다. 8월 25일 서울중앙지법 형사22부(이규진 부장판사) 심리로 열린 천 회장 공판에서 태광실업 임원 최모씨는 이렇게 증언했다.

"박 전 회장 구속 이후 천 회장이 '빠른 시일 내 풀려나도록 해 주겠다.'고 약속했습니다. 2008년 8월 국세청 세무조사 당시에는 '한상률 국세청장을 잘 알고 있는데 여러 차례 잘 봐달라고 부탁했다.'고 말했습니다."

법정에서 천 회장 측이 완강하게 부인하자 최씨는 "천 회장 측이 거짓말이라고 일축하면 증명할 방법은 없지만 당시 천 회장이 그렇게 말한 것을 분명히 들었다."고 강조했다.

9장

노 전 대통령 신병처리 둘러싼 검찰의 장고長考

2009년 5월 4일 ~ 5월 12일

구속영장 청구냐? 불구속기소냐?

전직 대통령의 검찰 소환조사라는 대형 뉴스로 한바탕 시끄럽던 대검청사도 5월 4일 월요일 새로운 한 주를 시작하면서 차분해졌다. 검찰은 주말을 이용해 노무현 전 대통령 조사 내용을 바탕으로 관련자 진술 등을 종합해 사실관계를 꿰어 맞추면서 수사결과를 정리했다. 노 전 대통령을 피의자 신분으로 조사한 만큼 이제는 형사처벌 수위를 결정하는 일만 남았다.

사안의 중대성을 감안해 구속영장을 청구하느냐, 노 전 대통령 측이 완강히 혐의를 부인하는 상황에서 불구속기소를 해서 법정에서 진실을 가리느냐를 선택해야 한다.

"수사팀이 노 전 대통령의 신병처리에 대한 의견을 내지 않았습니까?"

"신병처리 의견은 별도로 전달하지 않습니다. 그동안 수사팀은 검찰총장께 큰 부분만 보고했는데, 이번에 사실관계를 보고했습니다."

"구속의견은 없었습니까?"

"신병처리 의견은 없었습니다. 권양숙 여사를 다시 조사해보고 나서 총장께서 의견 수렴과정을 거쳐 결정할 겁니다. 기간은 오래 걸리지 않을 듯합니다."

4일에는 오후 3시 브리핑에 이어 오후 7시 15분 두 번째 브리핑이 열렸

ⓒ세계일보

임채진 검찰총장이 대검찰청 중앙수사부의 노무현 전 대통령 소환조사가 거의 끝나가던 무렵 침울한 표정으로 대검청사를 나서고 있다. 임 총장은 노 전 대통령의 신병처리 방향을 놓고 구속영장 청구와 불구속기소 사이에서 고심에 고심을 거듭하게 된다.

다. 기자들 질문은 어느 때보다 까다로웠다. 노 전 대통령 신병처리에 대한 조그마한 단서라도 얻기 위해서다. 기자들이 답변을 듣고자 하는 것은 크게 두 가지다. 노 전 대통령에 대한 구속영장 청구 여부와 수사팀이 임채진 검찰총장에게 보고한 수사결과 보고서 내용이다.

형사처벌이 기정사실로 받아들여지는 상황에서 구속영장 청구 여부는 최대의 관심사다. 대체로 결정까지 오래 걸리지 않을 것이라는 전망이 우세했다. 더군다나 4일 오후 수사팀이 검찰총장에게 노 전 대통령 조사결과를 보고한 터라 기자들의 질문은 더욱 집요했다.

임채진 총장은 대검청사 8층 간부회의실에서 오후 4시 40분부터 6시 50분까지 문성우 대검차장과 이인규 중수부장 등 검사장 7명이 참석한 가운데 조사결과를 보고받았다. 홍만표 기획관과 우병우 중수1과장, 검사 2명이 보고 자리에 들어갔다.

두 번째 브리핑은 기자들의 끈질긴 요구에 홍 기획관이 마지못해 나서 이뤄졌다. 하지만, 홍 기획관은 지칠 법도 할 터인데 팔색조처럼 능수능란하게 예봉을 피해갔다.

"우병우 과장이 수사 결과 기록 등 15쪽 분량의 수사 요약 보고서를 발표했습니다. 사실관계에 대해 설명하고 이를 놓고 각 부장들이 토론했습니다. 회의 분위기를 전해 드리자면 부장들이 이번 수사 결과 보고에 많이 만족스러워 했습니다. 많은 의혹이 규명됐다는 분위기입니다. 그러나 노 전 대통령의 신병 처리에 대한 논의는 없었습니다. 전직 대통령 예우차원에서 노 전 대통령 측에서 제시할 100만 달러의 사용처와 우리가 조사할 필요성이 있는 송금 내역 3억원 등에 대해 권양숙 여사를 다시 소환한 이후에나 정리할 것입니다."

기획관의 브리핑에서 뚜렷하게 잡히는 건 없다. 분명히 의미 있는 말들
이 오갔을 것이다. 법조기자라면 검찰총장과 대검 참모진이 모두 참석한
자리에서 수사결과만 보고받았다는 말을 곧이곧대로 받아들이지 않는다.

그렇더라도 브리핑 내용만으로 회의 토론에 대한 기사를 새로 출고해야
하는 상황이다. 서울중앙지검에 있던 1진 기자한테 보고를 하려는데 난감
하기만 하다. 보고할 내용이 없다. 신문사 법조팀은 대법원을 출입하는 팀
장 한 명에 서울중앙지검 2명, 대검 1명, 법원 1~2명으로 구성되는데, 보통
서울지검 1진으로 불리는 고참기자가 현장 상황을 지휘한다.

"브리핑 끝났습니다."

"구속영장을 청구한대, 불구속기소 쪽으로 간대?"

예상대로 가장 민감하고 관심 있는 질문부터 던진다.

"신병처리를 논의하지는 않았다는데요."

"그래? 그럼 뭐하러 간부들까지 죄다 참석한 거야?"

"그러게 말입니다. 회의 분위기나 형식 등을 위주로 기사를 손봐야겠네요."

초판용으로 출고한 기사를 고쳐서 송고한 뒤에도 잠시도 쉬지 못했다.
실시간으로 법조팀 팀원이 각자 취재해 정보방에 올린 내용을 확인해야
한다. 간부들을 상대로 하나라도 전해듣기 위해 밤 11시 넘어서까지 전화
통을 붙들고 있었다.

브리핑 내용이 알맹이가 없다고 그냥 마음 편히 있을 순 없는 일이다.
조금이라도 방심했다가는 이튿날 아침 기다리는 건 낙종뿐이다. 타사 기

자들도 모두 지금쯤 회의에서 나온 더욱 내밀한 얘기들을 취재하기 위해 모든 정보망을 가동하고 있을 것이다. 내일자 어느 신문에 대검 참모들이 나눈 얘기가 고스란히 실리는 상황을 가정해야 한다.

수사팀의 최종 보고서에는 노 전 대통령 측의 600만 달러와 명품시계 수수 혐의 등에 대한 노 전 대통령 소환조사 내용, 박 전 회장과 정상문 전 비서관 등 관련자 조사 내용, 대통령 직무 관련성 등이 종합적으로 담긴 것으로 파악됐다. 검찰이 포괄적 뇌물 수수 혐의를 적용한다는 내용도 들려왔다.

5일 오전 조간신문은 일제히 검찰이 노 전 대통령을 포괄적 뇌물수수 혐의로 사법처리할 것이라고 보도했다. 언론은 1~2주 안에 결정될 것으로 전망했다. 다만 검찰의 방침이 서지 않았고 다양한 의견 수렴을 거쳐 영장 청구 여부가 결정될 것이라는 단서가 붙었다.

검찰총장의 결단은 늦어지고

과거 대형사건 수사에서 검찰의 소환조사는 곧 구속을 뜻했다. 거물급 피의자를 소환조사하면 곧바로 구속영장을 청구했다. 피의자가 귀가를 고집하면 긴급체포한 뒤 48시간 이내 구속영장을 청구했다. 요즘에는 중요 인사뿐만 아니라 일반 사건에서도 피의자를 소환조사하고 돌려보낸 뒤 사전구속영장을 청구해 집행하는 식으로 바뀌었다. 그렇더라도 대부분 소환조사 후 신병처리 결정에 수일이 걸리지는 않는다.

하지만 노 전 대통령에 대한 검찰의 신병처리 결정은 하염없이 늘어졌다. 언론에서는 검찰이 구속영장을 청구할 것이냐, 불구속기소할 것이냐를 놓고 다양한 분석들을 내놓았다. 검찰총장의 불구속기소 검토설設, 검찰총장과 수사팀 이견설 등 각종 억측도 나돌았다.

검찰이 아직껏 결정하지 못한채 1주일여가 흐른 5월 8일 검찰 내부통신망인 e-프로스에 눈에 띄는 글이 올라왔다. e-프로스는 검사와 직원들을 대상으로 한 검찰 내부 통신망이다.

노무현 전 대통령 수사와 관련하여 그 신병처리를 놓고 단순한 전망이 아니라 사실관계를 확인한 양 보도가 계속되고 있으므로 검찰 구성원들에게 그 진상을 알리고자 합니다.

총장님은 노 전 대통령 소환조사 후 신병문제를 신속히 결정하기 위해, 중요사건의 경우 검찰내부의 의견수렴 절차를 거쳐 합리적 결론을 도출한 기존의 예에 따라, 노 전 대통령 소환일인 4월 30일부터 검찰 내부의 의견을 수렴하기 시작하였습니다.

그러나 노 전 대통령 측에서 100만 달러의 사용처를 제출하겠다고 함으로써, 제출자료의 진위를 확인하고 권양숙 여사를 추가로 조사할 필요성이 발생하였습니다.

수사팀은 5월 4일 총장님을 비롯한 대검간부들에게 수사결과를 보고하면서 그와 같은 사실을 보고하였고, 총장님과 대검간부들은 수사팀의 추가 수사 필요성에 공감하였습니다.

이에 따라 총장님은 노 전 대통령 측의 자료제출 및 권 여사 조사 때까지

내부 의견수렴을 중단하였습니다.

통상의 경우 수사대상자가 자신의 변소를 입증하겠다면서 자료를 제출할 경우 그 자료를 제출받아 진위를 확인함은 당연한 것입니다.

위와 같이 노 전 대통령 측 요청에 의한 추가 수사 필요성으로 인하여 신병문제에 대한 결정이 순연된 것일 뿐입니다.

일부 언론에서 주장하듯이 수사팀의 수사필요성이 아닌 다른 의도를 가지고 이번 사건의 결정을 미루고 있는 것은 아닙니다.

아울러 총장님이 특정 결론을 이미 내려놓고 있다는 보도 역시 전혀 사실이 아닙니다.

일부 언론에서는 총장님이 구속영장을 청구하겠다고 말하였다고 보도하고, 또 다른 언론매체에서는 총장님이 의견수렴을 하면서 불구속 취지의 말을 하였다고 보도하였습니다. 언론마다 총장님이 가지고 있다는 결론 내용이 다릅니다.

금일에도 일부 언론은 국가정보원장이 검찰 고위관계자에게 불구속을 요청하였다는 보도를 하였습니다. 국가정보원에서 사실무근이라는 보도자료를 배포하였으므로 따로 대응자료를 내어놓지 않았습니다.

5월 4일 정례 확대간부회의에서 "검찰의 분열과 갈등을 조장하는 불순한 움직임에 부화뇌동하지 말라"는 총장님의 당부말씀을 거듭 강조하면서 이상과 같은 진상을 알려 드립니다.

2009. 5. 8. 대변인 조은석

앞서 검찰은 5일에도 조 대변인 명의로 언론보도에 반박성 해명자료를 내놓았다. 홍 기획관도 매일 브리핑에서 언론 보도에 대한 불만을 계속해서 쏟아내 왔다. 시중에 온갖 설이 난무하고 언론 보도도 예측 불가능한

쪽으로 튀자 검찰이 적극 방어에 나선 것이다.

〈노무현 전 대통령 신병관련 보도에 대한 검찰 입장〉

KBS는 5월 4일 9시뉴스에서 '검찰총장이 지난 1일 모처에서 노무현 전 대통령에 대하여 구속영장을 청구하겠다고 발언하였다'는 취지로 보도하였고, 5월 5일자 조선일보는 검찰총장이 일선 검사장들에게 '노 전 대통령을 불구속기소하겠다는 뜻을 내비쳤고, 구속영장을 청구할 경우 검찰조직 내부가 분열되고 큰일이 난다는 발언을 하였다'는 취지로 보도함. 이 보도는 사실과 다름. 검찰총장은 5월 1일 사찰 봉축행사에 참석하였을 뿐 그 누구에게도 KBS 보도와 같은 발언을 한 사실이 없음. 조선일보 보도와 같은 발언을 한 사실도 없음.

검찰총장은 노 전 대통령 수사와 관련하여 검찰 내부의 다양한 견해를 청취하고 있음. 그 과정에서, 외부 영향을 일절 배제하고 내부 의견수렴 결과를 토대로 합리적으로 노 전 대통령 처리방향을 결정할 것이므로, 비록 자신의 견해와 다른 결정이 나오더라도 검찰 전체의 결정은 하나일 수밖에 없으니 따라달라고 당부하였음. 이는 일반적인 의견수렴 과정에서 당연히 수반되는 것임.

최근 일부 언론이나 정치권에서 노 전 대통령 수사와 관련하여 그 진행상황을 잘 알지 못하면서 이러저러한 결론을 내어 놓거나 검찰 내·외부 관계자를 익명으로 인용하면서 그 처리방향 등을 추측하고 있음.

이에 대해 검찰총장은 5월 4일 정례 확대간부회에서 '검찰이 어떤 결정을 내리더라도 승복하지 않는 쪽에서는 공격과 비난을 하겠다고 벼르고 있는 상황에서 검찰이 과연 합리적이고 소신 있는 결정을 내릴 수 있을지 걱정하지 않을 수 없으며, 이러한 사회분위기는 검찰의 정치적 중립성과 수사의 독자성을 심각하게 훼손시키는 것'이라며 우려를 표시하였음.

검찰내부 의견을 수렴하는 과정에서 발생하는 다양한 의견개진을 마치 검찰 내부에 혼란과 분열이 있는 것으로 검찰을 희화화하려는 움직임에 거듭 우려를 표시하지 않을 수 없음. 보다 성숙한 사회와 국가로 진입하기 위해 검찰의 수사진행을 지켜보고 그 결정을 존중하는 분위기가 조성되기를 희망함. 검찰 역시 그렇게 되도록, 자유롭고 허심탄회하게 개진되는 내부의견을 충분히 수렴하여 검찰 독자적으로 합리적이고 소신 있는 결정을 할 것임.

2009. 5. 5. 대검찰청 대변인 조은석

며칠 뒤 조 대변인과 저녁을 함께할 기회가 있어 그에게 물었다.

"수사기획관도 오보 대응을 하고, 가끔 조 대변인도 하는데 그 차이가 뭡니까?"

"수사는 생물이잖아. 수사기획관은 수사상황 브리핑이니, 그 때까지 상황이라는 것을 전제로 한 오보 대응이지. 그러니까 미래 상황의 가변성可變性을 전제로 한 것이야."

"그럼, 대변인 명의로 나오는 해명서나 성명서는요?"

"그것은 불가변적不可變的인 것이지. 과거에도 없었고 미래에도 없을 것이라는 것을 강조하는 것이지."

"그러니까 대변인이 아니라고 하면 정말 아니라는 거군요?"

"그렇지!"

검찰은 온갖 논란과 억측을 방치할 경우 수사의 본질이 훼손될 수 있다고 판단해 조 대변인 명의로 입장을 내고 내부 통신망에 글을 올린 것으로 보인다.

당시 언론에는 "검찰총장이 다양한 경로로 의견을 수렴하고 있다."고 전

하면서 검찰의 우유부단한 태도를 지적하는 보도가 나오고 있었다. 총장이 불구속기소를 염두에 두고 수사팀과 참모들에게 '무언의 압력'을 행사하고 있다든지, 불충분한 증거로 수사팀이 무리하게 구속수사를 강행하려고 한다든지 하는 보도가 있었다. 중수부 내에서조차 구속과 불구속으로 의견이 크게 엇갈려 중수부장 방에서 고성이 오고갔다는 얘기마저 나돌았다.

조선일보는 5월 8일자 신문에서 국정원 관계자가 원세훈 국정원장의 불구속기소 의견을 임 총장에게 전달했다고 보도했다. 사실이라면 국정원의 수사 개입으로 파장이 만만치않은 사안이다. 검찰과 국정원 모두 불쾌한 반응을 보이면서 사실과 다르다고 해명했다.

임 총장이 다양한 경로로 노 전 대통령 처리 문제에 대한 의견을 취합한다는 것은 여러 경로를 통해서 파악했다. 검찰 간부들은 물론 외부 인사들에게까지 의견 수렴을 했기 때문이다. 사실 임 총장이 내외부 여론을 청취한 시기는 4월 30일 노무현 전 대통령 소환조사를 마친 이후가 아니라 그 이전이었다. 검찰이 선택할 수 있는 카드는 대략 4가지 정도. 무혐의 처리, 공소기각, 불구속기소, 구속기소가 그것이다. 임 총장은 노 전 대통령을 소환하기에 앞서 검찰이 신병처리에 대한 입장을 분명하게 세워둘 필요가 있다고 판단했다.

검찰은 노 전 대통령 소환조사 과정에서 일어날 수 있는 여러 상황을 점검하면서 노 전 대통령이 검찰의 조사방식 등을 문제 삼아 귀가하겠다고 하는 상황도 설정했다. 이 경우 검찰로서는 노 전 대통령의 신병처리 방침이 서 있어야 대응할 수 있다. 불구속기소 쪽이라면 노 전 대통령을 그냥 귀가조치하고, 구속기소 쪽이라면 바로 긴급체포해야 한다.

임 총장은 단독으로 결정할 사안이 아니라고 보고 검사장급 이상 간부 50여명 전원과 전임 검찰총장 등 외부의 의견도 물었다. 불구속기소의 의견 논리와 구속기소의 의견 논리를 설명한 뒤 어떻게 생각하느냐는 식으로 조언을 구했다.

검찰이 노 전 대통령의 신병처리를 쉽게 결정짓지 못한 건 구속기소와 불구속기소, 어느 카드를 선택하더라도 부담이 너무 큰 탓이다. 구속기소를 하자니 한편의 여론이 심상치 않을 것 같고, 불구속기소를 택하자니 검찰이 줄곧 공언한 엄정수사 원칙에 어긋난다. 자신을 검찰총장에 임명한 전직 대통령에 대한 임 총장의 인간적 고뇌도 간접적으로 작용했다는 분석이 있다.

한편으로는 노 전 대통령이 혐의를 강하게 부인하고 법적 대응을 밝히는 상황에서 법원에서 구속영장이 기각이라도 되면 상상할 수 없는 역풍逆風에 맞서야 한다.

노 전 대통령 신병 처리 문제를 놓고 여론도 확연하게 갈린 가운데 시간이 지날수록 여론은 불구속기소 쪽으로 기우는 양상이었다.

불구속기소 여론이 힘을 얻은 건 전두환·노태우 전 대통령과 비교해서 노 전 대통령의 혐의가 가볍다는 점에서였다. 광주민주화운동을 유혈진압하고 수천억의 비자금을 조성한 두 전직 대통령처럼 구속하는 건 형평에 맞지 않는다는 논리였다. 특히 노 전 대통령이 직접 600만 달러를 받은 게 아니라 모두 가족들의 일로 곤경에 처하게 됐다는 동정론도 있었다.

검찰 내부에서도 불구속기소 의견이 있었다. 불구속기소를 주장한 측은 노 전 대통령이 직접 금품을 받은 정황이 없는 만큼 기소하더라도 법원에서 무죄로 판결날 가능성을 배제할 수 없다고 봤다. 굳이 법원 판단을 받아보겠다면 불구속기소해야 한다는 주장이었다.

검찰이 지나치게 많은 변수를 고려하고 있다는 지적도 나왔다. 검사들은 '수사는 생물'이라고 자주 말한다. 어느 정도 과정과 결과가 예측되었던 사건도 수사과정에서 어떤 돌발변수가 발생해 어떻게 흘러갈지 속단할 수 없다는 뜻이다.

수사에는 흐름이 있다. 특히 대형사건에서 여론의 흐름이 검찰에 역류할 경우 수사는 실패하기 십상이다. 검찰 수사를 여론이 지지하거나, 최소한 비난하지 않을 정도의 분위기라야 수사가 탄력을 받을 수 있다. 그때에는 바로 흐름을 타고 수사를 밀고 나가야 한다. 법과 원칙대로 밀고 나가는 게 기본이다. 주춤주춤 이것저것 재는 사이 여론이 바뀔 수 있다. 좌고우면할 경우 정치적 판단이 개입할 여지가 커지고 여론의 역풍을 맞게 된다.

4월 30일 노 전 대통령을 소환조사한 이후 검찰 수사는 제자리를 맴돌고 있는 양상이었다. 노 전 대통령 소환날짜가 우연찮게 4·29 재보선 하루 뒤라는 점도 의혹을 사고 있었다. 최종 신병 결정을 놓고서도 수사팀 의견보다 검찰 지도부와 여론 동향에 의해 결정될 것이라는 소문도 돌았다.

노 전 대통령 소환조사를 계기로 검찰과 언론은 긴장관계였다. 홍 기획관은 브리핑 때마다 언론사를 직접 거론하면서 보도에 적극 대응했다.

5월 12일 브리핑도 그렇게 진행됐다. 브리핑은 홍 기획관이 1~2분 정도 발언하고 질의응답을 하는 식으로 이뤄졌다. 이날 홍 기획관의 발언은 언론보도에 섭섭한 감정을 토로한 내용이었다.

"신문들을 보니까, 속이 상하는 부분이 있습니다. 법조 출입기자인지 모르지만 검사들이 기분 나빠하는 기사가 있어서 말해야겠다고 생각했습니다. 일각에선 전직 대통령을 상대로 수사가 부실하다고 지적하면서 '노 전 대통령 신병처리 문제가 길어지는 것과 관련해서 함량 미달 수사를 해 놓고 구속여부를 따지는 게 논리적 모순이다.'라고 하던데, 함량 미달 수사는 너무 심하고 거친 표현 아니냐는 생각이 듭니다. 수사 시작 후 매일 얼굴보고 있는데, 팩트로 비난하는 것은 좋으나 아직 결과도 모르는데 이런 내용은 심한 표현이 아닌가 생각합니다. 이런 내용도 적절히 우리 입장 고려해서 순화된 표현으로 해야 하지 않나 생각합니다. 함량 미달은 좀, 서로 간 예의를 갖추자는 의미로 말했습니다."

사실 검찰로서는 나름대로 노 전 대통령을 옴짝달싹 못하게 할만한 새로운 증거를 찾아낸 상태였다. 노 전 대통령 측이 박 전 회장에게서 600만 달러 외에 추가로 수십만 달러를 받은 정황이 포착됐다. 국내에서 태광실업 직원들 명의로 환전돼 2007년 6월 건네진 100만 달러와는 다른 금액이 홍콩 APC 계좌에서 자금세탁 과정을 거쳐 미국 계좌로 들어갔다는 것이다. 검찰이 이 팩트를 확보하기 위해 의도적으로 노 전 대통령 신병처리를 늦추며 시간을 번 흔적은 보이지 않는다.

액수는 40만 달러로 미국 뉴욕 허드슨클럽 고가주택과 관련됐다는 사실이 얼마 지나지 않아 밝혀져 여론이 노 전 대통령 측에 등을 돌리게 되는 결정적인 계기로 작용하게 된다. 결국 사실이라면 노 전 대통령 측은 총 640만 달러를 박연차 전 회장에게서 받은 셈이 된다.

검찰은 이를 확인하기 위해 5월 11일 이미 노 전 대통령의 딸 정연씨와 사위를 소환조사했다. 박연차 게이트 수사는 새로운 변곡점을 맞아 새 방향으로 움직여 가고 있었다.

이 무렵 노 전 대통령의 상황은 참담했다. 검찰의 신병처리 결정이 지연되면서 당시 노 전 대통령이 스스로에게 느꼈던 좌절감은 우리의 상상 이상으로 컸던 것으로 서거 후 대중에게 알려지게 됐다. 특히 자신을 타깃으로 다가오는 검찰의 칼날에 하나둘씩 스러지는 측근들을 지켜보면서 아무것도 할 수 없는 무력감에 미안한 마음을 자주 내비쳤다고 주변인들이 전했다. 서거 직전에는 거의 식사도 하지 못한 채 비서진과 대화도 피하고 집무실에서 칩거蟄居했던 것으로 알려졌다.

10장

노 전 대통령 '40만 달러'
수렁에 빠지다

2009년 5월 13일 ~ 5월 22일

흐름을 뒤바꾼 '허드슨클럽' 의혹

"전직 대통령을 소환조사한 지 열흘이 지났는데 아직도 결정을 못하는 게 말이 돼?"

"임 총장 스타일 때문 아닐까? 신중에 신중을 기하는 성격이잖아. 오죽하면 다들 '임걱정'이라고 부르겠어?"

"전직 대통령 예우도 고려해야겠지. 노 전 대통령이 500만 달러와 100만 달러를 직접 받았다는 증거도 없고……. 애매하지. 좀 더 확실한 게 있으면 결정이 쉬울 텐데 말이야."

기자들도 진행 상황을 놓고 설왕설래했다. 이미 노무현 전 대통령의 소환조사까지 마친 상태에서 새로운 의혹이 튀어나올 것이라고는 아무도 예상하지 못했다. 세종증권 매각비리 수사를 시작으로 대통령의 형 구속, 조카사위 계좌의 500만 달러, 100만 달러 추가 의혹 등 매 등성이를 넘으며 검찰로서는 샅샅이 훑어 왔다.

노 전 대통령 신병처리를 결정 못해 안팎의 비난이 커지는 상황에서 검찰이 '카운터 펀치'를 숨겨놓고 있을 여지는 거의 없었다. 오히려 진작에 새 혐의사실이 드러났더라면 검찰의 결정도 쉬웠을 것이다.

5월 12일 오후 브리핑에서 처음 모습을 드러낸 40만 달러의 '새로운 돈'은 그만큼 예상치 못한 새로운 팩트였다.

"노 전 대통령 수사 관련해서 장고한다는 얘기가 있는데요……."

홍만표 기획관이 운을 뗐다. 그리고 노 전 대통령 측이 박연차 전 태광실업 회장한테서 추가로 받은 돈의 흔적이 포착됐다고 전했다. 홍 기획관의 짧은 브리핑과 '선문답'에 가까운 질의·응답을 통해 기자들이 그린 그림은 '기존에 알려진 600만 달러와는 별개이고, 2007년 9월 홍콩 APC 계좌에서 빠져나와 세탁과정을 거쳐서 미국 계좌로 들어갔다.'는 구도였다.

검찰은 전날 노 전 대통령의 딸 정연씨와 사위 곽상언 변호사를 불러 밤 12시까지 조사했다. 정상문 전 비서관과 박 전 회장한테도 진술을 받은 것으로 보였다. 정 전 비서관이 큰 역할을 한 것으로 검찰은 보고 있고 정연씨 부부가 자금거래 사실을 일부 인정했을 것이라는 느낌을 검찰

관계자들의 반응에서 읽어낼 수 있었다.

시간 순서대로 재구성하면 검찰은 박 전 회장의 홍콩 APC 계좌에서 의심스러운 이체 내역이 추가로 나오자 박 전 회장과 정 전 비서관을 불러 진술을 확보하고 곧바로 정연씨 부부를 소환조사한 셈이다.

'새로운 팩트가 노 전 대통령 쪽을 강하게 압박하겠구나!'

충분히 앞으로의 전개상황을 그려볼 수 있었다. 구속기소와 불구속기소 의견이 팽팽히 맞선 상황에서 여론이 급반전되는 계기가 될 것이 분명했다.

그동안의 철저한 검찰 수사에도 600만 달러를 노 전 대통령이 직접 받은 흔적은 찾지 못했다. 노 전 대통령이 돈 거래를 알았을 것이라는 전제 아래 이뤄져 온 수사다. 가족에게 돈이 건네진 사실을 대통령 임기 중에 알았는지가 쟁점이었다. 노 전 대통령이 이를 알았다면 대통령 직무와 관련지어 포괄적 뇌물수수 혐의를 적용할 수 있다. 사안의 민감성을 감안한 듯 홍 기획관은 40만 달러를 노 전 대통령과 연관짓는 것에 아주 조심스러운 태도를 보였다.

"새로 나온 자금과 관련한 피의자는 노 전 대통령입니까?"

"지켜봅시다. 권 여사를 조사하기 전에 말하는 건 부적절합니다."

"지금까지 총 600만 달러에 추가로 '플러스 알파'가 나온 건데 노 전 대통령 신병처리 결정에 유의미한 단서가 되는 것 아닌가요?"

"신병처리를 아직 결정하지 않아서……. 나름대로 의미 있는 부분이 아닌가 보고 있습니다."

"노 전 대통령 재소환 필요성도 있습니까?"

"그건 두고 봅시다. 권 여사 재소환한 뒤에…….."

"필요성이 전혀 없지는 않다는 의미로 받아들여도 됩니까?"

"두고 봅시다. 아직 말하기에는……."

이날 태광실업 세무조사 무마대책회의 참석자로 알려진 박 전 회장의 사돈 김정복 전 보훈처장이 처음 검찰에 소환됐으나 주목을 받지 못했다. '40만 달러' 의혹에 묻히고 말았다. 전날까지 노 전 대통령 신병처리 지연을 놓고서 이렇게 써보고 저렇게 써보던 기자들은 40만 달러의 용처와 성격에 모든 신경을 집중했다.

의혹을 키운 정연씨의 주장

5월 13일 상황은 한결 급박해졌다. 자체 취재와 일부 언론 보도, 검찰 브리핑을 통해 문제의 40만 달러가 노 전 대통령 가족이 미국 뉴저지주에 있는 주택을 구입하려는 데 쓰인 사실이 드러난 것이다. '허드슨클럽'이란 이름의 이 아파트는 허드슨강 건너 뉴욕 맨해튼 엠파이어스테이트 빌딩이 보이는 전망 좋은 곳에 자리 잡고 있다. 노 전 대통령 측이 구입한 허드슨 클럽 400호는 4층 꼭대기로 침실 3개, 거실, 식당이 달린 복식 구조다. 가격은 160만 달러 정도라고 했다.

홍 기획관은 브리핑을 통해 정연씨가 추가로 받은 박 전 회장 돈 40만 달러가 아파트 계약금 45만 달러 지불에 쓰였다고 밝혔다. 이 계약서만 검찰이 확보하면 '승부'는 사실상 끝나는 셈이다. 하지만 상황은 검찰 뜻대로 그렇게 순조롭게 진행되지 않았다.

정연씨는 검찰 조사에서 "계약서 원본을 찢어버렸다."고 했다. 계약금만 지불한 상태에서 더 이상 아파트 구입에 진척이 없었다는 게 정연씨 주장이었다. "계약금을 돌려받지 않아 계약은 파기되지 않았고 그냥 홀드(정지)된 상태"라는 정연씨 진술에 검찰은 곤혹스러워했다.

계약서에는 진짜 계약자가 누구이고 계약금을 치른 날짜, 잔금을 치르기로 한 날 등이 명확히 적혀 있을 터이다. 정연씨 말대로 계약서가 사라졌다면 검찰은 문제의 40만 달러가 아파트 구입에 실제 쓰였는지를 확인할 수 없다.

2007년 계약서 작성 이후 2년 가까이 계약이 변동 없이 진행중이란 정연씨 측 해명은 설득력이 부족해 보였다.

"잔금 115만 달러는 어떻게 조달하려고 했습니까?"(검사)

"어머니(권 여사를 지칭)가 주실 것으로 기대했어요."(정연씨)

정연씨 조사에서 뚜렷한 성과를 내지 못한 검찰은 다른 경로로 계약서를 입수하는 작업에 착수했다. 당시 계약을 도와준 미국 현지 부동산 중개업자가 보관중인 것으로 알려진 계약서 사본 확보에 나섰다. 미국인 중개업자가 한국 검찰을 믿고 그냥 내주면 다행이지만, 그렇지 않을 경우 미국 정부에 형사사법공조를 요청해야 하는 까다로운 절차를 거쳐야 했다.

권 여사는 2007년 왜 미국에 집을 사려고 했을까.

노 전 대통령 측 인사는 언론 인터뷰에서 "권 여사가 딸 정연씨를 통해 아들 건호씨 몫의 주택을 계약하려 했다."면서 "당시 권 여사는 미국에서

MBA 과정을 밟고 있던 건호씨가 한국보다 미국에서 사는 게 낫다고 판단한 것 같다."고 말했다. 전두환, 김영삼, 김대중 등 역대 대통령 아들들의 고난을 지켜본 권 여사는 노 전 대통령 퇴임 후 건호씨가 전직 대통령 아들이라는 '짐'을 평생 짊어지고 살아야 하는 상황을 염려한 듯하다.

마침 뉴저지주는 건호씨가 유학 때문에 휴직한 LG전자 미국 본사가 있는 곳이다. 계약금 45만 달러만 해결해주면 나머지 돈은 건호씨가 복직한 뒤 직장에 다니며 갚아나갈 수 있을 것으로 판단했다고 한다. 노 전 대통령 측은 "건호씨가 주택 구입에 반대했고, 유학이 끝난 뒤 뉴저지가 아닌 샌디에이고로 발령나는 바람에 결국 계약이 무산됐다."고 해명했다.

그런데 검찰이 새롭게 확인했다고 밝힌 40만 달러의 출처를 놓고 신경전이 벌어졌다. 노 전 대통령 측은 "40만 달러가 앞서 박 전 회장이 정상문 비서관을 통해 권 여사에게 보낸 100만 달러의 일부"라고 주장했다. 노 전 대통령 가족이 박 전 회장한테 받은 돈의 총액은 600만 달러일 뿐이고 '플러스 알파'는 없다는 것이다.

검찰은 이를 일축했다. 검찰은 40만 달러가 홍콩 APC계좌에서 미국 계좌로 바로 이체된 점을 들어 노 전 대통령 측을 반박했다.

"40만 달러 이야기가 나오기 전에 노 전 대통령 측이 100만 달러 사용처를 검찰에 제출하며 돈을 모두 국내에서 받았다고 설명했습니다. 그럼 홍콩에서 미국으로 바로 건너간 40만 달러는 어떻게 설명하죠? (40만 달러가 100만 달러에 포함된다고 치면) 국내에서 받은 돈이 60만 달러라는 것인데 '100만 달러를 받았다'는 처음 진술과 모순이 아닙니까?"

논리적으로 노 전 대통령 진영이 군색하다. "계약서 원본을 찢었다."는 정연씨 진술은 노 전 대통령 측에 불리하면 불리했지 유리한 건 결코 아니었다. 문재인 변호사가 직접 해명에 나섰다.

"박 전 회장이나 권 여사가 앞서 100만 달러를 모두 국내에서 받았다고 했기 때문에 40만 달러 부분을 추가 수수라고 의심할 만합니다. 하지만 박 전 회장이 검찰에서 100만 달러를 모두 국내에서 전달한 것처럼 진술한 뒤라서 권 여사도 해외 송금 부분을 먼저 말할 수 없는 처지였습니다. 해외송금 건에 딸까지 관련돼 있어 더욱 밝히기 어려웠던 것 같습니다."

검찰은 40만 달러가 앞서 나온 100만 달러와 별개 자금이란 확신을 굳힌 듯 했다. 상황은 노 전 대통령에게 매우 불리하게 돌아갔다.

5월 13일 밤 일부 방송사는 "노 전 대통령이 소환 당시 박 전 회장한테 회갑 선물로 받은 1억원 짜리 명품시계에 대해 '집사람(권 여사를 지칭)이 봉하마을 논두렁에 버렸다.'고 진술했다."고 보도했다. 검찰은 "공식적으로 확인해 줄 수 없다."고 했다. 노 전 대통령 측은 "논두렁을 언급한 바 없다."며 "검찰이 언론 플레이를 한다."고 분개했다.

일부 네티즌은 "주말에 보석 박힌 시계 찾으러 봉하마을에나 가자."는 식의 글을 올렸다. '봉하마을 시계원정대' 같은 패러디물이 인터넷에 봇물을 이뤘다.

5월 15일 민유태 전주지검장이 검찰에 소환됐다. 2008년 베트남 출장 당시 베트남에서 기업체를 운영하는 박 전 회장 측으로부터 금품을 받은 혐의였다. 민 검사장은 부산지검 동부지청에서 일하던 1990년대 마약 사건에 연루된 박 전 회장과 '검사 대 피의자'로 처음 만났다. 두 사람은 결국 나란히 검사 앞에 서는 참담한 운명의 주인공이 된다. 마침 '박연차 게이트' 수사를 지휘하는 이인규 대검찰청 중앙수사부장은 민 검사장과 사법연수원 14기 동기다. 초임 시절 부산지검 동부지청에 함께 근무한 인연도 있는 이 부장은 '피내사자' 신분으로 불려온 동기에게 차 한 잔을 대접했다.

검찰의 민 검사장 소환조사는 사건 '본류'인 노 전 대통령 수사가 마무리 단계라는 판단에 따라 남은 '잔가지' 쳐내기로 풀이됐다. 2개월여 숨 가쁘게 달려온 검찰은 이제 '박연차 게이트' 대단원의 막을 내리려는 듯 보였다. 하지만 노 전 대통령을 둘러싼 40만 달러의 미스터리가 검찰 발목을 붙들고 있었다.

허드슨클럽 의혹은 명쾌하게 풀릴 기미가 안 보였다. 권 여사는 2007년 6월 박 전 회장한테서 100만 달러를 받기 1~2개월 전 미국에 있는 정연씨에게 20만 달러를 송금한 적이 있다. 검찰이 추가로 받았다고 밝힌 박 전 회장 돈 40만 달러에 100만 달러까지 더하면 총 160만 달러가 된다. 허드슨클럽 400호 가격과 똑같다. 자연스럽게 노 전 대통령 측이 잔금까지 치르고 아파트 구입을 완료했을 것이란 의심을 사게 됐다. 160만 달러라는 액수의 일치는 그저 우연이었을까.

평행선을 달린 40만 달러의 실체

허드슨클럽 미스터리는 미국 부동산 중개업자의 계약서 사본을 검찰이 빨리 확보해야 풀릴 듯 했다. 검찰은 5월 17일까지도 이를 수중에 넣지 못했다. 해당 미국인과 연락조차 두절된 상태라고 했다. 브리핑 때마다 홍 기획관의 얼굴에서 조금씩 초조함이 묻어나기 시작했다.

"이번 주 내로 권 여사 소환일정 조율과 노 전 대통령 신병처리 결정됩니까?"

"단정 못 합니다. 그렇다고 계약서 사본 확보를 마냥 기다릴 순 없고……. 나름대로 대안을 강구하고 있으니 조금만 기다려 보시죠."

미스터리의 발단이 된 40만 달러 문제가 불거진 뒤 검찰과 노 전 대통령 측은 계속 평행선을 내달렸다. 검찰은 "새로 등장한 40만 달러가 기존 100만 달러의 일부라는 게 노 전 대통령 측 입장이니, 앞서 검찰에 낸 100만 달러 사용처를 다시 정리해서 내면 수사에 참고하겠다."고 거듭 밝혔다. 노 전 대통령 측은 "40만 달러가 100만 달러의 일부라는 입장에 변화가 없으며, 사용처를 다시 정리해서 내달라는 요청을 검찰에게 받은 적도 없다."고 맞섰다.

5월 18일 여느 날처럼 홍 기획관이 브리핑을 위해 기자들 앞에 섰다. 이날 처음으로 노 전 대통령 측이 건호씨 집을 뉴욕이 아닌 다른 곳에서도 구하려 했던 사실이 공개되었다.

"미국 서부에도 건호씨 집을 차명으로 구입하려 한 것을 염두에 두고 수사합니까?"

"초창기 서부에 건호씨의 집을 구하려는 시도가 있었던 것은 맞습니다. 실제로 구입했는지는 확인이 안 됩니다. 다만 박 전 회장 관련성을 비춰보고 돈 액수를 따져보면 양쪽 다 구입하려한 것은 아닌 것으로 판단됩니다."

"미국 아파트 계약서 사본 확보에 시간이 오래 걸리는데 이번 수사에 큰 의미가 있나요?"

"없습니다."

"아파트의 원래 주인이 계약 상대방인 정연씨가 한국 대통령의 딸인 걸 알았나요?"

"중간에 한국계 미국인이 있었기 때문에 알고 있었을 것 같습니다."

"노 전 대통령 측에서 100만 달러 사용처를 다시 제출한다고 하나요?"

"40만 달러가 나온 이후 그쪽과 통화 안 해봤습니다."

40만 달러와 허드슨클럽을 둘러싼 미스터리가 풀릴 기미를 보이지 않는 가운데 검찰의 수사 초점은 이제 노 전 대통령을 떠나 천신일 세중나모여행 회장 쪽에 집중되기 시작했다.

이명박 대통령의 대학 친구인 천 회장은 검찰 입장에선 만만치 않은 타깃이었다. 혐의를 완전히 부인한 것은 물론 건강을 이유로 소환에도 호락호락 응하지 않았다. 조사가 끝난 뒤 검사가 작성한 피의자 신문조서를 검토할 때엔 너무 꼼꼼히 들여다보느라 시간을 오래 끌어 검사들 애를 태웠다. 검찰은 천 회장에 대한 영장을 24일 청구할 계획이었다.

22일 밤 홍 기획관이 예고도 없이 기자실을 찾았다. 그는 퇴근하지 않고 있던 기자들이 "내일 일정이 뭐냐?"고 묻자 "좀 쉬어야겠다."고 말했다. 24일 영장 청구 전까지는 특별한 상황 변동이 없다는 뜻이다. 하지만 몇 시간 뒤 한국 현대사를 뒤흔들 사건이 벌어질 걸 어느 누구도 예상하지 못했다.

3부

그리고
역사 속으로…

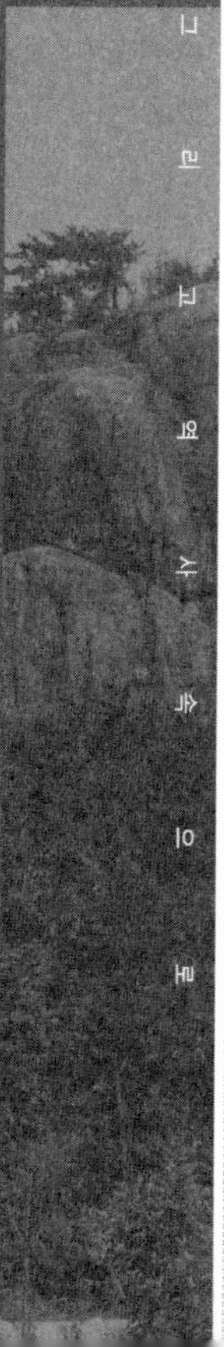

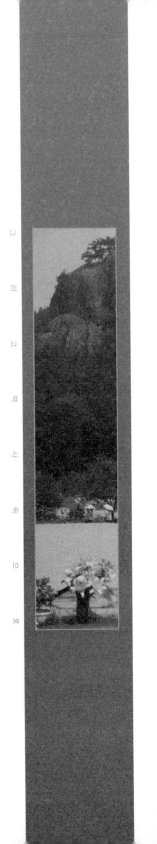

동강의 봄꽃 여행

1장

누가 그를 죽음으로 내몰았나?

2009년 6월 1일 ~ 6월 8일

서거 후폭풍, 검찰책임론 부상

거대한 폭풍우가 휩쓸고 지나간 거리 같았다. 노무현 전 대통령 국민장이 끝난 뒤 서울 서초동 대검찰청 청사는 절간처럼 고요했다.

이인규 중앙수사부장, 홍만표 수사기획관, 우병우 중수1과장 등 수사팀 요원들은 언론과 접촉을 완전히 끊었다. 한때 취재진으로 발 디딜 틈도 없던 대검찰청 별관 1층 기자실은 언제 그런 일이 있었냐는 듯 적막했다.

누가 노 전 대통령을 죽음으로 내몰았나? 정치권과 시민사회는 책임론

공방으로 뜨거웠다. 일가족을 전부 소환조사하는 등 노 전 대통령 주변을 이 잡듯 샅샅이 뒤져 막다른 골목으로 상황을 몰아갔다는 검찰 책임론이 제기됐다.

> 그간 검찰이 너무도 가혹하게 수사를 했다. 노 대통령, 부인, 아들, 딸, 형, 조카사위 등 마치 소탕작전을 하듯 공격했다. 매일 같이 수사기밀 발표가 금지된 법을 어기며 언론플레이를 했다. 그리고 노 대통령 신병을 구속하느니 마느니 등 심리적 압박을 계속했다. 결국 노 대통령의 자살은 강요된 거나 마찬가지다.
>
> 故 김대중 전 대통령의 5월 23일 일기 중

일부 신문은 박연차 게이트 수사과정이 피의자 인권보호 측면에서 적절했는지, 문제점은 없었는지를 짚어보는 기사를 실었다. 검찰 수사관행을 꼬집는 기사도 줄을 이었다.

6월 1일. 새 달을 맞이하는 동시에 노 전 대통령 국민장을 마무리하고 맞는 첫 월요일이다. 시계바늘이 오전 10시를 가리킬 즈음 대검 8층 대회의실로 굳은 표정의 검사들이 속속 모여들었다. 임채진 검찰총장이 주재하는 확대간부회의 참석을 위해서다.

총장, 차장, 부장, 과장, 연구관 등 대검에서 근무하는 검사 전원을 포함해 모두 74명이 참석한 이날 회의 분위기는 무겁게 가라앉았다. 이인규 부장, 홍만표 기획관, 우병우 과장 등 중수부 수사팀의 얼굴은 납덩이처럼 굳어 있었다. 아무리 법대로, 원칙대로 수사했다고 내세우더라도, 수사 과정에서의 논란이나 비극적인 결말을 생각한다면 수사팀으로서도 얼굴을 들기 어려운 상황이었다. 침통한 표정의 홍 기획관이 먼저 입을 열었다.

"관련자 진술, 계좌추적 결과 등 철저하게 증거와 상식에 입각해 수사를 진행해 왔습니다. 소환조사 등 일련의 과정에서 전직 대통령에 대한 예우를 최대한 갖췄는데도 불구하고 이런 상상할 수 없는 변고가 일어나 참으로 황망할 따름입니다."

홍 기획관의 말이 끝나자 여기저기서 검찰 책임론을 반박하는 말이 쏟아졌다. 발언 도중 자신도 모르게 흥분해 언성을 높인 경우도 있었다.

"수사 도중 전직 대통령이 서거한 건 안타깝고 유감스러운 일입니다. 그렇다고 이번 수사의 당위성과 정당성이 손상돼선 안 됩니다."

"일각에서 제기하는 검찰 책임론을 보면 정확한 사실관계도 모르면서 검찰을 무작정 비난하는 경우가 많습니다. 진상을 정확히 알릴 필요가 있습니다."

"언론의 과잉경쟁과 오보 양산을 막기 위해 매일 브리핑을 한 게 결과적으로는 독이 된 것 같습니다. 이제 검찰 수사에 대한 언론의 보도관행에도 문제 제기가 필요합니다."

격론이 오간 탓에 회의는 점심시간을 훌쩍 넘겨 오후 1시까지 이어졌다. 조은석 대검 대변인이 3시간에 이르는 '마라톤' 회의 결과를 알리려고 기자실을 찾았다.

"노 전 대통령 서거로 이번 수사 정당성이 훼손돼선 안 된다는 데 의견이 모아졌습니다. 수사팀은 앞으로 박연차 회장 관련 나머지 수사를 신속하고 엄정히 진행할 것입니다."

일부 검사는 언론의 보도 태도가 갑자기 바뀌었다며 불만을 드러내기도 했다. 노무현정부의 도덕성과 개혁성을 뿌리째 뒤흔든 박연차 게이트를 준엄하게 꾸짖던 언론이 국민적 추모 분위기에 휩쓸려 검찰로 화살을 돌리고 있다는 불만이었다. 한 검찰 간부의 말에는 언론에 대한 검찰의 섭섭함과 배신감이 그대로 드러났다.

"기자들이 너무한다는 생각이 들어. 어찌 보면 이게 검찰과 언론이 어깨동무를 하고 '2인 3각' 달리기 경기를 해온 것이거든. 그런데 둘 중 한 사람의 힘이 확 빠지니까 옆에 있던 사람이 갑자기 비수를 꺼내들어 자기 파트너의 옆구리를 '쿡' 찌른 셈이야."

수사브리핑 제도와 언론책임론

이 간부의 말처럼 언론도 당연히 책임론에서 벗어날 수 없었다.

야권을 중심으로 한 정치권과 시민단체는 언론도 검찰이 밝힌 노 전 대통령의 피의사실을 그대로 옮겨 쓰고 확대 재생산한 책임이 있다고 지적했다. 외부 지적과 상관없이 언론사 내부와 기자들 사이에서도 박연차 게이트 보도가 적절했는지 자성하는 분위기였다.

기자들은 검찰청사나 서초동 거리에서 아는 검사라도 만나면 "우린 '공

법무부는 노무현 전 대통령 죽음의 원인으로 지목된 검찰 수사 브리핑 관행을 개선하기 위해 '수사공보제도 개선위원회'를 출범시켰다. 2009년 6월 22일 열린 위원 위촉식에는 김경한 법무부 장관(앞줄 오른쪽에서 4번째)도 직접 참석했다.

범' 아니냐?"며 쓴웃음을 짓곤 했다. 물론 법정에서 검찰과 피고인이 치열하게 공방을 벌이면서 진실을 파악해 가는 공판중심주의가 정착되지 않은 우리나라 현실에서 검찰 위주의 취재관행은 불가피한 것 아니냐는 자위의 목소리도 있었다.

법무부는 언론 책임론이 제기되는 것에 발맞춰 수사 브리핑 개선에 나섰다. 수사과정에서 지나치게 세세한 브리핑으로 피의자 권리를 침해하고 있다는 지적을 받아들이는 모양새였으나 결과적으로 언론과 책임을 나누려는 것처럼 비쳤다. 법무부는 6월 2일 피의자 등 인권보호를 위해 '수사공보公報제도 개선위원회'를 설치하겠다고 공식 발표했다.

"박연차 전 회장의 정관계 로비사건 수사와 관련해 검찰의 수사 브리핑 관행을 개선해야 한다는 지적이 있었잖습니까? 수사상황 유출과 보도로

인한 인권침해를 막을 근본적 대책 수립이 필요합니다."

김주현 법무부 대변인이 위원회 설치 이유를 설명했다. 구체적으로 적시하지 않았지만 '노 전 대통령이 박 회장한테 환갑 선물로 억대 명품시계를 받았다', '검찰 수사가 시작된 뒤 시계를 논두렁에 버렸다'는 등 봉하마을의 감정을 자극한 보도를 의식한 듯 했다.

위원회에는 학계, 법조계, 언론계 인사가 두루 들어갔다. 성낙인·양승목 서울대 교수, 하태훈 고려대 교수, 임양운 변호사, 이태종 인천지법 수석부장판사, 남기춘 대검 공판송무부장, 이창민 법조언론인클럽 회장, 이정봉 한국방송협회 사무총장, 김민배 조선일보 부국장, 오태규 한겨레 논설위원, 심석태 SBS 기자 등이 이름을 올렸다. 위원장 자리는 한국법학교수회장이기도 한 성낙인 교수가 맡았다.

박연차 사건이 신문지면에서 사라지고 한참 뒤인 9월 2일 위원회 결과물이 윤곽을 드러냈다. 구두로 하던 브리핑을 서면 보도자료로 대체한다는 게 핵심이었다. 예전처럼 검사와 기자가 얼굴을 맞대고 일문일답으로 하는 브리핑을 자제하겠다는 뜻이다.

사실 브리핑 제도는 검찰이 언론의 일방적인 요구를 마지못해 받아들여 도입된 건 아니다. 브리핑 제도는 검찰과 수사검사에게도 여러모로 편리하다. 수십 명을 한꺼번에 상대하면서 취재에 응하는 만큼 기자들과 일일이 1대1로 만나 똑같은 말을 앵무새처럼 되풀이하는 불편을 겪지 않아도 된다. 그만큼 시간과 비용을 절약할 수 있다.

브리핑을 통해 검찰이 뭐가 잘못된 보도인지 선을 그어주면 언론 보도의 방향이 비교적 튀지를 않는다. 브리핑이 없다면 각 언론 보도가 중구

난방으로 나오면서 수사에 혼선이 빚어질 수 있다. 보도가 제각각 터져 나오면 해명에 급급할 수밖에 없다.

특수수사에 정통한 검사들은 언론을 뒤쫓아가는 수사는 실패한다는 사실을 잘 알고 있다. 그렇게 보면 수사 브리핑은 검찰이나 언론 양측의 필요에 의해서 이뤄지는 것이다. 그런데도 검찰은 기자들을 향해 "피의사실을 매일 생중계한다."고 푸념했다.

물론 수사가 끝날 때까지 보도를 유예하고 검찰이 기소하는 단계에 수사결과를 발표하는 방안이 있다. 이른바 '엠바고'로 묶어두는 것이다. 검찰이나 언론 모두가 피의사실 공표의 위험한 줄타기를 하지 않아도 된다. 상당수 사건에서 각 언론사가 검찰의 엠바고 요청을 받아들여 보도를 자제하다가 검찰의 발표 시점에 맞춰 기사화하고 있다.

하지만 정치인이나 고위 공직자, 대기업 간부 등이 연루된 이른바 권력형 비리, 즉 '게이트' 사건은 이야기가 달라진다. 국민적 의혹이 집중된 사건에서 언론이 검찰 수사결과 발표 때까지 손을 놓고 지켜볼 수만은 없는 일이다. 권력형 비리의 경우 예외 없이 조사 대상에 오른 거물급 인사들은 유력 변호인단을 선임하는 한편 온갖 방법을 동원해 사건 본질을 훼손하려고 한다. 살기 위한 치열한 '구명救命 로비', '무마 로비'가 펼쳐지기 마련이다. 공적 인물의 비리에 엄격한 기준을 적용해 우리 사회가 맑고 투명해지도록 하는 감시견watch dog 역할은 언론의 숙명이다.

노 전 대통령 서거 이후 검찰에서 사라진 수사 브리핑은 우여곡절 끝에 계속 유지되기는 했지만, 형식과 내용은 과거와 완전히 바뀌었다.

이인규 중수부장의 '잔인한 여름'

검찰은 '책임론에 개의치 않고 정면 돌파하겠다'는 의지를 밝혔지만 안팎의 상황은 여의치 않았다. 검찰 책임론은 검찰을 더욱 구석으로 몰아갔다. 검찰 내부에서도 자성론이 일었다.

노 전 대통령의 측근으로 참여정부 시절 청와대 대변인을 지낸 천호선 씨는 "중수부 수사팀을 피의사실공표 등 혐의로 형사처벌해야 한다."고 목소리를 높였다. "이번 사태를 계기로 말도 많고 탈도 많은 대검 중수부를 아예 폐지하자!"는 주장도 나왔다.

책임론을 불식하려면 노 전 대통령에 대한 검찰 수사가 정당했음을 검찰은 입증해야 한다. 이를 위해선 그간의 수사 내용을 공개할 필요가 있었다. 수사과정에서 제기된 일부 지적을 받아들여 자잘한 매를 감수하더라도 뇌물사건이라는 수사 본질이 바뀔 수 없다는 게 검찰 입장이었다.

"노 전 대통령 수사에 대한 정확한 정보가 일반에 제공되지 않다보니 사실관계를 오해한 채 검찰만 비난하는 경우가 많다. 적절한 방식으로 진상을 알려야 한다."

6월 1일 열린 대검 확대간부회의에서도 이런 의견이 제기됐다. 검찰은 노 전 대통령 수사내용 공개 여부와 수위를 놓고 장고에 들어갔다.

검찰 내부에서 가장 운신의 폭이 좁은 사람은 이인규 중수부장일 수밖에 없었다. 검찰 안팎에서 이런저런 소문도 나돌았다. 그가 노 전 대통령 서거 후에도 '강경론'을 굽히지 않고 수사 확대를 고집해 검찰 지휘부와 갈

등을 빚고 있다는 의혹까지 받았다.

이 부장은 노 전 대통령 신병처리 논의 과정에서 구속수사 의견을 개진한 것으로 알려졌다. 중수부장실에서 수사팀과 회의 도중 한 검사가 영장청구에 반대 입장을 밝히자 "반드시 영장을 청구해야 한다."고 버럭 화를 내 목소리가 사무실 밖까지 들렸다는 소문까지 있다.

이 부장이 수사 확대를 추진한 흔적은 여러 곳에서 감지된다. 5개월간 수사를 진행해 온 중수부 책임자였으니 그럴 수 있는 반응이었다.

"회의 시간에 임채진 총장이 (노 전 대통령에 대한) 불구속기소 의견을 조심스럽게 밝혔대요. 다른 참모들은 대부분 동의했는데 이 중수부장만은 '좀 더 시간이 필요하다. 수사할 시간을 달라.'며 반대했다더군요. 노 전 대통령 서거 후에도 더욱 강력한 수사를 요구했다고 들었어요. 뚝심이라고 해야 할지……."

사실 특별한 사정이 없는데도 자신이 수사한 피의자를 구속기소하지 말고 불구속기소하자는 의견을 좋아할 수사검사는 없다. 피의자에게 정상을 참작할만한 딱한 사정이 있다든지, 선처할 여지가 있거나 유사 사건에 비해 혐의가 아주 가볍다든지 하는 사정이 없는데도 구속기소를 택하지 못한다면 수사 자체가 미진하다는 것밖에 안된다. 수사검사 스스로가 자기 사건의 정당성을 부인하는 것과 마찬가지다.

대검 중수부가 노 전 대통령 수사내용을 전면 공개하고 2007년 여·야 대선자금 문제 등 다른 분야로 수사를 확대할 것이란 분석기사가 나오기 시작했다. 천신일 세중나모여행 회장의 구속영장이 법원에서 기각된 직후인 6월 3일 임채진 검찰총장이 사퇴의사를 밝혀 검찰 내부가 가뜩이나 어

수선한 분위기였다. 결국 논란의 중심에 선 이 부장이 직접 나섰다. 노 전 대통령 서거 후 언론과 접촉을 삼가던 그는 6월 8일 조은석 대검 대변인을 통해 짤막한 해명자료를 내놓았다.

> 수사팀이 하지도 않았고 (앞으로)하려고 하지도 않은 일들이 왜 자꾸 거론되는지 모르겠다. 남은 수사를 깔끔하고 엄정하게 마친 뒤 평가를 받겠다는 자세로 밤낮으로 일하고 있다.

이것으로 수사 확대 논란은 수그러들었지만 이 부장에 대한 언론의 관심은 사그라들지 않았다. 수사가 마무리된 뒤 사의를 밝힐 것이란 관측과 수사 정당성을 지키기 위해서라도 스스로 옷을 벗지는 않을 것이라는 전망이 팽팽했다.

'박연차 게이트' 수사 초기인 3월 20일 그는 기자들과 만난 자리에서 "4월은 잔인한 달", "봄이 왔어도 봄 같지 않다" 등 시구를 인용해 앞으로 닥칠 매서운 수사를 예고했다. 하지만 이 부장은 그로부터 3개월이 채 안 돼 본인 스스로가 생애 가장 '잔인한 여름'을 보내고 있을 줄 꿈에도 몰랐을 것이다. 무심코 던진 '잔인한 4월'이란 말이 날선 부메랑이 돼 돌아온 현실 속에서 굳게 닫힌 이 부장의 입은 좀처럼 열릴 줄 몰랐다.

2장

천신일 영장 기각으로
수사의욕 꺾인 검찰

2009년 5월 22일 ~ 6월 3일

목표를 잃고 혼란에 빠진 검찰

노무현 전 대통령 서거는 막바지 종착점을 향해 달리던 수사팀을 혼란에 빠뜨렸다. 수사 목표가 사라진 상태라 서둘러 수사를 마무리하는 수밖에 없다. 적장이 사라진 싸움은 더 이상 무의미한 것과 마찬가지다. 검찰은 수사 동력을 송두리째 상실한 듯 보였다.

노 전 대통령 서거 일주일째 검찰은 미동도 하지 않았다. 홍만표 대검 수사기획관의 휴대전화는 신호음만 울렸다. 유일한 소통 채널인 조은석 대변인조차 "앞으로 수사기획관이든 검사든 일절 전화를 안 받을 거야. 안 받더라도 이해해줘."라며 답답함을 키웠다.

노 전 대통령의 비극적인 죽음은 누구도 예상하지 못한 결과였다. 봉하마을 측 방어막을 뚫을 시나리오를 그리고 있던 검찰이 쥔 육면체 주사위에는 전혀 없던 경우의 수였다. 검찰은 노 전 대통령 서거 전날까지만 하더라도 박연차 게이트 수사라는 긴 터널의 끝을 보고 있었다.

노 전 대통령 서거 전날인 5월 22일 늦은 밤 홍 기획관이 느닷없이 대검 기자실을 찾았다. 정례 브리핑 시간 외에 그가, 그것도 늦은 밤에 기자실을 찾은 건 이례적이다.

그는 기자실에 남아 있던 기자들에게 "소주나 한잔 하자"고 제의했다. 조촐한 즉석 술자리가 인근 호프집에서 마련됐다. 수사내용에 대한 질문이 오갔지만 홍 기획관은 구체적인 내용에 대해서는 함구했다. 기자들도 이런 분위기에서는 집요한 질문은 삼가는 편이다. 홍 기획관이 내려왔다는 것 자체가 뭔가 우리에게 해주고 싶은 말이 있다는 것을 알기 때문이다. 그냥 기다리면 된다.

그는 천신일 세중나모여행 회장의 사전 구속영장 청구에 앞서 조사를 일찍 마치고 내려왔다며 입을 열었다. 그동안 거침없이 내달려온 수사 과정에서 불가근불가원不可近不可遠의 관계를 유지한 기자들에게 편한 마음으로 남은 수사 일정을 알려줄 심산이 엿보였다.

"천 회장 조사는 잘 됐나요?"

"검사들이 힘들어 하네요. 어제 진술조서 5쪽을 검토하는데 40분 걸렸는데, 이번에도 새벽에 퇴근해야 할 줄 알았어. 이번 분량은 30~40쪽이나 되거든."

"구속영장은 분량이 많나요?"

"한 15쪽 정도 될 것 같은데."

화제는 곧장 이번 수사의 남은 일정으로 옮겨졌다. 기자들도 두 달 가까이 진행된 수사에 점차 지쳐가고 있었다. 매일 밤샘으로 체력도 고갈되고 있었다.

"수사는 6월초에 지방자치단체장 한 명을 소환한 다음 그 주말쯤 그동안 조사한 정치인들에 대한 사법처리 결과를 발표하는 수순으로 갈 예정입니다."

"그러면 6월 중순 전에 수사를 마무리할 수 있겠네요."

"……."

"내일은 주말인데 뭐하세요?"

"뭘 하겠어. 주말이니까 사우나에 가서 좀 쉴 생각이야."

노 전 대통령 서거 이후 검찰에 모든 시선이 쏠렸다. 검찰 책임론이 제기된 건 노 전 대통령에 대한 신병처리 결정이 계속 늦춰진 것이 빌미가 됐다는 분석이 지배적이다. 검찰이 스스로 확신할 정도의 조사결과를 얻어내지 못했으니 결국 수사는 정치적 의도를 지닌 것이었고 수사과정도 전직 대통령 망신주기 식이었다는 논리였다. 검찰은 노 전 대통령 소환조사 후 20여일 넘게 군불만 지핀 채 영장 청구 여부를 결정하지 못했다. 기약 없이 시간만 흘렀고 노 전 대통령의 심적 압박감은 수위를 더해갔다.

그 사이 권양숙 여사가 박연차 전 회장한테서 노 전 대통령 회갑 선물로 받은 억대 명품 시계를 집 근처 논두렁에 버렸다는 보도 등으로 검찰과 봉하마을 간 신경전만 한껏 달아올랐다.

특수수사에서 잔뼈가 굵은 한 검사 출신 변호사가 지적한 것처럼 대검 중수부의 특별한(?) 수사방식도 도마에 올랐다.

"특수 수사는 곧잘 토끼몰이에 비유되곤 한다. 토끼를 잡으려면 절대 한 번에 포위망을 치지 않는다. 울타리를 여러 번 치고 좁혀가면서 조그마한 퇴로를 마련해 준다. 그래야 토끼를 촘촘히 압박하면서도 숨통을 틔워줘 극단적 선택을 막을 수 있다. 이번 수사는 달랐다. 도무지 숨을 쉴 수 없도록 주변 가족부터 측근 인사까지 전방위 압박 전략을 구사했다. 이해할 수 없었다."

검찰에 '잔인한 5월'이었다. 정치권을 중심으로 검찰 책임론이 제기되고 수사 방식과 관행에 대한 비난이 봇물을 이뤘다. 대검 중수부 폐지론까지 대두됐다. 임채진 검찰총장은 노 전 대통령 서거 당일 사표를 제출했다가 반려받은 상황이었다. 당시 검찰이 할 수 있는 최선은 '묵비권'행사였다.

천 회장 구속영장마저 기각되고

노 전 대통령 영결식까지 끝난 5월 30일 검찰은 잔뜩 구겨진 옷매무새를 가다듬고 있었다. 천신일 세중나모여행 회장에 대한 수사가 남아 있었다. 어떻게든 수사를 마무리할 책임이 있었다. 한편으로 박연차 게이트 수사의 정당성을 입증할 필요도 있었다. 이명박 대통령 최측근인 천 회장에 대한 수사는 '수사 형평성'에도 영향을 미치는 사안이었다. 천 회장 수사 결과에 따라 일그러진 박연차 게이트 수사팀의 자존심을 회복할 수도 있었다.

검찰은 6월 1일 천 회장에 대해 사전 구속영장을 청구함으로써 수사 재개를 알렸다. 애초 5월 25일로 예정됐던 청구절차가 노 전 대통령 서거로 늦춰진 상태였다. 검찰은 박연차 전 회장한테서 돈을 받은 의혹이 있는 정치인과 공무원 조사도 재개할 방침임을 천명했다.

천 회장은 특정범죄가중처벌법상 알선수재와 조세포탈, 증권거래법 위반 혐의를 받고 있었다. 2008년 7월 한상률 당시 국세청장에게 태광실업 세무조사 무마 로비를 벌인 대가로 박 전 회장에게서 7억원 가량의 채무면제 혜택을 받았다는 의혹이 제기됐다. 2002년부터 차명 주식거래 등 수법으로 자녀들 증여세와 양도소득세 등 100억원 상당의 세금을 탈루한 혐의, 나모인터랙티브와 세중여행사 등 합병 및 우회상장 과정에서 미공개정보를 이용해 주식을 거래해 증권거래법을 어긴 혐의도 받고 있었다. 검찰은 5월 19일과 21일, 22일 세 차례에 걸쳐 천 회장을 집중 조사한 상태다.

천 회장 수사는 검찰이나 기자나 피곤하긴 마찬가지였다. 예순 여섯의 고령인 천 회장은 시력이 좋지 않아 진술조서에 날인하기 전 기록 검토를 오래했다. 조사를 받고 청사를 나가는 천 회장의 귀가 멘트를 기다리는 기자들에겐 여간 고역이 아니었다. 천 회장은 언론 접촉을 극도로 꺼렸다.

새벽 2~3시까지 기다린 기자들은 그로부터 한 마디 멘트도 받아내지 못했다.

6월 2일 오전 10시 20분 서울중앙지방법원에서 진행된 영장실질심사 때도 마찬가지였다. 그는 법원에 들어서면서 늘 그렇듯이 "법정에서 말씀드리겠습니다. 죄송합니다."라는 짤막한 멘트만 남겼다.

애초 천 회장의 혐의가 구속영장을 청구할만한 것이냐를 놓고 법조계에서는 고개를 갸우뚱하는 시각이 있었다. 증거인멸이나 도주 우려가 없고 사안이 중대하다고 판단하기에는 천 회장의 혐의에 다툼의 여지가 많았다.

천 회장의 영장실질심사를 맡은 영장전담 판사는 김형두 판사다. 검찰이 청구한 주요 사건의 구속영장을 번번이 기각해 검사들의 원성을 사고 있었다. 사법연수원 19기인 김 판사는 A아니면 B식으로 명확하게 판단하는 스타일로, 자기의 영장 발부여부 결정을 놓고 뒷말이 나오는 걸 무척 싫어하는 성격이라고 한다. 그래서인지 그는 영장을 기각할 때에는 검찰수사의 문제점을 조목조목 지적하다시피 해 곧잘 검찰의 불만을 샀다.

김 판사의 결정은 2일 저녁 9시, 10시가 넘도록 나오지 않았다. 대체로 오전에 영장실질심사가 이뤄지면 저녁 7~8시 구속여부가 결정되는 것과 크게 다르다. 서울중앙지방법원 기자실에는 기자들이 김 판사의 결정을 이제나저제나 기다리고 있었다.

"어떨 거 같아요? 데스크가 물어오면 뭐라고 답해야 할지 모르겠네. 내가 판사도 아니고."

"오늘도 기사 두 개를 미리 써 놓아야할 것 같은데. 기각했을 때 기사와 발부했을 때 기사를 말야. 어차피 맥 빠진 수사지만 천 회장 영장까지 기각되면 수사는 끝이라고 봐야지."

밤 11시가 됐을 즈음 법원기자실 간사 기자를 통해 법원 공보판사로부터 연락이 왔다.

"기각했다고요? 네, 알겠습니다."

간사의 말에 각 부스의 기자들이 바빠졌다.

"기각 사유는 뭐에요. 기본형이에요?"

너 나 할 것 없이 간사의 입을 쳐다봤다.

"조금 있다가 다시 연락해 준다고 합니다."

통상 구속영장 기각 사유는 짧은 문장으로 기자들에게 알려진다. 기자들이 말하는 '기본형' 기각사유는 '증거인멸이나 도주우려가 없고 다툼의 여지가 있다.'는 걸 뜻한다. 신문 판이 바뀌는 마감시간이 임박한 터라 짧은 기각사유라도 알아야 한다.

"네, 권태형 공보판삽니다."

"판사님, 사유 언제 나와요. 마감 급해요."

"응, 지금 김 판사님 사무실을 왔다갔다하고 있는데, 사유가 조금 길어서 정리중이야. 금방 보내줄게."

"얼마나 긴데 그러세요. 그냥 불러줘요."

"나도 이런 경우가 처음이라서. 불러주기에 양이 좀 많아. 김 판사님한테 짧게 공개할지를 물었는데 전부 다 공개하라고 하시네."

5분 정도 지나 이메일로 전송된 구속영장 기각 사유는 A4 용지로 두 장 분량이나 됐다. 분량도 분량이지만 내용도 이례적이었다. 검찰이 무리하게 피의자의 인신을 구속하려 한다면서 서론과 본론, 결론 형식을 완벽하게 갖춰 한 편의 판결문을 쓰듯 준엄하게 검찰을 지적하는 투였다.

김 판사는 형사소송법을 거론하면서 글을 시작했다.

형사소송법에 의하면, 피의자에 대한 구속영장은 피의자가 죄를 범하였다고 의심할만한 상당한 이유가 있어야 발부할 수 있음(제201조 제1항). 즉, 구속영장에서 그 범죄사실에 대한 소명은 피의자에 대한 무죄의 추정이 깨어질 정도로 강력하게 피의자의 범행을 인정할만한 자료가 갖추어져 있어야만 함.

그는 이어 혐의별로 기각 사유를 적시한 뒤 결론에서 다시 형사소송법 원칙을 상기시켰다.

형사소송법에 의하면, 피의자에 대한 수사는 불구속 상태에서 함이 원칙이고(제198조 제1항), 수사상 강제처분은 필요한 최소한도의 범위 안에서만 하여야 한다고 되어 있음(제199조 제1항). 구속의 목적은 피의자의 자유를 제한함으로써 증거를 인멸함에 의한 수사와 심리의 방해를 제거하고, 형사소송에의 출석을 보장하며, 확정된 형벌의 집행을 확보하는 데에 있음. 즉, 구속은 형사소송의 진행을 확보하기 위한 것이며 단순히 수사를 용이하게 하기 위한 제도가 아님.

이상과 같은 기본원칙들에 따라 이 사건을 살펴보면, 이 사건은 주요 범죄사실에 관하여 피의자에 대한 무죄의 추정이 깨어질 정도로 강력하게 피의자의 범행을 인정할만한 자료가 갖추어져 있지 아니하므로, 피의자에 대한 구속의 필요성 및 상당성이 부족하다고 생각됨.

검찰의 자존심인 대검 중수부의 굴욕이라고 해도 과언이 아니었다. 노 전 대통령 서거에 따른 검찰 책임론 등으로 난타당하는 속에서 천 회장 수사를 통해 국면 전환을 노리던 검찰의 의욕이 아예 송두리째 꺾이는 영장 기각이었다. 허를 찌르는 펀치를 맞고 휘청거리며 그로기 상태인 검찰이 혼신을 다해 일어나려는데 카운터펀치를 먹은 셈이다.

임채진 검찰총장은 다음날인 3일 사의를 표명했다.

검찰은 천 회장에 대해 구속영장을 다시 청구하지 않고 수사를 마무리했다. 대검 인터넷 홈페이지 게시판에는 검찰의 부실 수사를 꼬집는 글들이 도배됐다.

검찰 이명박 측근 부실수사, 기각될 줄 알고 그랬지? 당신들은 부끄럽지 않은가, 일부러 허술하게 쓰니까 퇴짜 당하지, 대검찰청 야심작…….

3장

검찰총장 사퇴와 수사지휘권 논란

2009년 6월 5일 ~ 6월 6일

물러나는 임채진 검찰총장

임채진 검찰총장의 사의는 곧 받아들여졌다. 노 전 대통령 서거 직후 한 차례 사의를 반려한데다가 천신일 회장의 구속영장이 기각되면서 사실 상 수사가 끝난 만큼 정부로서는 더 이상 임 총장을 껴안고 갈 이유는 없 었다. 검찰총장을 바꿔 검찰 조직을 대대적으로 쇄신할 필요성이 컸다.

6월 5일 오후 5시 서울 서초동 대검청사 대회의실에서 임 총장의 퇴임식 이 열렸다. 임 총장은 노무현 전 대통령이 서거한 지 13일 만에 결국 임기를 5개월여 남기고 물러나게 되었다.

　퇴임식 분위기는 비교적 밝았다. 직원 400여명, 법무부와 검찰 간부 200여명이 행사에 참석했다. 임 총장의 부인과 가족도 참석했는데, 밝은 표정이었다. 임 총장으로서는 2년 임기를 지키지 못하고 중도 퇴임하는 만큼 아쉬움이 없지 않았을 터이다. 임 총장은 직원들의 큰 박수에 답하면서 단상으로 향했다. 그는 단호한 목소리로 준비한 퇴임사를 읽어 내려갔다.

　임 총장은 퇴임사에서 "부패혐의 수사가 예상치 못한 변고로 차질을 빚었고, 그 과정에 많은 아쉬움이 있다 하여 전체 사건 수사의 당위성과 정당성이 모두 훼손되는 것은 아닙니다."라고 강조했다.

　이어 단상 아래에 도열한 후배 검사들 한 명 한 명과 악수하면서 고별인사를 나눴다. 대검 현관 앞에서 기념촬영을 하고 꽃다발 증정을 마지막으

| 2009년 6월 5일 대검찰청 별관 강당에서 열린 퇴임식을 마친 임채진 검찰총장이 대검 청사를 떠나기 전 마지막으로 간부들에게 손을 흔들고 있다. 정권교체에도 2년 임기를 모두 채운 첫 검찰총장 기록을 눈앞에 둔 그는 노무현 전 대통령 서거에 대한 도의적 책임을 지고 27년 검사 생활을 접었다.

로 임 총장은 27년간 근무한 검찰을 떠났다.

"그래도 많이 아쉽겠어요? 표정이야 그렇지 않은 것처럼 보이지만."

옆 자리에 서 있던 한 검찰 간부에게 슬쩍 물었다.

"오늘 퇴임식에서 기분 좋은 사람은 총장님 한 분 밖에 없는 것 같군."

그는 허탈한 웃음을 지었다. 앞으로 검찰에 닥칠 시련을 정확히 예상한 답변이었다.

노 전 대통령 장례가 끝난 뒤부터 임 총장의 사퇴 여부는 언론의 관심이었다. 민주당 등 야당과 친노 인사들은 이 중수부장의 파면까지 촉구하는 상황이었다.

임 총장은 노 전 대통령이 서거한 5월 23일 당일 사표를 제출했다. 김경한 장관은 이틀 만에 이를 반려했다. 사실 청와대가 사의를 받아들이지 않겠다는 방침을 미리 밝힌 상태라 당연한 결과였다. 임 총장의 사퇴 논란은 잠시 수그러들었다. 하지만 열흘 뒤인 6월 3일 임 총장은 다시 사의를 표명했다. 천 회장 영장이 기각되면서 더 이상 중수부 수사를 진행하기 어렵게 된 만큼 더 이상 검찰총장 자리에 있을 이유가 없다고 판단한 듯 했다.

청와대는 그가 6월 중순쯤 사퇴할 것으로 보고 있었다고 한다. 차기 검찰총장 인선 등 준비가 전혀 되지 않은 상태에서 임 총장이 아무런 언질 없이 사의를 밝혀 상당히 불쾌해 했다는 얘기도 흘러나왔다.

임 총장은 사직서 제출 직후 부인과 강화도 전등사로 떠나버렸다. 27년 검사생활을 정리하고 바쁜 업무로 집안일에 소홀했던 그 대신 가정을 잘

돌봐온 아내에게 고마움을 전하기 위한 추억여행이었을 게다.

임 총장은 퇴임식이 열리기 5시간 전에 검찰총장으로서 마지막 오찬 기자간담회를 했다. 서초동 대검 청사 인근 한 중국음식점에서 대검 간부들이 동석한 가운데 이뤄진 간담회에는 출입기자 20여명이 참석했다. 이인규 중수부장과 홍만표 기획관은 참석하지 않았다.

"내 얼굴이 너무 좋아 보이나? 어제 밤 퇴임사 쓰느라 한 잠도 못 잤다. 할 말도 없는데 쓰려니 참 힘들데."

오랜만에 기자들을 보는 게 어색했던지 잠시 머쓱한 표정을 지었다. 사실 임 총장과 기자단의 공식 만남은 수개월 만이다. 박연차 게이트 수사가 시작되면서 임 총장은 언론 접촉을 일절 끊었다. 임 총장은 기자들에게 인기가 좋은 편이다. 항상 집무실 문을 열어 놓고 기자들을 만나 많이 듣고, 의견을 청취하길 좋아했다. 서울중앙지검 2차장 시절이나 서울중앙지검장 시절에도 집무실에는 항상 기자들이 몰렸다.

간담회 내내 그에게는 마음을 비워서인지 홀가분하다는 듯 느긋한 여유가 있었다. 간간히 검찰총장으로서 겪은 마음고생도 털어 놓았다.

"내 위치가 참 희한하더라. 보혁保革과 전현前現 정권의 중간, 전·현 대통령의 중간지점에 내가 있더라. 사건 처리할 때엔 강경론과 온건론의 딱 중간에 있다 보니 이쪽저쪽 얘기를 다 들어보고, 나는 한쪽만 따라갈 수 없으니 검찰 원칙과 정도가 무엇인지 따져서 가다보니 어떨 땐 양쪽에서 다 얻어맞더라. (여론의)인격모독 때는 좀 속상하긴 했지."

그는 언론 보도에 대한 서운함도 드러냈다.

"법원의 판결 과정에는 '실형을 선고해라, 집행유예해라.'라고 속단해서 기사 쓰는 경우가 없다. 영장도 '기각해라, 발부해라' 그렇게 안 하잖아. 법원 재판이 검찰 수사와 기소의 연장선상인데 검찰한테는 수사가 진행 중인데도 '구속해라, 불구속해라.' 말이 나온다. 결정 단계가 아직 멀었는데 그런 식으로 하면, '원하는 대로 안하면 가만 안 두겠다.'는 무언의 압박으로 느껴진다. 과연 검찰이 합리적 결정을 할 수 있을까? 검사도 인간이다. 검찰이 여론으로부터 독립해야지만, 소신 있는 결정에 조금이라도 영향을 미칠 수 있지 않겠나? 검찰과 언론이 이런 관계를 유지하는 나라가 과연 어디 있겠나? 그런 면에서 대검 차장이 기자와 검사 대표 몇 명을 외국에 보내서 연구해 보면 좋겠다. 수사중에 언론이 앞장서서 막 이러는 나라는 어디에도 없다. 대변인 통해서 이런 성명 냈더니 누가 또 '총장이 수사는 안하고 정치를 한다'고 하더라. 우리 사회가 업그레이드되려면 이 부분에 대해 공감대가 형성되어 기준이 마련되는 게 좋겠다. 이러다 또 얻어맞는 거 아닌가 모르겠지만."

임 총장이 말한 내용은 검찰과 언론이 오랫동안 티격태격 하면서도 함께 고민해 온 문제다. 박연차 게이트 수사와 노 전 대통령 서거 후 언론의 보도태도에 대한 검찰의 불만을 임 총장이 정확하게 전한 것이다.

이 문제는 수사단계에서 언론이 어느 선까지 기사를 쓸 수 있느냐로 모아진다. 검찰은 가급적이면 언론이 가급적 기사를 써주지 않으면 않을수록 좋다는 입장이다. 영장청구와 기소 단계에서만 기자들이 수사상황을 기사화하는 게 좋겠다고 한다. 확인되지 않은 혐의 내용을 기사화하면 수사에 차질이 빚어지는 것은 물론이고 당사자에게 큰 피해를 줄 수 있다는 논리다.

반면 기자들은 알권리를 내세운다. 일반 형사사건은 당연히 검찰의 발표시점에 기사화하는게 옳지만 사회적 공인소人에 한해 수사상황을 소개할 수밖에 없다고 반박한다. 수사과정에서 언론이 보도를 못하면 검찰의 인권 침해나 수사 편의주의적인 행위에 대한 감시가 느슨해져 결국 공익의 피해로 돌아온다는 논리다.

박연차 게이트 수사와 노 전 대통령 서거로 언론보도에 대한 검찰의 못마땅한 시선은 한참이 지나서까지 걷히지 않았다. 서울중앙지검만 하더라도 각 차장검사가 정기적으로 하던 기자간담회가 2009년 연말까지 열리지 않았다.

박연차 게이트 수사지휘권 논란

- "수사지휘 받곤 했다" / 떠나는 임채진 검찰총장 발언 파장 __ 한국일보 3면
- 퇴임하는 임 검찰총장 발언 배경·파장 / 법무장관과 여러 차례 '수사갈등' 시사 __ 국민일보 5면
- 임채진 검찰총장 퇴임식 "재임 중 이쪽저쪽서 수없이 흔들어" __ 동아일보 5면
- 林총장 "여기저기서 수없이 흔들었다" __ 서울신문 6면
- 임채진 "법무장관이 '광고불매사건' 수사지휘권 발동" / 검찰총장 퇴임식전 기자간담회서 밝혀 __ 한겨레신문 5면

임 총장이 검찰을 떠난 이튿날 조간신문에 김경한 법무부 장관의 수사

지휘권 행사에 관한 기사가 일제히 실렸다. 전날 퇴임식 직전 연 기자간담회에서 나눈 몇 마디 말이 불씨였다.

"총장으로 재직하면서 법무부나 청와대에서 압력은 없었느냐?"

한 기자가 특별한 답변을 기대하지 않고서 극히 의례적인 수준의 질문을 던졌다.

"법무부가 검찰에 문건으로 수사 지휘하는 사례가 여럿 있죠."

뜻밖에도 임 총장이 의미 있는 답변으로 응수하면서 기자들을 긴장시켰다.

수사지휘권 행사는 법무부와 검찰 사이에서 미묘한 문제다. 검찰청법 제8조는 검찰에 대한 법무부 장관의 지휘·감독 권한을 명문화하고 있다. 법무부 장관은 검찰사무의 최고 감독자로서 '일반적'으로 검사를 지휘·감독하고, '구체적' 사건에 대해선 검찰총장만을 지휘·감독하도록 제한하고 있다. 검찰 외부로부터 검사의 수사 독립성을 보호하기 위한 조항이다. 장관이 검찰총장만을 지휘하도록 함으로써 구체적인 사건 처리에서 정치적 간섭이 없도록 한 것이다.

수사지휘권은 법무부 장관이 검찰 기소독점권을 적절히 통제하는 긍정적 측면이 있다. 반면 준사법기관인 검찰의 독립성에 걸림돌이 될 수 있다는 부정적 시각도 있다. 종종 수사지휘권 행사를 놓고 수사 독립성 논란이 제기되기도 한다.

법무부 장관의 수사지휘권 행사는 2005년 강정구 교수 사건 이후 크게 줄었다. 당시 김종빈 검찰총장은 국가보안법 위반 혐의로 고발된 동국대 강정구 교수의 구속을 놓고 천정배 당시 법무부 장관과 대립하다가 천 장관이 수사지휘권을 행사하자 반발해 사직했다. 천 전 장관은 '중형이 예상돼 구속이 필요하다.'는 검찰 의견을 거부하고 '무죄추정 원칙'을 들어 불구속 수사하도록 지휘했다.

임 총장은 기자간담회에서 강정구 교수 사례를 거론하고 이것 외에도 여러 건 있다고 소개했다.

"검찰은 청와대와 직거래하지 않는다. 장관이 들으면 섭섭하겠지만 사건 관계에서 법무부와 검찰은 늘 긴장관계다. 어떤 바보 같은 사람이 총장으로 오더라도 발톱을 세울 수밖에 없는 관계다. 나만 '외부에서 그러지 마라. 검찰 함부로 건들지 마라'고 하는 게 아니다. 수사지휘권 발동 같은 얘기가 가급적 안 나왔으면 좋겠다. 강정구 교수 건 같은 경우가 한 건밖에 없다는 것은 천만의 말씀이다. 늘 있는 건 아니지만 문건으로 내려오는 게 있다. (조중동)광고주 협박사건도 그랬는데, 그건 검찰과도 협의됐으니 큰 문제는 아니지. 강정구 교수 사건은 받아들이지 않아서 문제가 됐지만. 어쨌든 문서로 수사지휘 내려오는 게 있다. 내가 법무부 검찰국장 할 때에도 '시위에 엄중대처하길 바란다'는 등 내용의 수사지휘를 많이 했다. 그런 것도 다 수사지휘지."

임 총장의 발언은 큰 파장을 몰고 왔다.

정치권과 시민단체 등은 박연차 게이트 수사에 검찰 밖에서 광범위하게 압력이 작용했다면서 '표적수사' 의혹을 들고 나왔다. 노 전 대통령 서거에 대한 검찰책임론이 제기되면서 검찰은 수사 착수 과정, 배경 등을 의심받고 있었다.

일련의 사건 진행 과정은 단순하다. 2008년 7월 국세청이 태광실업 세무조사에 나서 검찰에 고발했고, 박연차 전 회장한테서 노 전 대통령 연관성을 시사하는 진술이 나와 대검 중수부가 수사에 나선 구도다.

그 과정을 하나하나 놓고 보면 석연찮은 부분이 적지 않다. 서울도 아닌 지방 기업에 대해 서울지방국세청이 세무조사에 나선 점부터 의문이다. 노무현 정부 말기 임명된 한상률 전 국세청장이 정권 교체 이후 재신임 여부가 불분명한 상태에서 '과잉 충성'하지 않았냐는 추측도 나돌았다. 박연차 게이트 수사가 끝나고 한참 시간이 지난 2009년 11월 구속된 안원구 국세청 국장은 "한상률 전 청장이 2008년 7월 나에게 태광실업 베트남 공장의 계좌를 확보하기 위한 조사에 들어갈 것을 지시했다."고 주장해 이 같은 추측에 힘을 실었다.

노 전 대통령의 관련성은 박 전 회장의 진술뿐인데도 대검 중수부가 수사에 나선 배경에도 의구심이 쏠렸다. 대검 중수부에 넘겨지는 사건은 대체로 기업의 탈세와 정·관계 로비 의혹이 혼재된 경우다. 한진그룹과 현대차그룹 등 굵직굵직한 기업에 대한 탈세 고발사건은 과거에도 중수부가 나서긴 했으나 대부분의 기업은 서울중앙지검 특수부에 맡겨졌다. 중앙일보 홍석현 회장 일가와 관련된 보광그룹 고발사건도 서울중앙지검에서 수사했다.

태광그룹의 탈세사건을 넘겨받은 검찰이 정치적 파괴력을 지닌 '게이트'를 염두에 두고 중수부에 수사를 맡긴 것 아니냐는 의혹을 살만하다. 검찰 측 입장대로 노 전 대통령을 겨냥해 수사에 나선 것은 아닐지라도, 수사과정에서 노 전 대통령이 등장하는 상황으로 번지더라도 어쩔 수 없다는 미필적 고의未畢的 故意는 있지 않았겠느냐는 의구심이다. 야당과 친노 측이 정권의 의중을 감안한 전 정권 손보기 차원의 '기획성 수사'가 아니었냐고 지적하는 것도 이런 논리에서다.

임 총장의 법무부 수사지휘 발언은 이런 의혹을 더욱 짙게 만들었다. 일각에서는 정권의 의중을 잘 아는 김경한 장관이 수사지휘 형식을 통해 수사에 적잖이 개입했는데, 이에 임 총장이 불만을 표시한 것 아니냐고 해석하기도 했다. 사실 임 총장은 기자들에게 스스로 밝힌 것처럼 김경한 장관과 썩 원만한 관계가 아니었다. 2008년 6월, 5년 만에 '전국 검사장 회의'를 열면서 주재 방식 등을 놓고 의견 대립이 있었다. 2009년 1월의 검사 인사를 놓고서도 심하게 마찰을 빚어 임 총장이 사의 표명을 검토했다는 후문이다.

임 총장 발언은 검찰 책임론에 더욱 힘을 실었다. 진보를 표방하는 언론은 정권 차원의 전 정권 죽이기 수사였다고 몰아갔다. 임 총장이 기자 간담회에서 '총장 흔들기', '치욕', '감내' 등의 자극적인 말을 써서 소회를 밝힌 점도 이런 추측을 확산시켰다. 노 전 대통령에게서 임명된 검찰총장으로서 정권 교체 후 겪은 고민과 설움 등을 솔직하게 표현했을 것이라는 분석도 나왔다.

임 총장 발언 논란이 일파만파 커지자 법무부와 검찰은 즉시 해명 보도자료를 냈다. 구체적인 사건에 대해서는 수사를 지휘하지 않았고 법무부 장관의 수사지휘권 행사는 전혀 문제될 게 없다는 해명이었다.

임 총장도 문화일보와의 인터뷰에서 말의 진위가 잘못 전달됐다고 해명했다. 그는 "정치적 보복을 하기 위해 수사를 한다는 일은 꿈에도 생각한 적 없다."면서 일각에서 제기한 표적수사론에 대해서는 "그렇게 말하는 사람들은 천벌을 받을 것"이라고 말했다.

사실 임 총장의 퇴임 기자간담회에서는 암묵적으로 박연차 게이트 수사에 대해서는 서로 언급하지 않기로 돼 있었다. 몇 시간 뒤 퇴임하는 검찰총장에게 비극적 결말로 끝난 수사에 관한 내용을 묻는 건 도리가 아니라는 공감대가 기자들 사이에 형성돼 있었다. 몇몇 기자가 궁금증을 참지 못하고 수사 내용을 물었으나 임 총장은 그때마다 "이야기 하지 않기로 했으니 노코멘트"라고 같은 답변만을 되풀이 했다. 기자들의 상상력이 통상적인 수사지휘권 관련 발언을 박연차 게이트와 연관 지은 것일까.

4장

검찰 수사의 막이 내리다

2009년 6월 10일 ~ 6월 12일

초라한 수사결과 발표와 마지막 브리핑

6월 10일 대검청사 기자실.

옆 자리의 기자에게 불쑥 말을 던져 본다. 큰 의미는 없다. 지금 느끼는 허탈한 감정을 단지 공유하고 싶을 뿐이다.

"이제 정말 끝나는 건가?"

"응. 그런 거 같아. 중수부장이 더 이상 소환 대상자가 없다고 했으니, 이제 끝이지."

"수사가 끝나서 좋긴 한데, 기분이 영 그래."

"그렇지? 나도 그래. 원래 수사가 끝나면 홀가분해야 하는데 별로야."

이인규 중수부장이 방금 전 조은석 대변인을 통해 사실상 수사종료를 알려왔다. 홍만표 기획관이 기자들과 접촉을 끊은 이후 조 대변인이 수사팀 대화 창구였다.

"박연차 게이트 수사와 관련해 더 이상의 피의자나 피내사자 소환 조사는 없습니다."

2009년 3월 17일 이정욱 전 한국해양수산개발원장 긴급체포를 시작으로 시작된 박연차 게이트 수사가 마침내 마침표를 찍는 것이다. 길게는 2008년 11월 19일 세종증권을 압수수색해 수사 신호탄을 쏘아 올린 지 7개월만이다.

어느 정도 예상한 탓인지 기자들 반응이 영 시큰둥하다. 노 전 대통령의 갑작스런 서거와 천신일 세중나모여행 회장에 대한 영장기각으로 수사종료는 진작 예견됐다. 검찰에게는 더 이상 수사를 끌고 갈 여력이, 추동력이 없었다.

미완성의 상태로 수사가 마침표를 찍는 것이라서 허탈한 마음이다. 통상 게이트 수사가 마무리될 때에는 거의 매일 진행된 강행군의 고통이 끝난다는 해방감과 사회의 거악巨惡 척결에 일조했다는 뿌듯함 같은 게 있다. 검사들은 언론에 대서특필된 사건 기사를 보면서 밤낮으로 일한 고생을 보상받는다.

수사가 끝나고 나면 중수부장과 수사기획관, 수사팀 검사들이 기자들과 회포를 풀기도 한다. 격랑을 함께 헤쳐왔다는 동지애 같은 유대감을 느낄 수 있다. 서로의 고생을 격려하고 수사 과정에서 한쪽은 감추려고, 한쪽은 들춰내려고 티격태격한 묵은 감정도 털어낸다. 하지만 이번에는 아예 불가능하다. 사건을 마무리 짓는 소회 한마디를 듣기가 여의치 않은 상황이다. 아마 오랜 시간이 지나야 이번 수사를 놓고 서로 얘기할 기회가 주어질지 모르겠다.

지난 여정이 스쳐 지나간다. 기자실을 둘러보니 한때 200명에 가깝던 인파가 썰물처럼 빠져나가 40여명으로 조촐하기만 하다. 평상시 모습으로 복구된 셈이다. 사실상 수사는 끝났으나 기자들에게는 마지막으로 할 일이 남아 있다. 검찰의 발표문에 어떤 내용이 담길지 안테나를 세우고 취재해야 한다.

검찰이 그동안 처리를 미룬 정치인과 지방자치단체장, 법조인 등을 일괄 기소하면서 공개할 그들의 혐의는 별다른 관심이 되지 못했다. 관심은 노무현 전 대통령에 관한 것이다. 검찰이 노 전 대통령에 대한 수사 결과를 어느 수준에서 발표문에 담을지가 관건이다.

노 전 대통령 서거 이후 수사팀과 공식 접촉채널은 닫힌 상태다. 간사만이 전화나 면담 등을 간간히 할 뿐이고 나머지는 조은석 대변인이 기자실에 통지하는 식으로 전달돼 왔다.

발표문에 어떤 내용이 어느 수준으로 담길지가 외곽취재를 통해 윤곽이 나타났다.

몇몇 경로를 통해 수사팀 내부에서 수사 내용을 일부 공개하자는 논의가 있었다는 사실을 들었다. 그렇다고 이를 기사화할 수는 없었다. 그 취재원이 바로 공개될 수 있기 때문이다.

수사팀은 국민의 알권리 보장 차원에서 노 전 대통령의 640만 달러 수수 의혹에 대한 수사 착수 경위와 수사 내용을 밝히는 방안을 검토했다고 한다. 무엇보다 검찰에 대한 국민의 오해와 불신을 없앨 필요가 있다는 내부 의견이 많았다.

일부 언론도 수사팀에 이를 주문했다. 기소는 불가능하더라도 수사 내용을 공개해 국민 판단에 맡길 필요가 있다는 논리였다. 법정에서 엄정한 평가가 불가능해진 상황에서 사회에 엄청난 혼란과 갈등을 몰고 온 사건에 대한 수사 전모를 공개해 시시비비를 가릴 필요가 있다는 주장이었다.

그러나 현실적으로는 불가능한 일이다. 검찰은 이미 노 전 대통령 사안에 대해 '공소권 없음' 결정을 하고 수사 종결을 결정했다. 정몽헌 전 현대아산 회장이나 남상국 전 대우건설 사장 등 피의자가 자살한 사례에서도 혐의사실은 끝내 발표되지 않았다. 무엇보다 재판이 불가능한 상황에서 유죄를 주장하는 검찰 주장만을 발표하는 것은 부적절하다는 의견이 우세했다.

6월 12일 오후 3시 기자실에 수사팀이 모습을 드러냈다. 이인규 중수부장에 이어 홍만표 기획관과 우병우 중수1과장, 이석환 중수2과장, 이동렬 첨단범죄수사과장, 조은석 대변인이 들어왔다. 이윽고 이 부장이 단상에 올랐다. 그는 먼저 90도로 허리 굽혀 인사했다.

"수사 도중 노 전 대통령께서 갑자기 서거하시게 된 점에 대해 매우 안타깝고 애통하게 생각합니다. 검찰은 이번 수사과정에서 법과 원칙에 따라 최선을 다했음을 말씀드립니다. 감사드립니다."

▋ 2009년 6월 12일 대검찰청 기자실에서 이인규 대검찰청 중앙수사부장이 '박연차 게이트' 수사결과를 발표하고 있다.

수사결과 발표문에 없던 내용이다. 여기저기서 카메라 불빛이 터졌다. 이 부장이 수사결과를 발표하러 오면서 정리한 생각을 솔직하게 표현한 것으로 보였다. 임채진 검찰총장이 퇴임사에 밝힌 내용과 비슷한 맥락의 내용이다.

이 부장은 진중하고 침착해 보였으나 한 차례 심호흡을 한 뒤 준비한 수사 결과문을 읽어가기 시작했다. 분위기는 내내 무거웠다. 내용도 형식도 초라했다. 배석한 과장들의 얼굴에도 지친 표정이 역력했다.

이 부장이 '태광실업 박연차 전 회장 정·관계 로비사건 수사결과'란 제목의 A4 14쪽짜리 발표문을 읽는데 5분 가량이 걸렸다. 발표문에서 노 전 대통령 관련 언급은 짤막했다.

"검찰은 박연차 전 회장에 대한 조세포탈 사건을 수사하던 중 박 전 회장이 보유한 홍콩계좌에서 노무현 전 대통령 측에 500만 달러가 건네진 단서를 포착하고 홍콩에 사법공조 요청 등 수사에 착수했습니다. 그러나 수사가 완결되지 않은 상태에서 노 전 대통령께서 돌아가심에 따라 공소권 없음 처분했습니다."

노 전 대통령의 의혹과 관련된 구체적인 혐의와 수사 내용은 일부 쟁점을 제외하고는 공개되지 않았다.

수사팀은 수사 착수 배경과 형사처벌 대상이 된 정관계 인사 21명에 대한 수사 결과만 간략하게 설명한 뒤 기자실을 빠져나갔다. 잔인한 4월을 예고하며 화려한 출발을 알린 박연차 게이트 수사의 마지막은 그렇게 초라하게 끝났다.

과거 대형비리 사건 수사발표 때에는 수사팀 전원이 참석한 가운데 대검 청사 15층의 넓은 회의실에서 활발한 질의응답이 이뤄졌다. 2008년 12

2009년 6월 12일 대검찰청 기자실에서 '박연차 게이트' 수사결과를 발표한 이인규 대검찰청 중앙수사부장이 취재진을 향해 고개 숙여 인사하고 있다. 배석한 홍만표 수사기획관(왼쪽)과 이석환 중수2과장(오른쪽)도 잔뜩 굳은 표정이다.

월 노 전 대통령의 형 건평씨를 구속한 세종증권 매각 비리 수사결과 발표 때와 비교하더라도 너무 달랐다.

이마저도 우여곡절 끝에 이뤄졌다. 전날까지만 하더라도 수사팀은 발표를 비공개 브리핑으로 하겠다는 입장이었다. 출입기자들은 공개된 장소에서 할 것을 요구했다. 수사팀과 기자단이 밀고 당기는 사이 검찰 내부에서도 국민적 관심사항을 비공개 브리핑으로 발표하는 건 옳지 않다는 의견이 나왔다. 그래서 발표 방식과 시간이 급히 바뀌었다.

수사 결과 발표가 끝나고 대검 청사 7층 수사기획관실에서 홍 기획관이 잠시 기자들을 만났다. 수사 발표문에 대한 설명을 기획관이라도 나서서 설명해줘야 하는 것 아니냐는 기자들 요구가 받아들여진 것이다.

"고생들 했습니다, 그동안. 그날 이후 처음 보는 것인데, 여러분이 저희가 한 일에 대해 이것저것 잘 평가해주기 바랍니다. 그거 밖에 말할게 없네요."

홍 기획관은 수척한 모습이었다. 이미 전의戰意를 상실한 터다. 묻는 측이나 답변하는 측이나 흥이 날리 없다. 의례적인 질문과 답변이 오갔을 뿐이다. 이마저도 15분을 채 넘기지 못하고 끝났다. 기자들 질문은 압축된 수사 결과 발표문에 함축된 내용을 찾기 위한 것이었다. 그러나 홍 기획관은 발표문의 문자 그대로 받아들여 달라는 말을 되풀이했다. 더 이상의 설명은 다른 오해를 불러일으킬 수 있다는 의미였다.

"그동안 저희가 유리 상자 안에서 수사하듯 해왔습니다. 저희보다 여러분이 더 많이 알 것입니다. 숨길 것도 없는 그런 상황에서 수사했고. 오늘 수사결과 발표를 했지만, 여러분이 다 아는 내용일 것입니다. 궁금한 것 있습니까?"

"대통령 수사기록은 5년 보관하는 것으로 아는데, 이 건은 자료도 역사적 자료라고 했는데 5년 후 폐기됩니까?"

"수사기록이 일률적으로 5년 안에 폐기되는 게 아니고 공소시효에 따라 다르죠. 다만 주요사건은 영구 보존기록으로 남습니다. 이 사건은 어찌될지 결정되지 않았으나, 주요기록으로 영구보존하지 않을까 생각합니다. 그러나 이것도 아직 확정된 건 아닙니다."

"영구보존은 누가 판단합니까?"

"내부에 (규정이) 있습니다."

"노 전 대통령 조사 시 예우에 관한 내용이 있던데, 변호인 입회가 대통령 예우입니까?"

"그렇죠."

"원래 수사 시 일반인도 다 그렇지 않나요?"

"맞습니다. 특별한 내용은 아닙니다. 변호인 참여를 충분히 했다는 점을 얘기한 겁니다. 옆방에서 변호인이 대기하면서 번갈아가면서 했다는 것이죠."

"박연차 전 회장한테서 돈을 받은 건 수사 발표문에 나온 사람이 다입니까?"

"네."

"혹시 메모나 이런 데, 다른 다이어리에 이름이 나왔는데 (시간이)오래돼서 (그냥 넘어가는 것은)없나요?"

"그런 상황까진 말할 입장이 못 됩니다, 우리 수사 범위에서 다 종결됐습니다."

홍 기획관은 서둘러 사실상 마지막 수사브리핑을 끝냈다.

"전화를 주셔도 됩니다. 충분히 설명할 것입니다. 여러분과 동고동락하다가 그 이후 며칠 이리하다 보니까 서먹하기도 합니다. 미안합니다. 이후 수사팀도 많이 힘들어했고. 이해해 주시고. 이렇게 말씀드리는 이유는 뭔지 잘 아실 것으로 생각합니다."

대통령 수사결과는 기록 속에 묻히고……

검찰은 이날 수사결과 발표를 통해 그동안 직접 언급하지 않은 640만 달러 수수의혹을 공식적으로 확인했다. 노 전 대통령 서거로 공소권 없음 처리하고 내사 종결했지만 수사기록으로 남게 된다. 언론에 숱하게 보도된 내용이지만 검찰이 공식 확인한 사실은 중요하다.

검찰은 노 전 대통령에 대한 혐의도 구체적이진 않았으나 처음으로 일부 공개했다. 그래도 검찰이 노 전 대통령에게 어떤 혐의를 두고 수사중이었는지를 보여주는 의미 있는 내용이다. 검찰은 수사발표문에서 2006년 9월부터 2008년 2월 사이 박연차 전 태광실업 회장한테서 4차례에 걸쳐 미화 합계 640만 달러 등의 뇌물을 받은 혐의를 언급했다.

그동안 언론이 궁금해하던 사안에 관한 단서도 들어 있다. 바로 검찰이 언제 노 전 대통령 혐의를 인지했느냐 하는 점이다. 검찰은 2008년 12월 세종증권 수사 당시 노 전 대통령 조카사위 연철호씨의 500만 달러 수수 사실을 처음으로 알게 됐다고 설명했다.

발표문에 따르면 2008년 12월 홍콩 계좌의 송금지시서, 박 전 회장의 진술에 의해 노건호씨와 연철호씨의 500만 달러 수수 단서를 포착하고 관련 계좌 확인을 위해 형사사법 공조 요청을 했다. 또 100만 달러 부분은 2009년 2월 미화 환전 자료와 관련자 진술 등을 통해 검찰이 확인한 것으로 돼 있다.

수사 결과 발표문에서 유난히 눈길을 끄는 부분이 마지막 3장이다. 그동안 논란이 된 내용에 대해 검찰 입장과 해명을 담은 부분이다. 노 전 대통령 서거 이후 검찰이 일방적으로 비난을 받았다고 판단했던지 검찰 입장을 항목별로 밝혀 놓았다. 노 전 대통령 가족들에 대한 저인망식 수사 주장에 대해, 신병결정 지연 주장에 대해, 노 전 대통령 측근들에 대한 보복 표적 수사 주장에 대해, 수사브리핑을 통해 피의사실을 공개했다는 주장에 대해, 노 전 대통령 조사 시 예우 부분이 그것이다.

검찰은 노 전 대통령 가족의 금품 수수 사실이 드러나 조사했으며, 노건호씨와 연철호씨 등 일부 관련자 진술이 다른 사람들 진술이나 객관적인 수집 증거와 달라 조사 횟수가 많아졌을 뿐이지 저인망식으로 수사한건 아니라고 밝혔다. 검찰은 노 전 대통령의 신병결정이 지연된 이유에 대해 40만 달러가 추가로 발견된 만큼 경위 파악이 필요했고 노 전 대통령 측에서 100만 달러의 사용처를 제출하겠다고 밝힌 터라 이를 받아보고 신병 처리 여부를 결정하는 게 좋겠다고 판단했다고 설명했다. 검찰은 수사가 박 전 회장의 불법 금품제공에 대한 수사로서, 박 전 회장과 관련된 부분만 수사했을 뿐이므로 보복 수사가 아니라는 입장을 피력했다. 수사 브리핑도 최소한 필요한 범위 내에서만 진행했고, 노 전 대통령의 명예를 훼손했다고 거론되는 몇몇 사례는 검찰이 브리핑하거나 확인해준 내용이 아니라고 덧붙였다.

민주당 등 야권과 친노 진영은 검찰이 표적 수사를 해 놓고서도 변명으로 일관하고 있다고 반박했다. 노 전 대통령 변호인단은 같은 날 오후 홈페이지 '사람사는세상'에 '검찰 수사에 대하여'라는 반박 글을 올렸다. 300여자 남짓의 짧은 반박 글이지만 친노 진영이 검찰 수사와 발표에 대해 느끼는 감정이 압축되어 담겨 있다.

2010년 2월 5일 법원이 천신일 세중나모여행 회장에게 집행유예를 선고함에 따라 박연차 게이트에 연루돼 기소된 21명 인사들의 1심 재판은 모두 마무리됐다. 이 가운데 한나라당 김정권 의원을 제외한 20명에 대해서는 모두 공소사실이 인정됐다. 정상문 전 청와대 총무비서관 등 8명에게 실형이 선고됐고, 천 회장과 이광재 의원 등 12명에 대해서는 모두 집행유예나 벌금형이 내려졌다. 특히 사건의 중심인물인 박연차 전 회장은 항소심 결과, 징역 2년 6개월에 벌금 300억원을 선고 받았다.

검찰이 밝혀냈다는 640만 달러 의혹의 진실은 이제 누구도 알 수 없게 됐다. 수사 절차를 통해 규명된 사실관계는 수사기록으로만 남겨져 있다. 수사기록에는 검찰 고위 간부의 발언 내용까지 그대로 담겨 있는 것으로

❊ http://www.knowhow.or.kr/bongha_inform/view.php?start=0&pri_no=999734195

전해졌다. 검찰의 수사결과 발표에 포함된 21명 외 추가 인사들의 단서가 들어 있다는 얘기도 두고두고 나오고 있다.

결국 사건 수사는 종결終結된 게 아니라 미완성未完成이다. 검찰이 얘기하듯 박연차 게이트 수사가 법과 원칙에 따른 정당한 수사였는지는 훗날 역사의 평가를 받을 것이다. 그렇더라도 검찰의 정치적 독립이 절대적으로 보장되지 않는 한 권력형 비리 수사에 대한 공정성 논란을 쉽게 떨쳐 버릴 수 없는 건 검찰의 숙명이다.

'노 전 대통령이 인지認知한 상태에서 대통령 직무와 관련된 대가성 있는 거래다.'

'아니다! 오랫동안 알고 지낸 기업인한테서 돈을 빌렸고 정당한 투자였다.'

전직 대통령 주변의 의혹에까지 거침없이 내달린 검찰, 정치적 의도를 지닌 수사라고 항변하다가 끝내 목숨을 던진 노무현 전 대통령…….

그들에 대한 역사의 평가는 아직 진행중이다.

노무현은 왜

?

검찰은 왜

hilogue

박희준

    2009년 상반기는 정신없이 지나갔다. 사건데스크의 지휘를 받는 경찰팀 쪽에서는 회사 근처 남일당 빌딩에서의 용산참사 사건을 맡았다. 이 빌딩 2층 호프집은 수습기자 시절부터 찾던 곳이다. 법조팀 쪽에선 노무현 전 대통령의 서거를 부른 박연차 게이트로 나라가 떠들썩했다.

    여름이 끝날 무렵 법조팀 현장반장인 이우승 기자가 제안을 했다. "우리 법조팀이 노무현 전 대통령 수사 시작에서 끝까지 과정을 기록으로 남기 자"고. 처음에는 망설였다. 후배기자 2명과 『독서경영』(위즈덤하우스, 2006)이란 책을 쓰면서 책 내기가 만만치 않은 일임을 경험한 탓이다.

    후배들이 토요일을 잊은 채 열정적으로 작업해 온 결과가 드디어 책으로 엮어졌다. 날짜 관계를 맞춰 정리하는 게 쉽지 않았다. 매일매일 상황을 일지 형태로 관리하고 관계자 발언을 모아온 덕에 가능했다. 너무 딱딱한 글이 나오지 않을까 하던 우려는 제법 해소되었다.

    2008년 7월 태광실업 세무조사에서 12월 박연차 게이트 1라운드 수사, 2009년 3월 재개된 2라운드 수사, 4월 30일 노 전 대통령 소환조사, 5월 23일 노 전 대통령 서거, 6월 12일 수사결과 발표. 조각조각 사건을 엮으니 하나의 서사敍事구조를 갖추게 되었다.

뚜렷한 주제의식의 글에 익숙한 독자들은 이 책이 현상 위주로 정리하는 데 그쳤다고 느낄 법하다. 기자들은 주관적 평가와 의미 부여를 배제하고 팩트, 즉 사실관계만 쓰도록 훈련받는다. 에피소드가 전체 사건 속에서 지니는 의미를 해석하고 평가하는 걸 최소화하려 했다. 객관적인 사실을 놓고서도 해석이 정반대로 갈릴 수 있기 때문이다. 이 사건의 핵심인 600만 달러를 놓고 검찰은 대통령 직무범위와 연관된 뇌물로 봤고, 노 전 대통령은 개인적 채무, 투자관계라고 맞섰다. 양 측이 같은 곳을 전혀 다른 프레임frame으로 바라본 것이다.

우리는 박연차 게이트가 어떻게 일어나 진행되고 결말지어졌는지를 정리하는 데 중점을 뒀다.

출간작업이 마무리에 다다른 무렵 정상명 전 검찰총장을 만났다. 2010년 3월 18일 법조언론인클럽 주최로 열린 '검찰에 대한 오해와 진실'이라는 주제의 간담회에서다. 그는 법조기자들에게 이렇게 당부했다.

"기자는 산 중인이다. 법조기자는 준準 법조인이라 해도 과언이 아니다. 큰 사건이 끝나면 본 바를 기자들이 꼭 책으로 써야 한다. 그렇게 기자가 본 시각을 법조에 전해줘야 법문화, 법치문화가 발전한다."

이 책이 박연차 게이트의 전말을 온전하게 재구성해 낼 것이라고는 감히 기대하지 않는다. 먹줄을 치고 벽돌을 쌓은 다음에 기둥과 벽을 세우고 지붕을 올려야 멋진 건축물을 만들 수 있다. 그 과정에서 누군가 나서서 먹줄을 쳐야 한다는 생각에 시작한 작업이다.

우리의 기록에 많은 분들의 기록이 보태져 입체적이고 종합적인 조망이 이뤄지길 기대해 본다. 특히 노 전 대통령 측 뿐만 아니라 검찰 쪽에서도 기록물이 나왔으면 좋겠다.

이우승
•
•

　기자가 쓴 기사를 역사기록으로 볼 것인지에 대해서는 이견이 있을 수 있다. 흔히 기자를 과거 왕조시대의 사관史官에 빗대기도 하고, 기사를 사초史草에 비유하기도 한다. 역사적 사실을 기록한다는 점에서 어떤 역사학자보다 더 역사학자일 수 있다. 기자들은 책상에서 연구하는 학자들이 따라올 수 없는 '생생한 현장'의 목소리를 담는다.

　하지만 기자가 실증주의니, 해석학이니 하는 심오한 역사이론을 꿰뚫고 있는 것은 아니다. 기자에게는 오직 팩트fact에 대한 갈증만이 있다. "사실은 신성하고, 의견은 자유롭다."는 영국 언론인 찰스 스코트의 말이 기자의 직업적 소명의식을 잘 드러낸 말이라고 본다.

　기사에는 기자의 의견이 없다. 과거에는 바이라인도 달지 않았다. 기사는 팩트의 기록이다. 누가 쓰더라도 똑같은 내용이니, 굳이 누가 그 기사를 썼는지 알릴 필요가 없었다. 그렇게 보면, 기사 작성은 마치 19세기 실증주의 사학의 역사인식과 궤를 같이하는 것 같다. 사실 숭배의 시대에 역사가는 자신의 주관을 배제하고 과거의 사실을 있는 그대로 재현해야 한다. 너무나 유사하지 않는가. 역사학자 랑케는 "우선 사실을 확인하고 난 다음에 결론을 이끌어 내라."고 말했다. 아무리 뜯어봐도, 팩트의 중요성을 언급한 말로만 이해될 뿐이다. 선배기자로부터 가장 많이 듣는 말이 바로 팩트의 중요성이다. 취재는 정확해야 한다. 취재한 팩트가 결코 사실과 달라서는 안 된다.

기자는 모든 객관적인 사실을 알고 기사를 쓰는가? 전체적인 맥락과 사실관계를 구석구석 알고 있는가? 사람들은 기자라고 하면 으레 사건의 '뒷이야기'를 많이 알 것으로 생각한다. 그때마다 답한다. 우리가 아는 것은 기사가 전부라고. 더 알게 되면 또 아는 그 만큼 기사를 더 쓸 것이라고.

꽤 오랫동안 사건기자를 하면서 항상 궁금해 했던 것이 있다. '내가 아는 것이 진정 아는 것인가', '또 나는 얼마나 알고 있나.' 검찰을 출입하며 게이트 사건만 얼추 10여건을 경험했다. 그때마다 취재하고, 기사 쓰고, 분석과 전망을 내놓았지만, 얼마나 알고 있는지 자신할 수 없다.

친한 검사장에게 한 번 물은 적이 있다.

"기사가 사건수사를 얼마나 따라갑니까. 50%는 됩니까?"

그가 빙긋이 웃었다.

"사건마다 다르지. 언론이 사건을 주도하기도 하고, 검찰이 주도하기도 하지. 언론이 상당히 많이 알 때도 있고, 어떤 경우는 그보다 모를 때도 있어."

"그래도 수치화한다면?"

"아마 20~30%는 되지 않겠어?"

20~30%란다. 사건 때마다 혼신의 노력을 기울여 취재에 몰두하는 데도

절반도 안 된다고 했다. 박연차 게이트처럼 검찰이 끌고 가는 사건은 기자가 아는 진실은 '빙산의 일각'일 것이다. 수면 아래 얼음덩어리가 얼마나 큰지 가늠하기 어렵다. 기사를 쓸 때 이 부분이 특히 중요하다. 지금 사실로 믿고 있는 것이 나중에 아닐 수 있고, 지금 사실이 아닌 것이 훗날 사실로 밝혀질 수도 있다. 큰 그림을 모르면 팩트 자체는 사실일지 몰라도, 이미 알려진 빙산의 일각이 전체 얼음덩어리를 왜곡할 수 있는 위험성이 항상 있는 것이다.

검찰이 박연차 회장에게서 노무현 전 대통령에 대한 진술을 확보한 것은 사건이 수면 위로 부상하기 훨씬 전이다. 검찰은 2008년 12월 세종증권 비리수사 과정에서 진술을 확보했다. 수사가 본격화한 것은 이듬해 3월이다.

검찰은 그동안 무엇을 했을까. 박 전 회장에게서 들은 단순한 첩보 수준의 진술에 부합하는 증거를 확보하려고 노력했을 것이다. 박 전 회장이 직접 만나서 건넸다고 진술하지 않았기 때문에 박 전 회장의 진술을 뒷받침할 수 있는 증거 확보에 주력했을 것이다.

이렇게 해서 모은 정보를 바탕으로 박 전 회장→ 연철호→ 노건호→ 노 전 대통령, 이게 아니라면 박 전 회장→ 정상문 전 청와대 총무비서관→ 권양숙 여사→ 노 전 대통령으로 이어지는 시나리오를 그렸을 것이다.

검찰은 '실체적 진실'을 추구한다. 상반된 주장과 진술, 물적 증거와 정황들을 비교 검토하고 때론 반대 의견을 탄핵하면서 객관적인 실체를 찾아간다. 공소장에 기록된 범죄 사실은 검찰이 밝힌 실체적 진실이다. 그러나 '완전무결한 객관적 진실'을 파악하기는 불가능하다. 현실적으로 가능한 것은 절차적 정당성을 통해 실현할 수 있는 범위 내의 재연이 아닐까 생각한다. 검찰도 인정하는 부분이다. 완전항 진실은 모든다는 것이다.

이는 반대편에 있는 사람에게도 똑같이 적용된다. 박 전 회장도 모든 진실을 알지 못한다.

기자도 실체적 진실을 추구한다. 검찰이나 반대편이 보지 못하는 것을 통찰하기도 한다. 검찰은 행위가 법률에 저촉되는 지를 우선한다. 다른 쪽은 범죄에 저촉되지 않는다고 주장한다. 기자는 이들을 모두 보려고 노력한다. 또 여론도, 정치권도, 독자도 본다.

그렇지만 기자의 눈도 전체적인 그림을 보지는 못한다. 불거진 일부분만을 볼 뿐이다. 기자가 확인한 팩트가 진실이라고 해도 전체적인 맥락에서 보면 의미가 달라질 수 있다. 전후 맥락을 생략하고, 중간 부분만을 따올 경우 흔히 발생할 수 있는 오류다.

노 전 대통령 서거로 언론은 많은 비난에 직면했다. 검찰 수사보다 언론 개혁이 더욱 시급하다는 의견도 나왔다. 검찰 브리핑 내용을 마치 '객관적 사실'인양 보도하고, 확정되지 않은 혐의 사실을 범죄행위인 것처럼 간주했다는 것이다.

언론 비판에 충분히 공감한다. 그런 측면이 분명 있다. 언론의 표적이 한 번이라도 된 사람은 알 수 있을 것이다. 그러나 수면 아래 부분이 보이지 않는다고 해서, 그 '일각'을 쓰지 않을 수는 없다. 모른다고 하여, 만약 쓰지 않는다면, 우리는 그 아래 부분을 결코 알아낼 수가 없다. 누구도 바다 아래 빙산의 진실을 찾아낼 수 없을 것이다.

"완전한 역사를 현재로서는 우리가 가질 수 없다. 그러나 또 한 지점에서 다른 지점으로 가는 길에서 우리가 도달한 지점을 보여 줄 수는 있다."
1896년 존 에드워드 액튼 경이 근대사 1차 간행물을 내면서 케임브리지 대학 측에 제출한 보고서의 한 부분이다.

공감한다. 기자도 마찬가지라고 생각한다. 기자도 현재까지 알고 있는 부분을 쓴다. 다만, 전체 그림의 일부분이라는 점을 인식하고, 거대한 빙산이 존재할 수 있다는 것을 독자에게 알리는 겸손함이 필요하다. 자신의 기사가 '진실이고 전체'라는 오만은 버려야 한다. 진실이라고 알고 있는 사실이 언제든지 거짓으로 밝혀질 수 있는 개연성은 항상 있다.

1987년 1월 홍콩에서 북한 측 첩보원인 한국 여성 수지 김이 남한 출신 남편을 북한으로 납치하는 과정에서 살해된 사건이 있었다. 훗날 이 사건은 남편이 저지른 단순 살인사건을 당시 군사정권이 조작한 것으로 드러났다. 우리 모두가 지켜본 박연차 게이트도 훗날 어떤 다른 모습으로 드러날지 모를 일이다. 그럴 가능성을 위해서라도 항상 경계하며 겸손한 마음을 가져야 할 것이다.

결국 책임 있는 기자의 첫 번째 의무는 자신이 취재한 내용이 '완전한 진실'에 부합할 수 있도록 최선을 다해 마지막 '한 자 한 자'까지 확인해 나가는 것이다. 거기에 더해 취재한 팩트가 전체의 일부분에 불과하다는 겸손한 마음을 항상 갖는 것이다.

김태훈
•

"말할 수 없이 기쁩니다."

2004년 5월 14일 오전 헌법재판소 대심판정을 나서는 문재인 변호사의 눈가엔 이슬이 그렁그렁 맺혀 있었다. 헌재가 노무현 대통령에 대한 국회 탄핵소추를 막 기각한 뒤였다. 약 2개월 동안 정치 무대 밖에 있었던 노무현은 화려하게 권좌에 복귀했다.

선고 이튿날 다시 헌재를 찾았다. 방송사 직원들이 생중계 장비를 철거하느라 시끌벅적했다. 경복궁 돌담길을 따라 광화문 쪽으로 걸었다. 시민단체 회원으로 보이는 젊은이들이 세종로 가로수에서 노란 손수건을 떼어내고 있었다. 탄핵 기각을 바라는 이들이 걸어놓은 것이다. 콧날이 시큰해졌다.

2009년 4월 30일 오후 1시 20분. 노무현과 일행을 태운 버스가 대검찰청 현관 앞에 섰다. 잠시 뜸을 들인 뒤 수행자들이 먼저 내리고 이어 노무현 전 대통령이 모습을 드러냈다.

"면목 없는 일이죠. 다음에 합시다."

기자들 질문에 짧게 대답한 그는 대검 건물로 빨려 들어가듯 사라졌다. 밤 11시 30분까지 계속된 10시간의 조사, 네 차례에 걸친 검찰 브리핑, 조사 후에도 이튿날 새벽으로 이어진 피의자 신문조서 검토…. 노무현 전 대통령이 다시 취재진 앞에 선 건 5월 1일 오전 2시 10분쯤이었다. 왕년의 민주화 투사는 뇌물수수 혐의를 받는 '피의자'로 전락해 있었다.

내가 노무현 전 대통령을 처음 안 1988년 그는 앞날이 촉망되는 소장 정치인이었다. 나는 신문사 법조팀 기자로서 그가 헌재 탄핵심판을 받는 장면, 대검 중수부 수사를 받는 모습 등을 곁에서 지켜봤다. 검찰 출입기자의 속성상 노무현 전 대통령의 혐의가 무엇인지 취재하지 않을 수 없었고, 그에게 비판적인 기사도 여럿 썼다.

유서 내용대로 봉하마을에 '아주 작은 비석 하나' 세워지면 꼭 찾아가리라고 한 다짐을 8월 여름휴가를 맞아 실행에 옮겼다. 봉화산 부엉이바위에 올라 그가 태어난 생가, 대통령 퇴임 후 살던 집, 그리고 마지막 잠든 곳을 내려다보며 깊은 한숨을 내쉬었다. 노무 현전 대통령이 이승에서의 모든 업보를 벗어던지고 좋은 곳에서 평온한 안식을 취하길 기원할 뿐이다.

정재영
·
·

불과 몇 달 만에 일어난 일이었다.

처음엔 '설마' 하는 생각에 취재 열기 속에 빠져들었고, 어떨 땐 '팩트 확인'은 고사하고 '수사 흐름'을 따라가기조차 버거운 적도 있었다.

하루가 열흘 같은 날도, 찰나였던 하루도, 그렇게 흘려보냈다.

그.리.고.

전직 대통령이 자살로 생을 마감했다.

"어찌 저렇게까지…"라며 손가락질했던 내 어머니가 울었고, 함께 취재에 열을 올리던 후배가 "더 이상은 힘들다."며 잠시 펜을 놓기도 했다.

책을 낸다는 말에 "고인께 누가 되지 않겠느냐."며 만류하는 이도 있었고, '굳이 아픈 이야기를 다시 들춰내기 싫다'는 마음 속 떨림도 가시질 않았다. 그러다 결국 책 한 권이 손에 쥐어졌다.

모든 장을 완성할 때쯤, 새벽녘에 부엉이바위에 오른 까닭을 어렴풋이 짐작할 수 있었다. 그리고 '이름'이 거론될 때보다 고인이 된 후의 당신을 더 미워하게 됐다.

그날 이후, 원망과 한탄, 미안함과 비판의 소리가 뒤엉켜 세상이 요동쳤지만, 내겐 '가족'만 눈에 들어온 탓이다.

남겨진 사람들만 가슴이 미어지기 때문이다.

이 책을 통해 혼란스러움을 조금이나마 다스릴 수 있었다.

'기록이 필요하다'는 목적에는 처음부터 관심 없었다.

무어 그리 기억할만한 일이라고….

다만 미진한 이 책 탓에 가슴앓이 하는 이가 없길 바랄뿐이다.

생전에 봉하마을에 못가 뵌 건 그때나 지금이나 후회스럽기 그지없다.

김정필
●
●

'박연차 게이트' 취재는 체력과의 싸움이었다.

매일 아침은 책 두께가 넉넉히 될 정도의 타지 보고용 자료를 넘기는 일로 시작된다. 법조 기자실에는 아침마다 조간 신문 스크랩 자료가 배포된다. 자료가 두꺼울수록 물(낙종)을 많이 먹었단 얘기다.

오전 보고가 끝나면 그날그날 취재거리를 놓고 회의를 한 뒤 본격 취재에 들어간다. 오후 3시~4시 홍만표 대검 수사기획관의 브리핑 후 기사 작성을 하고 초판을 마감하면 고된 '점심수업'이 끝난다. 저녁 식사 후 방송 뉴스 확인과 새로운 팩트 취재를 마치면 '야간수업'이 종료된다. 이따금 소환조사나 구속영장 발부 결정이 늦어지면 자정을 훌쩍 넘겨 '심야수업'을 하기도 한다.

물론 수사팀은 더 피곤했다. 대검 중수부에 소집된 수사팀 검사들은 주말도 반납하고 초유의 전직 대통령 수사에 올인했다. 수사팀 검사들은 친분이 두터운 기자들의 전화도 일절 받지 않으며 부득이하게 '인간관계'도 접어야 했다. 검찰 수뇌부가 수사 정보의 진원지로 지목된 담당 검사는 휴대전화내역을 조회하고 사실로 드러날 경우 징계 처분을 내린다는 엄포를 놓은 탓이었다. 수사 검사들이 각서를 썼다는 흉흉한 얘기까지 돌았다.

하지만 가장 피곤했던 건 이를 지켜보는 국민이 아니었나 싶다. '희망돼지 저금통'으로 상징되는 노무현 전 대통령이 뇌물 혐의로 수사받는 상황 자체가 국민에겐 큰 고통이었다. 법리적인 유·무죄 판단을 떠나 의혹이 제기된 것만으로도 '정치인과 뇌물' 고리에 염증을 느낀 국민에겐 큰 허탈감을 안겼다. 어쩌면 퇴임 후 고향으로 내려간 첫 전직 대통령의 꿈과 추억이 물거품이 된 데 대한 안타까움이었을지도 모른다.

'가족이 돈을 받은 사실을 노무현 전 대통령은 정말 몰랐을까?', '검찰

수사는 정치적 외풍없이 완전무결한 것일까?'

　기자는 팩트로 말하지만 그렇다고 팩트가 진실은 아니다. '박연차 게이트'는 검찰의 칼끝이 최고 권력자의 목을 조여갈수록 이처럼 원론적인 질문을 던지게 했다. 언론이 이 사건을 바라보는 프레임으로 토해냈던 기사들과 실체적 진실이 반드시 일치한다고는 생각하지 않는다. 이제 모든 게 역사 속으로 묻혔다. 수사 기록은 영원히 공개되지 않는다. 그렇더라도 '판도라의 상자'를 향한 인간의 본능이 이 사건을 과거로만 묻어두게 놔둘 지는 미지수다. '박연차 게이트' 수사 1년여가 지난 어느 날, 당시 수사팀에 관여했던 한 검찰 관계자의 말이 뇌리를 떠나지 않는다. '노무현 전 대통령이 기소됐다면 유죄가 됐을까, 무죄가 됐을까?'

노무현 전 대통령과 검찰의 입장

노무현 전 대통령	쟁점 (돈 전달시기)	검찰
·연철호씨(조카사위)에 대한 '호의적 투자금' ·노건호씨(아들) 관여 사실 알고 만류 ·노 전 대통령 퇴임 이후인 2008년 3월 알게 됨	500만 달러 (2008년 2월)	·노 전 대통령이 먼저 요구해 받은 포괄적 뇌물 ·노건호씨가 지배력 행사 ·박연차 전 태광실업 회장이 "노 전 대통령 몫"이라고 진술
·권양숙 여사(부인)가 요구해 받음 ·노 전 대통령은 퇴임 이후 알게 됨 ·과거 정치활동 당시 부채, 자녀생활비, 유학자금 등 빚 갚는데 권 여사가 사용	100만 달러 (2007년 6월)	·노 전 대통령이 먼저 요구해 받은 포괄적 뇌물 ·노건호씨 유학자금 사용 의심 ·박 전 회장이 "노 전 대통령이 고맙다는 인사"했다고 진술
·100만 달러에 포함된 돈	40만 달러 (2007년 9월)	·노정연씨(딸)가 노건호씨의 미국 주택자금 명목으로 박 전 회장으로부터 송금 받음 ·100만 달러와는 별개
·노 전 대통령은 개입하지 않음	12억 5,000만원 (2005년~2007년)	·정상문 전 청와대 총무비서관이 노 전 대통령 퇴임 뒤 주려고 횡령 ·노 전 대통령의 지시나 개입 가능성
·권 여사가 받아서 빚 갚는데 사용 ·노 전 대통령은 모름	3억원 (2006년 8월)	·정 전 비서관이 박 회장에게 받은 포괄적 뇌물
·권 여사가 받았으며 노 전 대통령은 모름	3만 달러 (2006년 9월)	·정대근 전 농협회장이 노 전 대통령 회갑 선물로 준 포괄적 뇌물

박연차 전 태광그룹 회장 로비의혹 사건 전개 일지

2008년

07~10월   - 서울지방국세청 조사4국, 경남 김해의 태광실업과 정산개발 세무조사

11.19(수)   - 대검찰청 중앙수사부, 세종캐피탈 압수수색 및 김형진 회장과 홍기옥 사장 체포

11.21(금)   - 검찰, 노무현 전 대통령의 교교 동창인 정화삼씨와 동생 광용씨 체포

11.25(화)   - 국세청, 탈세혐의로 박연차 태광실업 회장 검찰 고발/검찰 수사 착수

12.04(목)   - 검찰, 노무현 전 대통령의 형 노건평씨 구속

12.12(금)   - 검찰, 박연차 회장 구속

12.26(금)   - CBS, "박연차 회장의 돈 15억원이 노무현 전 대통령 측에 유입됐다."고 보도

12.29(월)   - 검찰, 노무현 전 대통령 15억원 차용증 확보해 법적 문제없다고 판단

2009년

03.13(금)   - 동아일보, "박연차 회장, 이광재 의원에 5만 달러/여야 의원 여러 명에 거액 건넸다."고 보도

             - 검찰, "진술 전혀 받은 바 없다. 조서 보여주고 싶다."고 부인

03.16(월)   - 조선일보, 박연차 리스트 70명설 보도

             - 검찰, "70여명에게 돈을 줬다는 진술 없었다."고 부인

03.19(목)   - 검찰, 이정욱 전 한국해양수산개발원장 구속

03.20(금)   - 조선일보, '현직 고검장 박연차 돈 수수' 의혹 보도

             - 조은석 대검찰청 대변인, "오보"라고 공식 부인

             - 이인규 대검 중수부장, 기자간담회서 "잔인한 4월" 예고 발언

             - 검찰, 송은복 전 경남 김해시장 구속

03.21(토) - 검찰, 3억여원의 불법 정치자금을 받은 혐의로 이강철 전 청와대 시민사회수
　　　　　　석비서관 구속기소
　　　　　- 이광재 민주당 의원, 오전 9시 30분 대검찰청 출두
　　　　　- 검찰, 2008년 9월 박연차 회장한테서 2억원을 받은 혐의로 추부길 전 청와
　　　　　　대 홍보기획비서관에 대해 전날 받은 체포영장 집행

03.22(일) - 검찰, 박연차 회장한테서 1억원을 받은 혐의로 이광재 의원을 재소환해 박 회
　　　　　　장과 대질신문, 사전영장 청구
　　　　　- 검찰, 추부길 전 비서관에 대해 구속영장 청구

03.23(월) - 검찰, 청탁과 관련해 억대 금품을 받은 혐의로 박정규 전 청와대 민정수석 체포
　　　　　- 검찰, 장인태 전 행정자치부 2차관 체포
　　　　　- 조선일보, "이종찬 전 민정수석과 천신일 세중나모여행 회장이 박연차 회장과
　　　　　　관련된 대책회의를 열었다."고 보도
　　　　　- 홍만표 대검 수사기획관, "검찰이 모르는 부분이다."고 언급
　　　　　- 검찰, 영장실질심사 포기한 추부길 전 비서관의 구속영장 발부 받아 수감

03.24(화) - 검찰, 박정규 전 청와대 민정수석과 장인태 전 차관에 대해 구속영장 청구

03.25(수) - 검찰, 박정규 전 수석과 장인태 전 차관 구속수감

03.26(목) - 검찰, 이광재 의원 구속수감

03.27(금) - 검찰, 박진 한나라당 의원 소환조사

03.28(토) - 검찰, 서갑원 민주당 의원을 소환해 조사한 뒤 귀가조치하고 30일 재소환하
　　　　　　기로 결정

03.30(월) - CBS 노컷뉴스, "박연차 회장의 5백만 달러가 노무현 전 대통령 퇴임 이틀 전
　　　　　　아들에 건너갔다."고 보도
　　　　　- 홍만표 수사기획관, "그런 진술 없고 홍콩의 APC계좌 넘겨받은 것 중에는 미
　　　　　　국으로 연결된 계좌는 없다."고 부인
　　　　　- MBC와 KBS, "박연차 회장의 돈 50억원이 노 전 대통령 조카사위에게 건네
　　　　　　졌다."고 보도

03.31(화) - 연철호씨(노 전 대통령의 조카사위)의 대리인 정재성 변호사, 대검찰청 기자
　　　　　　단 간사에게 전화해 "연씨가 2007년 12월 박연차 회장에게 먼저 연락해 해외
　　　　　　창투사를 만드는데 투자해 달라고 부탁했고 박 회장이 받아들였다. 노무현 전

대통령 퇴임 직전인 2008년 2월 홍콩계좌로 500만 달러를 받았다."고 주장

04.01(수) - 동아일보,"정상문 전 청와대 총무비서관이 박연차 회장에게서 1억원을 받았다."고 보도

04.02(목) - 동아일보, "노무현 전 대통령이 500만 달러 존재를 이전부터 알고 있었다."고 보도
- 홍만표 수사기획관, "확인된 바 없다."고 언급

04.03(금) - 문재인 전 청와대 비서실장, "2008년 2월 박연차 회장의 돈 500만 달러를 조카사위 연철호씨가 받았음을 노 전 대통령이 퇴임 후 봉하마을로 내려온 2008년 3월 무렵 알게 됐다. 정상적인 투자로 봐 문제가 안 되는 것으로 판단했다."고 주장

04.05(일) - 정두언 한나라당 의원, "노건평씨가 2008년 9월 추부길 전 비서관을 통해 '대통령 패밀리들은 건드리지 말아 달라. 박연차 전 회장도 여기에 포함해 달라.'는 뜻을 전해 왔으나 '말도 안되는 소리'라고 일축했다."고 주장

04.06(월) - 검찰, 박연차 회장에게서 1억원을 받은 혐의로 박관용 전 국회의장 소환조사
- 검찰, 김원기 전 국회의장의 비서실장을 지낸 김덕배 전 열린우리당 의원 체포조사
- 대전지검 특수부, 강금원 창신섬유 회장 소환조사

04.07(화) - 검찰, 김원기 전 의장 소환조사/박관용 전 의장 재소환
- 검찰, 박연차 회장에게서 수억원을 받은 혐의로 정상문 전 비서관 체포
- 노무현 전 대통령, 홈페이지 '사람사는 세상'(http://www.knowhow.or.kr)에 사과문 발표
- 대전지검, 강금원 창신섬유 회장에 대해 횡령과 조세포탈 등 혐의로 사전영장 청구

04.08(수) - 조선일보, "노무현 전 대통령의 부인 권양숙 여사가 박연차 회장에게서 10억원을 받았다."고 보도
- 검찰, "확인해 줄 수 없다."고 언급
- 동아일보, "추부길 전 비서관이 태광실업 세무조사 무마를 위해 이상득 한나라당 의원에게 전화를 걸었다."고 보도
- 홍만표 기획관, "확인할 수 없다. 나중에 기소할 때 설명하겠다."고 언급

- 노무현 전 대통령, 홈페이지에 〈부탁드립니다〉는 제목으로 2번째 글 게재

04.09(목) - 중앙일보와 한겨레신문, "노건호씨가 '박 회장을 만났다. 연철호도 함께 있었다. 하지만 돈 받은 것은 없다. 피눈물이 난다.'고 말했다."고 보도

- 동아일보, "노 전 대통령이 먼저 요청해 500만달러를 송금했다고 박 회장이 진술했다."고 보도

- 홍만표 기획관, "확인된 것이 아니다."고 부인

- 한국일보와 국민일보, "10억원은 권 여사가 아닌 노 전 대통령에게 준 것"이라고 보도

- 검찰, "노코멘트"로 일관

- 검찰, 박 전 회장한테서 4억원 등을 받은 혐의로 정상문 전 비서관 구속영장 청구

04.10(금) - 동아일보, "검찰이 노무현 전 대통령을 600만달러 뇌물수수혐의로 형사처벌할 방침"이라고 보도

- 검찰, "500만달러는 수사 중이라 처벌 방침이 세워진 게 아니다."고 부인

- 검찰, 연철호씨를 외국환관리법 위반혐의로 체포소환

- 서울중앙지법 김형두 영장전담판사, 새벽 2시 정상문 전 비서관의 구속영장 기각

- 검찰, 추부길 전 비서관 구속기소, 추 전 비서관이 이상득 의원과 1~2번, 정두언 의원과 1번 통화한 사실 확인

04.11(토) - 동아일보, "노 전 대통령이 100만달러를 보내라고 직접 전화했다."고 보도

- 한국일보, "노 전 대통령이 자녀생활비로 100만달러를 요청했다."고 보도

- 검찰, "수사 진행 중이라서 말할 수 없다."고 언급

- 검찰, 노 전 대통령의 부인 권양숙 여사를 부산지검으로 불러 오전 10시 30분부터 11시간 동안 조사(4월 12일 오후 브리핑에서 소환사실 공개)

- 노건호씨, 오후 10시 46분 미국에서 인천공항을 통해 도착

04.12(일) - 검찰, 노건호씨를 참고인으로 소환 조사

- 노무현 전 대통령, 홈페이지에 〈해명과 방어가 필요한 것 같다〉는 3번째 글 게재

04.13(월) - 검찰, 연철호씨 2차 소환

04.14(화)	- 검찰, 노건호씨 2차 소환
04.16(목)	- 검찰, 노건호씨 3차 소환(15일 소환요청에 자료 준비위해 연기요청)
	- 검찰, 강금원 창신섬유 회장을 대전지검서 서울로 데려와 영등포구치소에서 조사(~17일)
04.17(금)	- 노무현 전 대통령, 인터넷에 〈강금원이라는 사람〉 제목으로 4번째 글 게재
	- 검찰, 노건호씨 4번째 소환
04.18(토)	- 검찰, 밤 12시 정상문 전 청와대비서관 긴급체포
04.19(일)	- 검찰, 정상문 전 비서관이 2006년 8월 박연차 회장한테 받은 3억원 뿐만 아니라 수차례에 걸쳐 입금된 수억원이 그대로 남아있는 정황 확인
04.20(월)	- 검찰, 정상문 전 총무비서관 영장 재청구(청와대 공금 12억여원 횡령 혐의 추가)
	- 검찰, 노건호씨 5차 소환조사
04.21(화)	- 법원, 정상문 전 비서관 영장실질심사 후 영장 발부/검찰 구속수감
	- 노무현 전 대통령, 인터넷에 〈저의 집 안뜰을 돌려주세요〉라는 5번째 글 게재
04.22(수)	- 검찰, 노무현 전 대통령 소환상황 취재 위해 24일까지 비표 명단 내도록 기자단에 요구
	- 검찰, 노 전 대통령에게 A4 용지 7쪽짜리 서면질의서 발송
	- 노 전 대통령, 인터넷에 〈사람세상 홈페이지를 닫아야 할 때가 온 것 같습니다〉는 6번째 글 게재
	- SBS와 KBS, '박연차 전 회장이 노 전 대통령 회갑 때 피아제 시계 2개를 2억원에 사서 선물했다고 보도'
04.23(목)	- 홍만표 수사기획관, 피아제시계 보도와 관련해 "내부에 형편없는 빨대가 있는 데에 대해 굉장히 실망했고, 빨대를 색출하겠다. 나쁜 빨대다."
04.25(토)	- 노무현 전 대통령 측, 오후 4시 이메일로 검찰에 답변서 제출
04.26(일)	- 검찰, 노 전 대통령 측에 30일 오후 1시 30분 출두토록 통보(오전 10시로 통보했다가 문재인 전 수석이 어렵다고 늦춰달라고 해 조정)
04.28(화)	- 김경한 법무부 장관, 검찰에 전직대통령 예우 만전 지시
04.30(목)	- 노무현 전 대통령 검찰 출두
05.01(금)	- 노 전 대통령, 13시간만인 새벽에 귀가
05.06(수)	- 검찰, 태광실업 세무조사 자료 누락 여부 확인하기 위해 국세청 네 곳 압수수색

05.07(목) - 검찰, 서울 태평로 세중나모여행 본사와 천신일 회장 자택 등 압수수색

- 박연차 회장, 태광실업 회장에서 사임

05.08(금) - 조선일보, "국정원장이 임채진 검찰총장에게 불구속의견 개진했다."고 보도

05.12(화) - 검찰, 박연차 전 회장이 권양숙 여사 부탁으로 정상문 전 비서관을 통해 40만

달러를 미국에 있던 노 전 대통령의 딸 정연씨에게 송금한 사실 추가로 밝혀내

- 검찰, 김정복 전 중부국세청장(박 전 회장의 사돈) 소환조사

05.13(수) - SBS, "권 여사가 검찰수사 시작되자 피아제 시계를 내다버렸다고 진술했다."

고 보도

- 노정연씨, 160만 달러짜리 미국 맨해튼 주택 구입 계약서(계약금 45만달러)

를 찢어버렸다고 주장

05.19(화) - 검찰, 천신일 세중나모여행 회장 소환조사

05.21(목) - 검찰, 천신일 회장 2차 소환조사

05.22(금) - 천신일 회장 3차 소환

05.23(토) - 노무현 전 대통령 봉하마을 부엉이바위에서 투신

- 임채진 검찰총장 사표 제출/김경한 법무부장관 반려

05.29(금) - 노무현 전 대통령 영결식

05.31(일) - 검찰, 천신일 회장에 대해 사전구속영장 청구

06.01(월) - 검찰, 브리핑 중단/홍만표 수사기획관 등 중수부 전원 언론 접촉 거절

06.02(화) - 법원, 6시간 영장실질심사 끝에 천신일 회장 구속영장 기각

06.03(수) - 임채진 검찰총장, 2번째 사의 표명

06.05(금) - 임채진 총장 퇴임식

06.09(화) - 검찰, 천신일 회장 소환조사

06.12(금) - 검찰, 태광실업 박연차 회장 정관계 로비사건 수사결과 발표(21명 기소)

태광실업 박연차 회장 정관계 로비사건 수사결과

	검찰 PROSECUTORS' OFFICE 대검찰청 중앙수사부	보 도 자 료 2009. 6. 12. 3시 엠바고 철저 준수
제 목	태광실업 박연차 회장 정관계 로비사건 수사결과	

별첨 『태광실업 박연차 회장 정·관계 로비사건 수사결과』

편주 : 노무현 전 대통령과 박연차 회장 등 주요인물을 제외한 기타 인명은 ○○으로 처리 함.

태광실업 박연차 회장 정·관계 로비사건 수사결과

2009. 6. 12.

검찰
PROSECUTORS' OFFICE

대 검 찰 청
중 앙 수 사 부

目 次

개 요

☐ 대검찰청 중앙수사부(부장 이인규)는, 2008. 12. 중순부터 태광실업 박연차 회장과 관련된 정·관계 로비의혹, 세무조사 무마 로비의혹, 노무현 前 대통령 뇌물수수의혹을 수사하여 왔음

☐ 정·관계 로비의혹을 수사한 결과

○ 해당 직무와 관련하여 박연차로부터 뇌물을 수수한 **정○○** 前 청와대 총무비서관과 **박○○** 前 청와대 민정수석비서관을 각 특정범죄가중처벌등에관한법률위반(뇌물)죄 등으로 **구속** 기소하고, **정○○** 前 농협중앙회 회장(수형 중)을 같은 죄로, **김○○** 검사를 특정범죄가중처벌등에관한법률위반(알선수재)죄로, **이○○** 前 경찰청장을 뇌물수수죄로, **이○○** 서울시 정무부시장을 배임수재죄로, **박연차** 태광실업 회장(2008. 12. 22. 구속 기소)을 뇌물공여죄 등으로, 각 **불구속** 기소하였음

○ 박연차로부터 불법 정치자금을 수수한 **이○○** 의원, **장○○** 前 행자부 제2차관, **이○○** 前 한국해양수산개발원장, **송○○** 前 김해시장을 각 정치자금법위반죄로 **구속** 기소하는 한편, **박○○** 前 국회의장, **김○○** 前 국회의장, **박○** 의원, **서○○** 의원, **최○○** 의원, **김○○** 의원, **김○○** 前 김해시장, **원○○** 前 국회의원 보좌관을 각 같은 죄로 **불구속** 기소하였음

☐ 세무조사 무마 로비의혹을 수사한 결과

  ○ 박연차로부터 세무조사 무마 청탁 명목으로 금품을 수수한 **추○○** 前 청와대 홍보기획비서관을 특정범죄가중처벌등에관한 법률위반(알선수재)죄로 **구속 기소**하고, **천○○** 세중나모여행 회장을 같은 죄 등으로 **불구속 기소**하였음

☐ 노무현 前 대통령 뇌물수수의혹을 수사한 결과

  ○ **노무현 前 대통령**에 대하여는 **내사종결(공소권 없음)** 처분하였으며 **박연차**에 대하여는 **내사종결(입건유예)**하였음

I. 수사 개요

1. 수사 착수 경위

○ 서울지방국세청에서 2008. 11. 25. 박연차를 조세 포탈 혐의로 검찰에 고발하여 옴에 따라 2008. 12. 22. 특정범죄가중처벌등에관한법률위반 (조세) 등으로 구속 기소하였음

○ 위 사건을 수사하던 중 박연차가 홍콩에 비자금 계좌를 개설하여 운용한 사실과 국내 계좌에서 거액의 현금이 수시로 인출된 사실을 확인하고 홍콩과의 사법공조 및 국내 계좌에 대한 자금추적을 통해 그 사용처를 조사하였으며

○ 박연차 관련 업체에 대한 회계분석, 통화내역 조회, 박연차 및 그 관련자들의 일정표 등을 분석한 결과 박연차가 정·관계 인사들에게 불법자금을 공여한 단서를 포착하고, 사회지도층의 부정부패 척결 차원에서 이 사건 수사에 착수하였음

2. 주요 수사 경과

○ <u>2008. 12.</u> 박연차에 대한 조세 포탈 사건 수사 중 해외 비자금 계좌 확인, 사법공조 요청

○ <u>2009. 1.~2.</u> 관련업체 회계분석, 통화내역 조회, 박연차 등 관련자 조사

○ <u>2009. 3. 19.~3. 26.</u> 前 한국해양수산개발원장 이○○, 前 김해시장 송○○, 前 청와대 홍보기획비서관 추○○, 前 청와대 민정수석비서관 박○○, 前 행정자치부 제2차관 장○○, 국회의원 이○○ 각 구속

○ 2009. 3. 중순~4. 초순 홍콩으로부터 박연차의 관련 계좌 거래내역서 등 사법공조 회신자료 도착 및 분석작업

○ 2009. 4. 7. 前 청와대 총무비서관 정○○ 체포, 노무현 前 대통령 인터넷 글 게재

○ 2009. 4. 21. 前 청와대 총무비서관 정○○ 구속

○ 2009. 5. 19. 前 농협중앙회장 정○○ 불구속 기소

　　　　　　※ 2007. 11. 30. 별건으로 징역 5년 확정, 수형 중

○ 2009. 6. 12. 前 국회의장 박○○, 김○○, 국회의원 박○, 서○○, 최○○, 김○○, 검사 김○○, 前 경찰청장 이○○, 세중나모여행 회장 천○○, 태광실업 회장 박○○, 서울시 정무부시장 이○○ 등 11명 각 불구속 기소

Ⅱ. 수사 대상

1. 정·관계 로비의혹

○ 태광실업 박연차 회장의 정·관계 인사들에 대한 로비 의혹

2. 세무조사 무마 로비의혹

○ 태광실업 등에 대한 세무조사 및 그 처리와 관련하여 박연차 회장이 이를 무마하기 위해 로비를 벌인 의혹

3. 노무현 前 대통령의 뇌물수수의혹

○ 노무현 前 대통령이 박연차 회장으로부터 640만 달러 등을 수수한 의혹

Ⅲ. 정·관계 로비의혹 사건

1. 주요 피의자 및 피의사실 요지

뇌물수수 등

순번	피의자	피의사실 요지	처리
1	박○○	2004. 12.경 박연차로부터 민정수석비서관 직무와 관련하여 1억원 상당의 백화점 상품권 수수 【특가법위반(뇌물)】	4. 1. 구속 기소
2	정○○	2005. 1.경 및 2006. 8.경 박연차로부터 총무비서관 직무와 관련하여 1억원 상당의 백화점 상품권 및 현금 3억원 수수 【특가법위반(뇌물)】 2004. 11.~2007. 7.경 자신이 관리하던 대통령의 특수활동비 12억 5,000만원을 횡령, 국고 손실 【특가법위반(국고등손실)】 뇌물수수 및 횡령한 범죄수익 15억 5,000만원을 적법하게 취득한 재산으로 가장할 목적으로 은닉 【범죄수익은닉의규제및처벌등에관한법률위반】	5. 8. 구속 기소
3	정○○	2007. 6.경 박연차로부터 농협중앙회 자회사인 (주)휴켐스 지분 인수와 관련하여 미화 250만 달러 수수 【특가법위반(뇌물)】 2007.경 농협 자회사 남해화학 납품 청탁 대가로 중국인 납품업자로부터 3회에 걸쳐 미화 23만 달러 수수 【특가법위반(뇌물)】	5. 19. 불구속 기소
4	김○○	2005. 3.~2007. 4.경 수사 중인 사건에 대한 청탁 알선 명목으로 2회에 걸쳐 박연차로부터 미화 1만 달러 수수 【특가법위반(알선수재)】	6. 12. 불구속 기소
5	이○○	2007. 7.경 박연차로부터 경찰청장 직무와 관련하여 미화 2만 달러 수수 【뇌물수수】	6. 12. 불구속 기소

순번	피의자	피의사실 요지	처리
6	이○○)	2007. 2.경 박연차로부터 태광실업, 휴켐스 등 기사 게재와 관련된 부정한 청탁과 함께 미화 2만 달러 수수 【배임수재】	6. 12. 불구속 기소
7	박연차 (63세, 불구속) (태광실업㈜ 회장)	위와 같이 박○○, 정○○, 정○○, 이○○, 이○○에게 금품 공여 【뇌물공여, 배임증재】	6. 12. 불구속 기소

정치자금법위반

순번	피의자	피의사실 요지	처리
8	장○○ 김○○	공모하여, 2004. 6.경 실시된 경남도지사 보궐선거와 관련 2004. 5.~6.경 박연차로부터 2회에 걸쳐 불법 정치 자금 8억 원 수수	3. 31. 각 기소
9	송○○	2006. 5.경 한나라당 경남도지사 후보 경선 및 2008. 4.경 제18대 국회의원 선거와 관련 2006. 3. 중순 및 2008. 3.경 박연차로부터 2회에 걸쳐 불법 정치자금 합계 10억 원 수수	4. 3. 구속 기소
10	이○○	2005. 4.경 실시된 제17대 국회의원 재·보궐선거와 관련 2005. 4.경 박연차 등으로부터 4회에 걸쳐 불법 정치 자금 합계 7억 원 수수	4. 3. 구속 기소
11	이○○ 원○○	공모하여, 2006. 8.경 및 2008. 3.경 박연차로부터 2회에 걸쳐 불법 정치자금 미화 5만 달러 및 현금 2,000만 원 수수 이○○는 2004. 5.경~2006. 4.경 박연차, 정○○으로부터 4회에 걸쳐 불법 정치자금 미화 9만 달러 수수	4. 10. 각 기소

- 4 -

순번	피의자	피의사실 요지	처리
12	박○○	2006. 4.~7.경 박연차로부터 2회에 걸쳐 불법 정치자금 합계 2억 원 및 미화 1만 달러 수수	6. 12. 불구속 기소
13	김○○	2004. 10.경 및 2006. 1.경 박연차로부터 2회에 걸쳐 불법 정치자금 합계 미화 10만 달러 수수	6. 12. 불구속 기소
14	박 ○	2008. 4.경 실시된 제18대 국회의원 선거와 관련 2008. 3.경 박연차로부터 2회에 걸쳐 불법 정치자금 미화 2만 달러 및 1,000만 원 수수	6. 12. 불구속 기소
15	서○○	2006. 5.~2008. 3.경까지 박연차로부터 3회에 걸쳐 불법 정치자금 합계 6,000만 원 및 미화 2만 달러 수수	6. 12. 불구속 기소
16	최○○	2008. 3.~4.경 박연차로부터 2회에 걸쳐 불법 정치자금 합계 5,000만 원 수수	6. 12. 불구속 기소
17	김○○	2008. 3.경 박연차로부터 불법 정치자금 합계 2,000만 원 수수 (1인 후원금 한도(500만원) 초과)	6. 12. 불구속 기소

2. 불기소 대상자 및 이유

○ 안○○

- 박연차로부터 백화점 상품권을 수수한 혐의로 수사한 바,

- 수수 사실을 인정하나, 수수 당시 피선거권이 제한(정치자금법위반죄로 실형을 선고받아 피선거권 상실)되어 정치활동이 불가능했던 점 등을 감안할 때 정치자금으로 보기 어려워 내사종결

○ 민○○

- 박연차로부터 금품을 수수한 혐의로 수사한 바,

- 수수 사실은 인정되나(본인은 수수사실 부인) 직무관련성이 인정
  되지 아니하여 내사종결

※ **징계청구 예정**

○ 박○○

- 박연차로부터 금품을 수수한 혐의로 수사한 바,

- 수수 사실을 인정하나 직무관련성이 인정되지 아니하여 내사종결

※ **2009. 6. 12.자 대법원에 비위사실 통보**

○ 김○○

- 박연차로부터 금품을 수수한 혐의로 내사하였으나, 본인이 금품
  수수 사실을 부인하고 있고, 주요 참고인인 해외 거주자에 대한
  조사가 필요하여 계속 수사 예정

3. 의혹 사항 수사 결과

박연차와 라○○ 간의 거액 수수 의혹

○ 박연차 관련 계좌추적과정에서 2007. 2.~3.경 신한금융지주회사
  회장 라○○이 박연차에게 50억 원을 교부한 사실이 확인되어
  그 경위를 수사한 결과

○ 위 50억 원은 라○○의 개인자금으로서, 라○○과 박연차는 가야CC에
  대한 투자금이라고 주장하고 있고 달리 불법 거래임을 인정할 증거가
  없어 내사종결

Ⅳ. 세무조사 무마 로비의혹 사건

1. 피의자 및 피의사실 요지

순번	피의자	피의사실 요지	처리
18	추○○	2008. 9.경 박연차로부터 세무조사 무마 청탁과 함께 2억 원 수수 【특가법위반(알선수재)】	4. 10. 구속기소
19	천○○	2008. 8.경 박연차로부터 세무조사 무마 청탁과 함께 중국돈 15만 위안(한화 약 2,500만 원) 수수 및 6억 2,300만 원 상당 채무 면제 요구 2003. 9.~2006.경 비상장법인 차명주식을 자녀들에게 불법 증여한 후 우회 상장하는 등 증여세 101억 2,400만 원, 양도소득세 1억 7,000여만 원 포탈 2006. 8.~2008. 11.경 세중나모여행 관련 사기적 부정거래, 시세조종, 주식대량보유보고 의무위반 【특가법위반(알선수재, 조세), 증권거래법위반】	6. 12. 불구속기소

2. 불기소 대상자 및 이유

○ 김○○

- 세무조사 무마 로비에 관여한 사실은 인정되나, 이와 관련하여 사돈인 박연차로부터 금품을 수수한 사실이 확인되지 않아 내사종결

○ 이○○

- 박연차로부터 7억 원을 수수한 혐의로 수사한 바,

- 서울고검장에서 퇴임한 후 변호사 개업비용 명목으로 동생을 통하여 전달받은 것으로(본인은 차용 주장) 뇌물수수 등 범죄가 성립되지 않아 내사종결

※ 세무조사 관련 대책회의에 참석하거나 이와 관련하여 금품을 수수한 사실도 확인되지 아니함

3. 의혹사항 수사결과

소위 '세무조사 대책회의' 관련 의혹

○ 태광실업 등에 대한 세무조사가 시작되자, 2008. 8.~11. 천○○, 박연차의 사돈인 김○○, 태광실업 직원 정○○, 최○○ 등은 10여 차례에 걸쳐 서울 시내 호텔 등지에서 만나 대책회의를 가졌음

○ 이들은 당시 진행 중이던 세무조사 상황을 확인함과 동시에 다른 한편으로는 천○○과 추○○, 김○○을 통해 한○○ 등 관계자들에게 로비를 시도하였으나 결국 국세청이 박연차를 검찰에 고발함으로써 세무조사 무마 로비는 실패로 돌아감

국세청 세무조사에 대한 외압 의혹

○ 국세청 세무조사 무마 로비 의혹과 함께 세무조사 과정에서 부당한 외부 압력이나 로비가 있었는지 여부를 확인하기 위해 압수수색을 실시하였음

○ 압수수색 실시 결과, 국세청은 고발사건 관련 자료를 누락한 사실은 없었으며 세무조사 과정에서 외부로부터의 청탁을 받아 세무조사 진행이 왜곡되거나 축소된 사실도 없는 것으로 확인되었음

V. 노무현 前 대통령 뇌물수수의혹 사건

1. 혐의 요지

○ 노무현 前 대통령 : 2006. 9.~2008. 2. 박연차로부터 4회에 걸쳐 미화 합계 640만 달러 등 뇌물수수

○ 박연차 : 위와 같이 뇌물공여

2. 수사 진행 경과

○ 2008. 12. 중순 홍콩 계좌의 송금지시서 및 박연차 진술에 의해 노○○, 연○○의 500만 달러 수수 단서 포착, 관련 계좌 확인을 위한 형사사법 공조요청

○ 2009. 2. 미화 환전 자료 및 관련자 진술 등에 의해 100만 달러 수수 단서 포착

○ 2009. 3. 중순~4. 초순 형사사법 공조요청 회신 도착 및 분석, 연○○가 500만 달러 수수 계좌의 개설자임을 확인

○ 2009. 4. 7. 노무현 前 대통령, 정○○ 체포 직후 인터넷 홈페이지를 통해 권○○ 여사의 100만 달러 수수 사실 및 연○○의 500만 달러 수수 사실 시인

○ 2009. 4. 10.~4. 26. 연○○, 노○○ 및 동업자 정○○, 정○○ 등 상대로 600만 달러의 수수 주체, 성격, 자금 사용처 등 조사

○ 2009. 4. 11. 권○○ 여사 소환 조사

○ 2009. 4. 30. 노무현 前 대통령 소환 조사

※ 노 前 대통령, 돈의 사용처에 대한 진술서 제출 의사를 밝히고 청와대 내의 통화내역 보관 여부 확인 요청

○ 2009. 5. 7. 권○○ 여사, 100만 달러 사용처 관련 진술서 제출

○ <u>2009. 5. 9.~5. 11.</u> 국제공조와 관련자 진술 등을 통해 박연차가 노○○에게 40만 달러 송금 사실 확인

○ <u>2009. 5. 12.</u> 청와대 경호처, 보존기간 경과로 노 前 대통령이 요청한 통화내역 확인 불가 회신

○ <u>2009. 5. 10.~5. 18.</u> 미국 주택 계약내용, 대금 지급 여부 등 조사

○ <u>2009. 5. 20.</u> 미국 및 홍콩에 미국 주택 계약 관련 형사사법공조요청

3. 처리결과

○ 노무현 前 대통령에 대하여는 내사종결(공소권 없음) 처분

┌─ [**구체적 증거관계 미공개 이유**] ─────────

● 공소권 없음이라는 형식적 처분을 할 경우 통상적으로 구체적인 증거관계를 설시하지 아니함

● 증거관계 설명과정에서 부득이하게 공개될 관련 참고인들의 사생활과 명예가 훼손될 우려가 높음

● 다만, 이번 사건에 관한 역사적 진실은 수사기록에 남겨 보존됨

○ 박연차에 대하여는 내사종결(입건유예) 처분

┌─ [**내사종결 이유**] ─────────

● 박연차의 자백과 이를 뒷받침하는 관련자들의 진술, 송금자료, 환전자료 등 제반 증거에 의하면 피의사실은 인정됨

● 수수자를 불기소 처분하는 경우 공여자를 기소하지 않는 것이 관례임

● 공여자만 기소하였을 경우 수수자 측의 반대신문권 등 변론권이 보장되지 않아 공정한 재판을 받을 권리 침해

4. 수사와 관련된 논란에 대하여

【노 前 대통령 및 가족들에 대한 저인망식 수사 주장에 대하여】

○ 수사진행경과에 기재된 바와 같이 박연차의 진술과 송금·환전 자료,
계좌추적 결과 등에 의해, 노 前 대통령의 가족들이 박연차로부터
금품을 수수하는 등 본건에 직접적으로 관련된 증거가 드러나
그 수수 및 사용 경위를 확인하기 위해 소환 조사하였음

○ 조사 내용 또한 박연차와 관련된 금품수수에 한정하여, 혐의 유무
확인에 필요한 범위 내에서 조사하였음

○ 다만, 노○○, 연○○ 등 일부 관련자의 경우 객관적인 증거 및
다른 참고인들의 진술과 상반된 주장을 하면서 진술을 계속 번복
하여 조사 횟수가 많아진 것임

【신병결정 지연 주장에 대하여】

○ 노 前 대통령이 소환 조사를 받으면서 돈의 사용처에 관한 소명
자료를 제출하겠다고 밝혔고, 청와대 경호처 등에 대한 통화내역
등의 확인을 요청하여 검찰은 이를 확인할 필요가 있었음

○ 또한 소환 조사 후 박연차가 주택구입자금으로 40만 달러를 송금한
사실이 새롭게 드러나 이에 대한 추가 수사가 필요하였음

○ 노 前 대통령에 대한 신병 결정은 위와 같이 기존 혐의에 대한
보완수사와 새로운 혐의에 대한 추가수사가 종료된 후 결정하는
것이 수사원칙에 부합함

【노 前 대통령 측근들에 대한 보복·표적 수사 주장에 대하여】

○ 검찰은 국세청의 고발에 따라 수사하였고, 그 과정에서 정·관계 인사들의 불법자금 수수 단서가 발견되어 소속 정당, 지위 고하에 관계 없이 법과 원칙에 따라 수사하였음

○ 이번 수사는 박연차의 불법 금품 제공에 대한 수사로서, 박연차와 관련된 금품수수 범위 내에서만 수사를 진행하였음

【노 前 대통령 조사시 예우】

○ 검찰은 노 前 대통령의 소환에 앞서 조사 일시, 이동 방법 등에 관하여 변호인들과 충분한 협의를 거쳤고, 조사 시간을 단축할 수 있도록 사전에 서면 조사를 하였으며, 경호상의 안전 등을 고려하여 헬기 이동도 권유한 바 있음

○ 검찰 조사시에도 시종 변호인이 입회하였으며, 충분한 휴식을 취할 수 있도록 조치하는 등 전직 국가원수로서의 예우에 소홀함이 없도록 최선을 다하였음

○ 노 前 대통령이 혐의 사실을 부인함에 따라, 공여자인 박연차 회장과의 대질 조사가 필요하였으나, 노 前 대통령 측의 의사를 존중하여 대질 조사를 실시하지 않았음

 ※ 권○○ 여사 또한 노 前 대통령 측과 협의하여 봉하마을과 가까운 부산지검에서 변호인의 참여 하에 비공개로 조사한 바 있음

【수사브리핑을 통해 피의사실 등을 공개했다는 주장에 대하여】

○ 국민적 관심이 집중되어 있는 사건의 경우, 국민의 알권리 보장, 언론의 견제 기능을 충족하고, 오보 및 추측성 보도의 확산으로 인한 혼란 예방 및 관련자들의 사생활과 명예 보호를 위해 관례적으로 필요한 최소한 범위 내에서 수사브리핑을 실시하고 있음

○ 이번 사건의 경우, 수사 대상이 방대함에 따라 수사팀 이외에도 다수의 사건관계인들을 통해 수사 정보 입수가 가능하였고, 언론에서 먼저 정보를 입수한 후 사실관계 확인을 요청해 오는 경우가 상당 부분 있었음

○ 실제로 노 前 대통령의 명예를 손상시켰다고 거론되는 몇몇 사례들은 검찰에서 브리핑하거나 확인해 준 내용이 아님

○ 현재, 수사브리핑 제도의 문제점을 개선하고자 법무부에서 '수사공보제도 개선위원회'를 구성하여 보완방안을 강구 중에 있음